SPORT AND
POLITICS

DO

SPORT EXCEPTIONAL
COLONIALISM
COMMERCIALISM

柔 柔
軟 軟
性 性

キャスター！
セメンヤ

HUMAN
RIGHTS

BLACK
LIVES
MATTER
BLM

'OLYMPIC VAL
RHETORIC

GENTRIFICATIO
ANTI-DOPING CAMPAIG

BEIJING

より速く、より高く、より強く

オリンピック
という名の虚構

THE OLYMPIC GAMES:
A CRITICAL APPROACH

政治・教育・ジェンダーの視点から

東京

立ち退き

ボイコット

MEGA-
EVENTS
FREEDOM OF ASSEMBLY

監訳 井谷惠子・井谷聡子

ヘレン・ジェファーソン・レンスキー
HELEN JEFFERSON LENSKYJ

MB

ABSO

LE

搾

取

DALS

PIC
GIES

晃洋書房

日本語版刊行にあたって——二〇二〇年東京オリンピックの延期

二〇一三年、国際オリンピック委員会（IOC）が二〇二〇年夏季オリンピックを東京で開催すると発表したとき、主催者はまさか七年後にパンデミックが世界を襲うだろうとは予期できなかった。中国湖北省での公衆衛生上の緊急事態と世界的な健康危機の脅威が他国に及ぶまでは、大会の準備は順調に進んでいた。

あまりにも長い間、オリンピック産業［＊1］の関係者は、二〇二〇年の東京オリンピックが開催されない可能性があることには触れようとしなかった。第二次世界大戦によって一九四〇年と一九四四年のオリンピックが中止されて以来、神聖なオリンピックのサイクルが中断されたことは一度もなかった。IOCはこの状況について実に幅広い反応を示し、新型コロナウイルスは脅威ではないというものから——関係者はこの立場を三カ月以上も固持した——延期が不可避であることを受け入れ、「正しい決断」をしたと自画自賛するものまであった。三月二四日にIOCがやっと東京２０２０の行末を発表した時には、すでに数十の国際スポーツ統括団体が三〇〇以上の主要イベントを延期または中止していた(List of sporting events, 2020)。オリンピック産業が悪い兆しを無視したという表現では不十分だろう。二〇二〇年二月初旬、オーストラリアと米国がすべての中国人旅行者の入国を制限したが、日本は中

＊1　レンスキーによるオリンピック批判研究の中心的な概念。詳細は序章などを参照。

国の湖北省ともう一つの省からの訪問者を禁止しただけだった。日本の安倍晋三首相［当時］は、新型コロナウイルスの重大さと、このウイルスが彼のオリンピックドリームにもたらす脅威を過小評価しているとして、その指導力の弱さを大いに批判された。安倍首相と橋本聖子五輪相は、「コロナウイルスが五輪に影響を与えないようにするために」ＩＯＣや世界保健機関（ＷＨＯ）と「緊密に連絡を取り合っている」と報告し、大会中止を検討することについては否定していた（Lies, 2020）。

ＩＯＣの東京２０２０視察団長ジョン・コーツは、二日間の東京訪問を終えた二月一四日、大会の日程変更は予定していないと改めて表明した。彼は「外部のＷＨＯからは、不測の事態を想定して計画や大会を中止したり、延期させたりすることが必要な状況にはないとアドバイスを受けた」と説明した。だが、六〇〇人の中国チームの選手については厳重に監視すると述べた（Wade & Yamaguchi, 2020）。同時に、ＩＯＣ、東京大会組織委員会（ＴＯＣ）、東京都、日本政府からなる合同タスクフォースが設立された。三月三日の時点でも、ＩＯＣは一般市民に対しては大会の安全・安心を請け負い、選手に対しては、トレーニングを継続するよう促していた（IOC Executive, 2020）。ＩＯＣが出した二つの声明は「平和的に世界を一つにできる［二〇二〇年］オリンピックを実現する」というコミットメントを再確認するものだった（IOC Statement on the Greek leg, 2020; IOC Statement on the Olympic flame, 2020）。

二週間後の二月二八日、ＩＯＣのトーマス・バッハ会長は、日本の主要メディア三社と珍しく電話会議を開き、大会を計画通りに進めていくというＩＯＣのコミットメントを改めて表明した。バッハ会長は、ＩＯＣのベテランメンバーであるリチャード・パウンドが延期の可能性を示唆する発言をしたことについて質問され、「さらなる憶測を呼ぶ」（IOC president tries, 2020）ことを繰り返し打ち消した。その翌週も彼はあらゆる「憶測」を否定し続け、そのようなコメントは、無知なメディアや一般市民の側のありがたくない干渉であるとして退けた。

東京大会が延期されるかもしれないという話に主流メディアは強く反応し、多くのジャーナリストはいつものようにオリンピックの能書きを鵜呑みにし、パンデミック下においても大会を開催することの利点を擁護する姿勢を見せた。しかし、メディアはついに万事うまくいくというオリンピック産業の約束に疑問をもち始め、延期の可能性に対する選手の反応を報じるところも出てきた。大会の開催を望みつつ、選手と観客の健康と安全を懸念し、複雑な思いをもつ選手もいた。一方、数人の選手、特にカナダのIOCメンバーであるヘイリー・ウィッケンハイザーは、延期を発表できないIOCを公に批判した。ウィッケンハイザーは、三月一七日のツイートで、「オリンピックよりも規模の大きな危機」という状況下において大会を計画通り実行しようとするIOCの態度を「無神経で無責任」と明言し、IOCは「この状況について認識不足」であると非難した（Prewitt, 2020）。

三月一七日付のIOCの公式声明では、東京2020へのコミットメントを改めて強調するとともに、「まだ四カ月以上ある（中略）現段階で思い切った決定をする必要はなく、現時点での憶測は非生産的だ」（Communique, 2020）という、万事がうまくいっていると暗に示すメッセージを伝えている。

三月一八日には異例の動きとして、バッハ会長と数人のIOC理事が、二二〇人のIOCアスリート委員会（AC）のメンバーと二時間の電話会議を行った。ACのウェブサイト〈athlete365〉に掲載された公式説明では、「選手と関係者全員の健康と安全」が強調される一方で、大会を計画通りに進めるというIOCの立場が繰り返された。また「今は抜本的な決定をするのに適切な時期でない」と述べられている（IOC Athletes' Commission, 2020）。バッハ会長はその後、「大会の中止を求める声はまったく出ていなかった」と主張している（IOC President: 'It will require…', 2020）。

ＡＣのメンバーで、歯に衣着せぬ発言で知られ、アスリートの擁護者でもあるファン・シャオ（米国）はその後、ニューヨークタイムズ紙の記者にこの電話会議の問題点を説明し、ＩＯＣからのメッセージは「自分の身を守り、地域社会を守れ」というものではなく、また役員たちは安全性やトレーニング、代替シナリオに関する重要な質問に答えられなかったと述べた。シャオはまた、ヨーロッパのあるＡＣ代表が、リスクを誇張しているとしてメディアを非難し、新型コロナウイルスは「致命的な病気ではない」とまで言って、ウイルスの危険性を否定したことを伝えた（Keh & Panja, 2020）。また、先の記事に続く『ヒューマン・ライツ・ディフェンダー』誌による特集号記事の中で、ＩＯＣ役員は、大会スケジュールや競技を進めるために必要な条件、日本の医療制度への影響、一万一〇〇〇人の外国人訪問客を収容する予定の選手村の安全対策について、電話会議の中で十分に説明しなかったとシャオは語った（Xiao, 2020）。シャオの批判に対し、ＩＯＣは予想通り決まり文句の声明を発表したが、そのうち一ページ分は意思決定への選手の関与を記録することに費やされ、二ページ目はＩＯＣが長年に渡って選手の権利を支援し尊重してきたという（疑わしい）主張に費やされていた（The Response, 2020）。

ＡＣメンバーとの電話会議の翌日、バッハ会長は「さまざまなシナリオを検討」し、今後についてさまざまな予測を立てていると認めたものの、「決定を下すには時期尚早」であると述べた——開会式の四カ月半前のことである（Futterman, 2020）。三月二二日、オリンピックニュースは、世界的に感染の広がりが加速していることを理由に、ＩＯＣが「シナリオに応じた計画準備を加速させる」と報じた。その中で初めて、タスクフォースが延期の可能性に対処し、四週間以内にこれらの議論をまとめあげると報じられた。同日、カナダオリンピック委員会は東京への選手派遣見送りを発表し、三月二三日にはオーストラリア、続いてノルウェー、ブラジル、その他の国々がそれに続いた。数多くの国内外のスポーツ統括団体が大会延期を求めており、安倍首相は大会が「完全な形で」開催できなければ、延期の可能性もあるとほのめかした（Abe says, 2020）。そして三月二四日、IOCと東京組織委員会の共同声明で、東京2020は二〇二一年夏以降の開催に向けて計画が変更されることが発表された（Joint statement, 2020）。

三月二二日から二〇二一年の新しい日程が発表された三月三〇日までの間、計画準備を加速させていたシナリオ計画委員会はどうやら大忙しだったようだ（IOC, IPC, 2020）。二〇二一年の大会は、そのまま「東京2020」と呼ばれることになったが、それはおそらくそのロゴを冠した商品が大量に備蓄されているためだろう。東京大会組織委員会の森喜朗会長は、パンデミックが二〇二一年までにコントロールされるかどうかは誰にも確信をもって言えないと述べるなど、二〇二一年の計画には、四月一〇日までに早くも最初の亀裂が生じていた（Wade, 2020）。

終わりに、四月二九日付のオリンピックニュースは、バッハ会長が「オリンピック・ムーブメント」に対して書いた「オリンピズムとコロナ」という冗長な書簡を掲載した。危機管理、コロナウイルス後の世界、社会的、経済的、政治的影響を網羅したバッハ会長の書簡は、「コロナウイルス後の世界はスポーツを必要としており、我々はオリンピックの価値観をもってその形作りに貢献する準備ができている」という主張で締めくくられている（President Bach writes, 2020）。四カ月後、二〇二一年に計画通り開催できるか疑念が高まる中、ジョン・コーツの声明は、オリンピック産業の優先順位が関係者の健康と福利を多分に無視するものであることをはっきりさせた。九月七日には、ワクチンの有無にかかわらず、二〇二一年七月のオリンピック開催を予定通り行うと発表し、橋本五輪相も同様の見解を示している（Tokyo Olympics, 2020）。

理想や価値観についていえば、パンデミックへの対応に関してオリンピック産業がその高い道徳的評判に応えることができていない証拠として、多くの批評家がこれらの（ほとんどが神話的な）「価値観」を引き合いに出しているのにはがっかりしたが、驚くことではない。これらの「価値観」に関する言説の中で注目すべき例外は、エンヤら（Enya et al., 2020）による批判だ。ＩＯＣによる「一方的な決定」は、ＩＯＣの透明性の欠如とガバナンス問題が未解決であることをさらに示す証拠だと主張した。彼らは、ＩＯＣが対処責任を負うべき重要な問題、特に各国のオリンピック委員会と選手の代表者が議論に参加する意味のある機会をもてていたかどうかという点を指摘した。想定されるシナリオや実際の決定プロセスの詳細は明らかにされておらず、スポンサーや放送局、その他の利害関係者、日本政府の関与や影響力も明らかにされていない。

エンヤらは、ＩＯＣが「選手の福祉よりも商業的利益（ＩＯＣと他の国際連盟の利益）を優先させてしまった」可能性を示唆しており、示された証拠は確かにこの可能性を裏付けるものだ（Enya et al., 2020, 61）。潤沢な資金をもったオリンピック産業の広報機構が、パンデミックと東京２０２０への影響についてのメッセージをコントロールしていたのは明らかである。大会の中心にいる女性や男性の声、つまり選手たちの声は、その過程でほぼ沈黙させられていた。そしてどのような要因が最終的な決定に影響したのかを、オリンピック産業の外側にいる我々が知ることは、この先もまったくないかもしれないのである。

ヘレン・ジェファーソン・レンスキー

二〇二〇年九月

References

Abe says postponing Olympics is an option (March 23, 2020) *Nikkei Asian Review* asia.nikkei.com/Spotlight/Tokyo-2020-Olympics/Abe-says-postponing-Olympics-is-an-option-due-to-coronavirus

Communique from the International Olympic Committee regarding the Olympic Games Tokyo 2020 (March 17, 2020) *Olympic News* olympic.org/news/communique-from-the-international-olympic-committee-ioc-regarding-the-olympic-games-tokyo-2020

Enya, M., Nagime, M. and Gusia, D. (2020) Postponing the Tokyo 2020 Olympics. *Journal of Olympic Studies* 4: 1, 49-63.

Futterman, M. (March 19, 2020) Olympics President: 'Of course we are considering different scenarios.' *New York Times* nytimes.com/2020/03/19/sports/olympics/olympics-coronavirus-bach-ioc.html

IOC Athletes' Commission lead global call with athlete representatives (March 18, 2020) *Athlete 365* olympic.org/athlete365/voice/ioc-ac-global-call-coronavirus

IOC Executive Board statement on the coronavirus (March 3, 2020) *Olympic News* olympic.org/news/ioc-executive-board-statement-on-the-coronavirus-covid-19-and-the-olympic-games-tokyo-2020

IOC, IPC, Tokyo 2020 Organising Committee and Tokyo Metropolitan government announce new dates (March 30, 2020) *Olympic News* olympic.org/news/ioc-ipc-tokyo-2020-organising-committee-and-tokyo-metropolitan-government-announce-new-dates-for-the-olympic-and-paralympic-games-tokyo-2020

IOC President: 'It will require everybody's efforts to make these games a symbol of hope' (March 25, 2020) *Olympic News* olympic.org/news/ioc-president-it-will-require-everybody-s-efforts-to-make-these-games-a-symbol-of-hope

IOC president tries to boost Olympic morale in Japan (February 28, 2020) *CBC Sports* cbc.ca/sports/olympics/tokyo-olympic-organizers-bach-interview-1.5479312

IOC Statement on the Greek leg of the Olympic torch relay (March 13, 2020) *Olympic News* olympic.org/news/ioc-statement-on-the-greek-leg-of-the-olympic-torch-relay

IOC Statement on the Olympic flame lighting and the Olympic Games Tokyo 2020 (March 12, 2020) *Olympic News* olympic.org/news/ioc-statement-on-the-olympic-flame-lighting-and-the-olympic-games-tokyo-2020

Joint statement from the International Olympic Committee and the Tokyo 2020 Organising Committee (March 24, 2020) *Olympic News* olympic.org/news/joint-statement-from-the-international-olympic-committee-and-the-tokyo-2020-organising-committee

Keh, A. and Panja, T. (March 18, 2020) IOC's reassurance about Tokyo Olympics rankles some athletes. *New York Times* nytimes.com/2020/03/18/sports/olympics/olympics-coronavirus-athletes-training.html?action=click&module=RelatedLinks&pgtype=Article

Lies, E. (February 3, 2020) Japan will make utmost efforts to keep virus from affecting Olympic Games PM Abe. *US News* usnews.com/news/world/articles/2020-02-03/japan-will-make-utmost-efforts-to-keep-virus-from-affecting-olympic-games-pm-abe

List of sporting events (March 23, 2020) *ESPN* espn.com/olympics/story/_/id/28824781/list-sporting-events-canceled-coronavirus

President Bach writes to Olympic movement (April 29, 2020) *Olympic News* olympic.org/news/ioc-president-bach-writes-to-olympic-movement-olympism-and-corona

Prewitt, A. (April 11, 2020) How Hayley Wickenheiser is using her unique platform in global fight against

Covid-19. *Sports Illustrated* si.com/olympics/2020/04/11/hayley-wickenheiser-ice-hockey-medical-school-doctor-coronavirus

The Response from the International Olympic Committee (2020) *Human Rights Defender* 29: 2, 22-24.

Tokyo Olympics: Games will go ahead 'with or without Covid', says IOC VP (September 7, 2020) *BBC News* bbc.com/news/world/-asia-54052669

Wade, S. (April 10, 2020) Tokyo Olympic CEO. *AP News* apnews.com/e25f9d7370ceda0b4794df5bbd-79f7b3

Wade, S. and Yamaguchi, M. (February 14, 2020) No 'Plan B' for Olympics. *AP News* apnews.com/936a921979a504cb9d4056dc44b2830a

Xiao, H. (2020) Athletes first? The right to health and safety in postponing the Tokyo Olympic Games. *Human Rights Defender* 29: 2, 19-21.

オリンピックという名の虚構　政治・教育・ジェンダーの視点から

目次

略語一覧

ABC	Australian Broadcasting Commission	オーストラリア放送協会
AC	Athletes' Commission	アスリート委員会
AIBA	Association Internationale de Boxe Amateur	国際アマチュアボクシング連盟
AIS	Androgen Insensitivity Syndrome	アンドロゲン不応症
AOC	Australian Olympic Committee	オーストラリアオリンピック委員会
ASOIF	Association of Summer Olympic International Federations	オリンピック夏季大会競技団体連合
BJSM	British Journal of Sports Medicine	ブリティッシュ・ジャーナル・オブ・スポーツ・メディシン
BNC	Bread Not Circuses Coalition	サーカスではなくパンを連合
BWINT	Builders and Woodworkers International	国際建設林業労働組合連盟
CAS	Court of Arbitration for Sport	スポーツ仲裁裁判所
CBC	Canadian Broadcasting Corporation	カナダ放送協会
DCMS	Department for Digital, Culture, Media and Sport	デジタル・文化・メディア・スポーツ省
COHRE	Centre on Housing Rights and Evictions	居住権・強制退去問題センター
CSHR	Centre for Sport and Human Rights	スポーツ人権センター
DSD	Differences of sexual development	体の性のさまざまな発達
FIFA	Fédération Internationale de Football Association	国際サッカー連盟
FINA	Fédération Internationale de Natation	国際水泳連盟
FIS	Fédération Internationale de Ski	国際スキー連盟
GANEFO	Games of the New Emerging Forces	新興国競技大会
HCC	Host City Contract	開催都市契約
HDI	Human Development Index	人間開発指数
HRW	Human Rights Watch	ヒューマン・ライツ・ウォッチ

IAAF	International Association of Athletics Federations	国際陸上競技連盟
ICOS	International Centre for Olympic Studies	オリンピック・スタディセンター
IF	International federation	国際競技連盟
IOC	International Olympic Committee	国際オリンピック委員会
ISJL	International Sports Law Journal	インターナショナル・スポーツ・ロー・ジャーナル
ISL	International Swimming League	国際水泳リーグ
ISU	International Skating Union	国際スケート連盟
ITUC	International Trade Union Confederation	国際労働組合総連合
NBA	National Basketball Association	ナショナル・バスケットボール・アソシエーション
NCAA	National Collegiate Athletic Association	全米大学体育協会
NOC	National Olympic Committee	国内オリンピック委員会
OFSTED	Office for Standards in Education	教育水準局
PGA	Professional Golfers' Association	プロゴルフ協会
PwC	PricewaterhouseCoopers	プライスウォーターハウスクーパース
RSF	Reporters sans frontières	国境なき記者団
RUSADA	Russian Anti-doping Agency	ロシア反ドーピング機関
SDP	Sport for Development and Peace	開発と平和のためのスポーツ
SLC	Salt Lake City	ソルトレイクシティ
SRA	Sport and Rights Alliance	スポーツ＆ライツ・アライアンス
UAB	Autonomous University of Barcelona	バルセロナ自治大学
UEFA	Union of European Football Associations	欧州サッカー連盟
USAG	USA Gymnastics	米国体操連盟
USOC	US Olympic Committee	米国オリンピック委員会
WADA	World Anti-doping Agency	世界アンチ・ドーピング機構
WMA	World Medical Association	世界医師会
WPA	World Players' Association	世界選手協会

謝辞

私が最初にスポーツ研究の世界に足を踏み入れたのは、一九八〇年にカナダ女性のスポーツの歴史に関する期末レポートを書いていた時でした。私の博士号指導者であり友人（そして野球ファン）のメアリー・オブライエン教授は、分析を現代のスポーツ問題に広げるようアドバイスしてくださり、私はそれに従いました。二〇二〇年の今、スポーツの問題についての四〇年にわたる研究と活動の集大成として、本書を世に出すことになりました。

カナダ、オーストラリア、ニュージーランド、米国、英国、ヨーロッパの家族、友人、アクティビストや同僚を含め、数えきれないほどの人が私の思考と分析に刺激を与えてくれました。直接会ったことはないけれど、メールやソーシャルメディアでつながっていると感じられる人も数え切れません。そして、いつもながら、私の子どもたちとパートナー、リズの愛とサポートに、いつものとても素晴らしいリズの校正に感謝したいと思います。

二〇一八年にエメラルド社から本を出すことを勧めてくれたフィリッパ・グランドと、継続的なサポートをしてくれたエメラルド社のチームに感謝します。フィリッパとヘレン・ベドウから『ソサエティナウ（SocietyNow）』シリーズ（エメラルド社）への執筆依頼があった時、私は喜んで引き受けました。スポーツのトピックについて言えば、現在、私が編集しているシリーズ、『スポーツとジェンダーのエメラルド研究（*Emerald Studies in Sport and Gender*）』があります。ご提案をお待ちしています！

原書の強調箇所は傍点とし、引用文中の原著者による強調には原書にならい「強調追加」と付した。
本文中の［　］は訳者による補足である。また脚注は全て訳注である。

第1章　序文と背景

一九九二年、私はオーストラリアのオリンピック招致熱が高まるシドニーの中央ビジネス地区の街角に立っていた。私が招致ロゴに包まれたチョコレートバーを食べていると、シドニー２０００の広告で覆われたバスが通り過ぎた。招致事務局を訪問すると、フォルダー一杯のつやつやしたパンフレットを手渡され、近くのデパートでは、シドニー２０００のお土産やスポーツウェアが幅広く取り揃えられていた。

一〇年後、バンクーバー／ウィスラーが二〇一〇年冬季オリンピックの招致準備をしているとき、私はウィスラービレッジで招致委員会の展示を見ていた。模造の聖火が臭くて黒い煙をきれいな山の空気の中に吐き出していた。この展示は大会招致で宣伝されている環境基準を満たせないのではないかという私の苦情に対し、担当者は呆れたという態度を向けるだけだった。

オリンピック産業は、表面と実質、レトリックと現実のあいだに多くの矛盾を抱え、これらの事例はその一部を捉えたものだ。

背景とアプローチ

一九九〇年、私は夏季オリンピックにおける女性の地位に関するレポートを執筆する契約を結んだ。政治家、市のスタッフ、ビジネス関係者、および一九九六年のオリンピック招致を準備していた人々からなるトロント市オリンピックのタスクフォースのためである。その時代の多くの「スポーツフェミニスト」や、二一世紀の多くの人と同様に、当時の私は、よりラディカルな批評家がいみじくも「女性を追加してかき混ぜる」アプローチと呼ぶ、よりリベラルな分析を行っていた。つまり、男性と女性のオリンピックプログラムの不均衡と、女性アスリートの少なさに焦点を当てていたのだ。私は、これらのイベントが開催都市や国に多くの悪影響を与えるにもかかわらず、スポーツを社会的実践として、あるいはオリンピックをスポーツ・メガイベントとしての観点から批評していなかった。

トロントの一九九六年と二〇〇八年のオリンピック招致に反対した「サーカスではなくパンを」（BNC）連合のメンバーと私がつながったのも一九九〇年代の初めである。手作りのチラシの上にまとめられたオリンピックの社会的影響についての分析や、一九九〇年の反招致提案書、二〇〇一年の住民反招致提案書は、オリンピック・イデオロギーの力や、大会を主催することが恵まれない人々やコミュニティに及ぼす隠れた損害の現実に私の目を開かせることになった。その後、私はBNCや他のカナダとオーストラリアの反オリンピック団体やオリンピック監視団体の活動に参加し、その経験は私の分析と世界観の両方を変えることになった。

一九九三年以来、私はシドニー、バンクーバー、トロントで広範囲な調査を行ってきた。これらの都市のオリンピック抵抗グループに積極的に参加したことに加えて、米国、英国、カナダ、オーストラリアの活動家、研究者、引退したオリンピックアスリートたちやジャーナリストたちに直接またはビデオチャットでインタビューした。第6章で私が匿名で引用している引退したアスリートは、RAと呼ぶことにする。招致委員会や組織委員会で作成された資料を収集するだけでなく、主流のソーシャルメディアの報道と解説をモニターした。データの収集と原稿の最終期限は二〇一九年一一月一日だった。自分たちの方針と実践を公表するのに自由に使える手段をたっぷりもっているオリンピック産業関係者には正式にインタビューしていない。

本書は、実際のスポーツ競技と、オリンピックの招致・準備による影響、および地域的、世界的な反オリンピック運動を同じくらい取り扱っている。一九八〇年代以降、開催都市や国に暮らす人々、特にオリンピックが来る前からすでに不安定な生活を強いられている人々が経験した政治、社会、経済、環境への悪影響の広がりが多くの研究によって記録されてきた。過去数十年間に、個々のアスリートによる抗議、アスリートの権利のための世界的なキャンペーン、反オリンピックグループの国際ネットワーク、反人種差別主義者の連合、環境および人権活動家、非政府組織（NGO）などを含むこれまでにないレベルの抵抗が見られた。国際オリンピック委員会（IOC）とその統制下にあるスポーツ統治機関は、その指導者たちが人権擁護者や他の批評家との対話を拒否し続けていることで、しかるべくして抵抗運動のターゲットになっている。オリンピック産業の観点からは、「スポーツの特異性と自律性の基本原則を守る」ことが最優先事項である（ASOIF, 2019）。言い換えれば、スポーツは自主規制を継続し、国内法および国際法の適用から免除され、このスポーツ・メガイベントに公的資金を投入する開催都市、州、国の政府を含む「政治」から隔離保護されている。

競技場で起こる出来事も同様に注目に値する。この本は、私のこれまでの業績（Lenskyj, 2003, 2013, 2018）の多くと同様に、ジェンダー、セクシュアリティ、エスニシティに基づくアスリートの権利と差別の問題を考察している。スポーツにおけるセクシュアル・ハラスメントと虐待の長期にわたる問題は、ドーピングと女性の出場資格の問題と並んで主要な懸念事項である。オリンピック産業はアスリートの生活と生業をコントロールする力をもつだけでなく、エリートレベルで起こる出来事は、幅広いスポーツと身体活動のすべての参加者に、特に政府の政策と資金調達の優先順位に関する事柄に大きな影響を与える。さらに、ジェンダーとセクシュアリティに関連する社会的態度と慣習は、スポーツにおける男らしさと女らしさのメディア表象を通じて具体化され強化されており、あらゆる種類の身体的レクリエーションの参加者すべてに影響を与えるものだ。

労働者および世界市民としてのアスリートの権利問題について、IOCが二〇一八年に公表した「アスリートの権利と責任の宣言」と題された文書は、「オリンピック・ムーブメント」を構成する無数の組織の傲慢《ごうまん》さと偽善を表している（The Athletes' Declaration, 2018）。以降の章で示されるように、「収入を生み出す機会を活用する」、「選出されたアスリート代表」、「プライバシー」、そして「表現の自由」など、これらのいわゆるアスリートの権利はほとんど幻想である。オリンピック産業は、スポーツ例外主義［＊1］を取り込み、IOCが自称する「世界のスポーツの最高権威」という地位を築くことで、人体と心にダメージを与えるようなスポーツ実践を一世紀以上に渡って世界的に形作ってきた。以下の議論は、歴史的背景と時代の流れについての説明を加えながら、二一世紀におけるこれらの事柄の世界的な発展に焦点を当てる。いくつかの重要なテーマと論争を検討するにあたって、私はオリンピック産業の公式文書と声明、活動家、学術研究者とアスリート擁護団体によって展開されてきた批評、主流メディアと独立メディアによる報道の分析を行う。

トランスナショナルなフェミニストの学者たちが発展させた女性の健康問題についての洞察は、スポーツにも関連するものだ。デイヴィス（2007）が主張したように、グローバルサウスの女性に米国の「女性の健康運動」などの西洋の文化的産物を押し付けることは、さらなるアメリカ帝国主義の行いである。同様の批判は、国連のスポーツのオリンピックモデルにも当てはめることができる。特に、開発と平和のためのスポーツと呼ばれるキャンペーンは、人間の他のあらゆる運動表現よりも西洋文化の産物である競技スポーツを優先するものだ。同様の批判的アプローチを採用しつつ、インターセクショナルな分析［＊2］では、重複するアイデンティティとその結果として個人のジェンダー、セクシュアリティ、エスニシティ、障害の有無、社会経済的地位、および地政学的位置から及ぼされる抑圧を認識することの重要性を強調する。これらはすべて、開催都市・地域・国の住民、オリンピック関連の建設プロジェクトの現場で働く労働者、そしてもちろんアスリートを含めたオリンピック産業の影響を受ける人々に関わる問題である。

オリンピック産業、オリンピック神話

ＩＯＣと近代オリンピックはその時代の産物であり、一九世紀の植民地主義、人種差別主義そして性

＊1　スポーツは「特別なもの」であり、地域的、国家的、国際的な「政治」に汚染されるべきではないとする考え方（Lenskyj, 2000）。Helen Lenskyj, (2018) "Sport exceptionalism and the Court of Arbitration for Sport", *Journal of Criminological Research*, Policy and Practice, Vol. 4 Issue: 1, pp. 5-17.

＊2　人種、エスニシティ、ジェンダー、セクシュアリティなど、さまざまな差別の軸が複数組み合わさることによって起こる特有の抑圧状況を理解するための分析。

差別主義の起源は消え去っていない。二〇世紀後半から二一世紀にかけて、私が総称してオリンピック産業と呼んでいるＩＯＣとそのすべての子会社は、外部の課題に対処し、その「最高権威」を維持することに注力し、より広範な社会的および文化的変化に対しては、限定的な努力しかしてこなかった。これらの変化が本当の改革をなすものなのか、表面的な飾り付けなのかは議論の余地がある。この金を浪費するスペクタクルを主催することへの関心が急速に弱まっている事態に直面し、より多くの招致を引き出そうとする近年の革新的な試みもまた同様である。実際に、二一世紀という時代に見合うようにという外部からの強い圧力がなかったなら、ＩＯＣが自ら何らかの改革を始めたとは思えない。

オリンピック産業という概念は、私が二〇年前に取り組んでいた研究と活動の結果として生み出したもので、日常的に公衆の目から隠されているオリンピックの側面に焦点を向けさせることを意図している。以前の出版物の中で記録し分析したように、スポーツはオリンピック産業の氷山の一角にすぎない(e.g. Lenskyj, 2000, 2002, 2008)。表面をめくると、その裏にはスポンサー、企業、メディアの権利保有者、開発業者、不動産所有者、ホテルやリゾートの所有者などがおり、すべてオリンピックの開催によって経済的利益を得る態勢を整えている。一九六〇年以来、このスポーツ・メガイベントは「オリンピック・パラリンピック大会」と呼ばれているが、その完全なタイトルはほとんど使用されていない。「パラ」は「並行」するオリンピックという意味だ。以下に続く議論では、スポーツ関連の焦点は主にオリンピックに当てているが、招致や開催都市の準備、レガシー、ドーピングなどの重要な問題についての分析は、パラリンピックにも等しく関連性のあるものである。

より速く、より高く、より強いパフォーマンスにのみ報いる狭義のスポーツイベントの一群が、非常に多くの社会的および文化的資本を蓄積し、いくつかの不具合はありながらも、ほぼ一二五年間続いていることは多くの点で目を見張るものがある。オリンピック憲章のエセ宗教的な言葉とオリンピック産業の宣伝マシンは、その無敵のような地位を生み出す一因となっている。オリンピックは、世界のスポーツ競技の頂点としてだけでなく、グローバルな社会運動や世界の平和と調和の促進剤としても仕立てられている。オリンピズムやオリンピック精神、オリンピック・ファミリー、オリンピックの価値といった用語は、人間の肉体的達成をより高い、事実上ほとんど精神的な領域に引き上げ、必要性に関わらずオリンピック選手を道徳的な模範的存在へと変容させる。注目すべき例外の一つとして、ドーピングで告発されたオリンピックの「ロールモデル」たちは、しばしば有罪無罪に関係なく、あっという間に公的なさらし者にされる。ドーピングに関するメディア報道には、「クリーンスポーツ」のレトリックと、憤慨した「クリーンアスリート」のインタビューがつきものだ。二〇一七年の例では、二〇〇八年の北京オリンピックの二人のメダリストがドーピングで失格となり、英国のランナーのケリー・ソザートンが遡及《そきゅう》的に銅メダルを授与されたとき、彼女はドーピングしたアスリートが触れた「汚くて汚染された」実際のメダルの受け取りを拒否するとレポーターに語った（Kelly Sotherton, 2017)。

オリンピック神話は、エリートスポーツ競技の魅力を超えて、一般の人々の想像力を掻き立てる。聖火リレーや聖火台の点火、メダル授与、開閉会式を取り巻く象徴性と儀式はその神秘性をさらに増す。二〇一九年七月、ガーディアン紙のスポーツライターは、その前の週末に英国で開催されたクリケットW杯、ウィンブルドンテニス、イギリスグランプリという三つの華々しいスポーツイベントを褒め称えた。彼は、七月一四日を「輝かしい日」と呼び、「群集の喜びをみているときにそれに匹敵するものとして思い浮かんだ」ものとしてロンドンオリンピックに言及し、二〇一二年七月の開会式は、「私たちの歴史、多様性、道徳的資産を私たちに見事に再認識させ……英国の生活に課せられた緊縮財政にもかかわらず、私たちはより良い自己認識をもつことができた……」(Williams, 2019) と説明した。同じテーマでいえば、英国の国会議員チュカ・ウムナは、「自分たちの歴史を誇りにしているだけでなく、どのような国になったのか――オープンでユーモアがあり、きちんとしていて自信に満ちた近代的な国になったことを誇りにしている、自己イメージの落ち着いた国」のビジョンとして開会式を持ち上げて見せた (Umunna, 2019)。英国の政治の混乱の時に、ウィリアムズとウムナがスポーツという藁を掴んだことをおそらく誰も非難することはできないだろう。

二〇一九年にメディアの解説と政治家のレトリックの中に浮かび上がってきた「見当違いのノスタルジー」が、二〇一二年ロンドンの開会式に現れていたことを指摘する冷静な声もあった。イベントのプロデュースを手伝ったパディ・ベッティングトンは、「二〇一二年の精神はＥＵ離脱を目指す英国にとっての解毒剤ではない」と主張した (Bettington, 2019)。彼は、開会式の二カ月前にテリーザ・メイ内務大臣が「敵対的環境」という移民政策を発表し、それが内務省の悪名高い「帰国」トラックに表示された「英国に違法に滞在中？ 帰国せよ、さもなくば逮捕だ」という警告によって推進されたことに言及し、開会式のウインドラッシュ世代［＊3］を祝う部分について、その偽善性を指摘した。ベッティントンはまた、ジョージ・オズボーン大臣が「不可欠」として緊縮政策が敷かれている時に、大会に九三億ポンドが費やされたことの欺瞞《ぎまん》を指摘している。緊縮財政は一部の人にしか適応されないようだ。

二〇年以上にわたる調査 (e.g. Lenskyj, 2000, 2002, 2008) により、オリンピック産業が招致中あるいは開催が決まった市の住民に対して行う無数の約束と正当化のうち、四つの重要な点が繰り返し現れていることが明らかになった。

1.「厳密なタイムリミット」は、工事が予定どおりに完了するよう急き立てる。オリンピックのスケジュールに合わせるには、開発申請、社会的および環境的影響についての調査、そしてコミュニティとの協議を急速に行うか無視する必要がある。

2.「世界の目」はオリンピックの都市・州・国に向けられ、グローバルメディアを通じて流通するイメージは完璧でなければならない。貧しい人々やホームレスの人々を不可視化することによってそのイメージを確実なものにするために、路上生活者を追い払い、貧困を犯罪化する厳しい条例が必要である。

3.このシステムを活用して、インフラ、住宅、スポーツ施設、つまり居住者全体が以後数十年間享受することになるオリンピックのレガシーに政治家は資金を注入することができる。

4.熱い愛国心、市民の誇り、そして「金銭に代え難い」一生に一度の機会といった無形の利益がオリンピックから流れ出す。

オリンピック招致を支持する政治家は、世界のスポーツエリート、特にIOCのメンバー、国際競技連盟(IF)の代表、国内オリンピック委員会(NOC)、および世界クラスのアスリートといった人々との関係を築き、それらに影響力をもっていると見えるよう動いている。そういった政治家は、大会後には増税や役立たずの厄介な会場が残されるのだとしても、これらのコネが選挙戦で役立つことを

＊3 今では英連邦加盟国となった西インド諸島から最初の移民としてやってきた数千人とその子どもたちを指す。(BBC, News Japan, 2018.4.17)

しっかりと予測しているのだ。市民の誇りを高め、故郷を「世界クラスの都市」に変貌させることには、目に見えない利点があり、政治家の間で人気のあるセールスポイントでもある。しかし、これまでの開催都市におけるオリンピック後の進展を見てみると、物質的であれイメージであれ、約束されたレガシーが実現せず繰り返し失敗に終わっているという現実がある。

スポーツは（非）政治的だ

オリンピックの歴史を通じて、ＩＯＣとその指導者たちは、スポーツ例外主義という概念を何かと擁護してきた。スポーツは特別だ、という表現は、オリンピック産業のイデオロギーを正確にとらえている。女性の地位から台湾の地位に至るさまざまな状況や論争において、ＩＯＣは、自身が政治を超越し、その外側にいると表明してきた。主流メディアにおいて、オリンピック関連のトピックが世界のニュース、政治、またはその他のより適切なカテゴリーではなく、常にスポーツ面で取り扱われることが、私たちにこの現実を毎日思い出させる。一方で、このやり方はスポーツファンにスポーツと政治の関連性を考えるよう促すかもしれず、それ自体価値のある機能である。プロのスポーツ組織は、スポーツと政治のリンクを否定しながらも、ファンの注意をそこに引きつけることがよくある。例えば、二〇一九年に、プロゴルファー協会（ＰＧＡ）は、二〇二二年ＰＧＡチャンピオンシップがトランプ大統領のゴルフコースの一つで開催される予定で、ボイコットの危機にさらされていることについてコメントした。四人の非白人女性議員に対してトランプが人種差別主義的な攻撃をした後、組織のスタンスを懸念するジャーナリストのツイートに反応して、ＰＧＡは「組織として、私たちは多様性と包摂に十分取り組んでいるが、私たちは政治組織ではないので、政治分野で行われた発言についての議論には加わらないだけだ。」(Fink, 2019) との見解を示した。PGAの報道官は、組織の多様性と包摂への取り組みを唱えるという明らかに政治的な立場を鮮明にしつつ、自身を政治から切り離すということの皮肉を理解することができなかった。

オリンピック憲章規則二七：六では、NOCは「オリンピック憲章への遵守を妨げる可能性がある政治的、法的、宗教的、または経済的圧力」に抵抗しなければならないとしている(1)。一見すると、権威主義体制国家のNOCがスポーツにおけるあらゆる種類の差別を監視するのに十分なほど独立できていれば、これは立派な目標といえるが、明らかにそうではない。逆に、民主主義国家の独立したNOCは、商業的搾取からスポーツやアスリートを保護するためにプロアクティブな役割を果たすこともできるが、それを示すデータはない。要するに、社会学者が何十年も言ってきたように、スポーツは社会の鏡なのだ。つまり、スポーツと社会の間には弁証法的な関係があり、変化し続ける優先順位、信念、態度、実践のセットがその両方に反映され、組み込まれているのである。

歴史的背景

現代のオリンピック産業の争点を知るためには、その歴史を理解する必要がある。オリンピックは当初から、より速く、より高く、より強くという達成モデルと「身体活動のグローバルなスポーツ化」を取り入れた (Suchet, Jorand, & Tuppen, 2010)。この姿勢は、世界的なスポーツのあり方を定義し続け、人間の運動へのもう一つのアプローチ、すなわち、大衆参加を促進する健康とフィットネスのモデル、さらにダンスと民俗の伝統を組み込んだ身体体験モデルを事実上除外している。重要なのは、達成モデルは努力に焦点を当て、勝者と敗者という序列的な関係を促進することだ。身体経験モデルは遊びに関するものであり、健康・フィットネスモデルは努力と遊びの両方を組み込んでいる（Brohm, 1979; Eichberg, 1998, 2004）。

勝者は称賛や礼賛に自らを鼓舞するかもしれないが、スポーツの達成モデルは、健康・フィットネスと身体経験モデルに内在する喜び、健康、社交性と自己表現のための普遍的で生涯を通じた身体活動への参加という目標と相入れない。バランスのとれた平等主義の優先順位を持つ国は、人間の運動の三つのモードすべてを尊重し、それに応じて政府の資金が割り当てられる。コリンズとビュラー（2003）が指摘しているように、オリンピック大国とみなされている国々は、その威光ゆえに、政府が資金配分の優先順位を変える可能性を下げてしまう。その結果、生涯にわたる身体活動の不可欠な基盤となる、子どもと若者のためのスポーツとレクリエーションプログラムの責任を地方自治体が負うことになる。多くの欧米諸国においてエリートスポーツに継続的に資金が投入される根拠は、レガシーとしての具体的な最新設備への期待と共に、国家の誇りとアイデンティティという約束、および人々にインスピレーションを与えるとされるロールモデルとしての価値にある。これらの設備がレクリエーションとしてスポーツを楽しむアスリートにアクセス可能になるのか、それともお金を浪費する白象（無用の長物）[＊4]になるのかは、オリンピック推進者が避けたがる問いだ。

植民地化ツールとしてのオリンピックスポーツ

フランスの貴族であるピエール・ド・クーベルタン男爵は、近代オリンピック創設の父とされており、非ヨーロッパ人を文明化し、植民地化する道具としてスポーツを取り込んだことは明らかだ。オリンピックを復活させるという彼の計画は、古代ギリシャの文化を取り入れるという当時の流行にマッチし、一八九六年にアテネで最初の近代オリンピックがうまく実現できるようその舞台が整えられた。アフリカ人の参加について、クーベルタンは「スポーツはアフリカを征服する」と述べ、「スポーツの植民地化とスポーツによる植民地化」を宣言したのだった（Suchet et al., 2010, p. 577）。一九三六年、アジア諸国からのアスリートがより多く参加するようになると、彼は次のように述べて熱狂した。

オリンピックのアジア到達は大きな勝利だと考えている。
オリンピズムに関して言えば、国際的な競争は必ず実りあるものになる。オリンピックを主催する名誉を得るのは世界のすべての国にとって好ましいことだ。（Kidane, 2001, p. 4S）

同時に、クーベルタンは、ＩＯＣの最初の加盟国、特にヨーロッパと英語圏におけるジェンダーと階級の関係という観点では現状維持を支持した。クーベルタンが「スポーツと政治を混合しない」という考え方を支持して信用される立ち位置になかったことは確かである。彼は、その時代の国家主義と植民地主義を利用しながら、「先見性がある」、「ソーシャルマーケティング推進者」、「巧みな策略家」(Chatziefstathiou, 2012）としてさまざまに表現された。例えば、ジョン・スチュアート・ミルなどの一九世紀の哲学者たちが平等の問題についてもっと啓《ひら》かれていたことを考えれば、クーベルタン男爵を単に「その時代相応の人」として免責することはできない。彼は「人間の福祉に関わった高徳な人」

＊4　厄介物、無用の長物の意味。タイでは、白象は神聖な動物とみなされるが、それを使うことも、乗ることも、処分することも許されず、ただエサ代がかさむばかりの厄介者と考えられた。

(Hoch, 1972, p. 85) といった人格崇拝のようなものを生み出してきた。そして彼の発言は一〇〇年以上経ってもなお不相応な敬意をもって引用されている。

現在のIOC会長であるトーマス・バッハは、二〇一九年六月のIOCセッションにおける演説で、クーベルタンの（想像上の）声を呼び起こした。一例として、彼は集まった人々に「オリンピック・ムーブメントをあなたの世界に取り入れるために、あなたは何をしていますか?」と問いかけ、クーベルタンの言葉を想起させた。バッハは、二〇一四年に策定された改革案であるアジェンダ2020とその根底にあるメッセージへの信念を説明し、それを「自ら変化するか、変化させられるか」とまとめた (Opening remarks, 2019)。しかし、クーベルタンが変化する世界に適応しようと考えていたという証拠は限られている。サジエフスタシーオが実証したように、クーベルタンは「オリンピック・イデオロギーの推進を通じて社会の変化を起こすことを目指した」社会改革者であり、彼のオリンピズムの概念は「社会問題の解決と、個人および社会レベルでの行動変化をもたらすソーシャルマーケティングの製品として用いられてきた」(Chatziefstathiou, 2012, p. 27)。クーベルタンの目標がいかに非現実的なものであったとしても、彼は変化の風に反応するのではなく、世界が従うべき社会改革とソーシャルマーケティングの課題を設定していたのだ。

女性の問題

「女性の問題」に関するクーベルタンの考え方は、後々まで負の遺産を残した。彼は、競技場の外から男性アスリートを応援するという周辺的な役割を女性に与えた。女性が競技場にもまったく入れなかった古代オリンピックから一歩前進である。最初の五回のオリンピック（一八九六―一九一二）では、IOCではなく開催国のNOCがスポーツプログラムを決定したため、彼は女性を完全に排除することはできなかった。一九〇〇年の大会では、少数の女性がゴルフとテニスに出場し、一九〇八年にはテニス、アーチェリー、フィギュアスケートに、そして一九一二年のオリンピックでは水泳、ダイビング、テニスで競技した。

より速く、より高く、より強く、という達成モデルは、当初から女性アスリートの大半を不利な立場に立たせ、繰り返しそのパフォーマンスが男性と比較され、不十分だとみなされることになった。IOCは、早くも一九三〇年代には、男性が女性になりすまして女性のイベントに勝つ可能性があるという疑いに基づいて、「男性らしい」女性アスリートを検査し始めた。まれなケースが、ベルリン一九三六年のオリンピックに起こり、疑惑の男性は女性の走高跳種目で四位になった。

乗馬を除き、男女に区分化されたすべてのオリンピックのプログラムでは、男性と女性のアスリートを厳格に分離することにより、ジェンダー規範との整合性が図られてきた。二〇二〇年東京オリンピックのプログラムにいくつかの変更がなされ、水泳、トライアスロン、卓球、射撃、およびアーチェリーに男女混合チームが含まれるようになる。女性のスポーツの達成度が男性の達成度に近づき始めると、メディアや他の女性アスリートによってその選手の「女性性」がしばしば残酷な形で攻撃される。フィギュアスケートなどの運動感覚の秀逸さで評価される数少ない競技で成功した男性は、ゲイであろうとストレートであろうと、しばしば同性愛嫌悪的な反発を経験する。要するに、スポーツの達成モデルは、オリンピックスポーツだけでなく、たいていの欧米社会で行われるレクリエーション的な身体運動のすべてにおいて覇権的な男らしさと女性らしさを定義付け、強化するのである。子どもたちの社会化がこのことを反映するのは、親は社会規範に順応していない子どもがスポーツを通じて適切なジェンダー役割を身に付けられるという暗黙のメッセージに反応するからだ。例えば、「弱虫」の息子には武道を、「おてんば娘」にはフィギュアスケートを、といったように。オリンピックのより速く、より高く、より強くという達成モデルよりも健康・フィットネスや身体経験モデルが優先される場合、より幅広い男性性と女性性が単に許容される以上に、尊重されるようになるというシナリオを描くこともできる。

オリンピックの女子陸上競技は、一九二〇年代と一九三〇年代に物議を醸し、この流れは女子マラソンに関する議論とともに一九八〇年代まで続き、高アンドロゲン症に関する論争を巡って二一世紀まで続いている（第8章と第9章を参照）。ヨーロッパの女性達は、オリンピックプログラムからの除外に抗議し、独自の国際大会を組織した。一九二一年、フランスのアリス・ミリアと英国のソフィー・エリオット・リンが国際女子スポーツ連盟（ＦＳＦＩ）を設立し、一九二二年にパリで最初の女子オリンピックを開催した。一一の陸上競技種目があり、最長は一〇〇〇ｍ走であった。後にＩＯＣの要求により女子世界大会と呼ばれるようになった女子オリンピックは、一九二六年にヨーテボリで、一九三〇年にプラハで、一九三四年にロンドンで開催された（Leigh & Bonin, 1977）。偶然の一致ではなく、一九二〇年代には最初の労働者競技大会が開かれ、一九二一年にプラハ、一九二五年にフランクフルト、一九三一年にウィーンで開催された。そこには約八万人、つまり現在夏季オリンピックに参加している人数の約一〇倍の労働者アスリートが参加した（Riordan, 1984）。

ＩＯＣは「女子オリンピック」の脅威に対応するため、一九二八年のオリンピックで五つの陸上競技の女性種目を創設した。八〇〇ｍレース後に疲労困憊した女子選手の誇張した新聞記事が報道され、医学界は女性の生殖機能に及ぼす（とされた）危険性を認め、その結果、ＩＯＣはこの種目を排除するための便利な根拠を得たのだった。要するに、女性のスポーツは女性の手で発展したが、ＩＯＣを二〇世紀という時代へと引きずっていくＦＳＦＩの一五年にわたるキャンペーンは、さまざまな結果をもたらした（Lenskyj, 2016）。

「女性の問題」については、多くのスポーツ統治機関がビクトリア朝時代に留まったままだ。二〇一九年、ウェブサイト〈Globetrotting〉の創設者であるフィリップ・ハーシュは、国際スケート連盟（ＩＳＵ）が「女性」ではなく「婦人」という用語をいつまでも使っていることに異議を唱えようとして失敗したことについて報告している（Hersh, 2019）。ＩＳＵは、二〇二〇年の会議に「このトピックが含まれるかどうかを述べるのは時期尚早」と回答し、一方で全米フィギュアスケート選手権は、この問題はまだ議論されていないと述べた。「ビクトリア朝時代の古風な表現をやめて現代の使用法にする」ことに本当に議論が必要なのか、とハーシュは疑問を投げかけた。どうやら、この文脈では、答えは「イエス」だった。

「最高の権威」と「聖なる団結」

クーベルタンのねらいは、ＩＯＣが世界のスポーツに対してその権力を維持する二一世紀においても実現され続けている。オリンピック憲章は、ガバナンスの基本原則を次のように定めている――ＩＯＣメンバーは、「各国におけるＩＯＣとオリンピック・ムーブメントの利益を代表し、促進する……」。これは、権力の流れがＩＯＣから加盟国への一方向のみであり、ＩＯＣの会員は自分たち自身を自分の国や選手の利益を表すものとみなすべきではないことを意味する。すべてのオリンピックスポーツはＩＦによって管理され、一五人のＩＦの代表者と国内オリンピック委員会のメンバーがＩＯＣメンバーである。IFは、パンアメリカン競技大会、コモンウェルスゲームズ、ユースオリンピックなどのメガイベントを統括する。アジアとヨーロッパのオリンピック委員会は、それぞれアジア大会とヨーロッパ大会を開催する。

世界のスポーツに対するIOCの支配が初めて脅威にさらされたのは、一九六三年である。その年、インドネシアのジャカルタで、反帝国主義および反植民地主義スポーツイベントというコンセプトによる世界で初めての、そして一回だけの大会となった新興国競技大会（GANEFO）が開かれた。GANEFOの主催者らは、オリンピックの理念をスポーツマンシップと国際的な尊敬、友情、そして平和とみなし、IOCがそれに従わなかったとして非難した。一九六〇年代は、「二つの中国」の問題によって、一九六二年のアジア競技大会の主催者が台湾の参加を妨害するという出来事があり、この地域の政治に関して重要な時代となった。中華人民共和国は、国家の建設と国際舞台でのスポーツの役割を認め、GANEFOの最も強力な擁護者の一つであり、最大のチームを送り、六五個の金メダルを獲得した（Shuman, 2013）。GANEFOの脅威に対して、IOCは、アジアとアフリカの新たに独立した国でスポーツを支援し、それによってIOCの援助への依存を確実にすることを目的とした国際オリンピック援助委員会を設立することで対応した（Houlihan, 1994; Trotier, 2017）。

クーベルタンの後継者であるアベリー・ブランデージは、保守的な米国人で、一九五二年から一九七二年まで会長を務めた。彼は米国オリンピック委員会（USOC）の代表としての任にあった早期にヒトラーを支持し、一九三六年のベルリンオリンピックのボイコットを求めた米国に対抗したことは有名である。クーベルタンの使命を引き継ぎ、彼はオリンピック・ムーブメントを「カーストや人種、家族、富といった不正義は存在しない……二〇世紀の宗教」と呼んだ（Zirin, 2007, p. 128）。

一九七二年のミュンヘンオリンピックでは、一一人のイスラエル人アスリートが虐殺されるという事件の後、ブランデージは中断することなく試合を続けることを望んだ。しかし、IOCが介入し、一日だけ競技を停止させた。他の政治面では、ブランデージは女性のオリンピック参加に反対し、また、スポーツを中心としたアパルトヘイト反対運動が盛り上り、最終的にはIOCもそこに加わったにもかかわらず、ローデシアと南アフリカの参加を支持した（Ramsamy, 1984）。

ブランデージの後継者は、スペインのスポーツ担当行政官であり、「フランソイスト」[＊5]を自称し、ブランデージの国家主義的なオリンピックの見方を受け入れていたファン・アントニオ・サマランチであった。事実、IOCに加わるために画策する中で、彼はブランデージの業績を賞賛し、「私はあなたの人柄と卓越した業績にすべて捧げる」ことを約束する個人的な手紙をブランデージに送っている（Jennings, 1996, p. 31）。一九七二年から二〇〇一年までの会長として、サマランチはオリンピックのメンバー国間の団結を求め、特に彼のリーダーシップの下でIOCのいわゆる「聖なる団結」を祝った。これは、「彼が忠実な下僕だった全体主義国家の合言葉である」とジェニングスが指摘している（Jennings, 1996, p. 33）。彼の大げさな世界観に合わせて、サマランチは「閣下」と呼ばれるのを好み、この虚勢をオリンピック・ファミリーや他のメンバーが批判することはめったになかった。彼のオリンピック史への貢献のうち最も注目すべきことは、彼の監督下において招致都市とIOCメンバーが関与する最も悪質な贈収賄と汚職が行われたことであり、後に一連の出来事が暴露され、オリンピックのシンボ

＊5　スペインの軍人（大元帥）であり、政治家のフランシスコ＝フランコ＝イ＝バーモンテの支持者の意味。フランコはスペイン内戦で共和政を打倒し、第二次世界大戦以降三〇年以上にわたって独裁政権を敷いた人物。

ルである五輪を汚した、とメディアは好んで表現した（Lenskyj, 2000）。

原注：

（1）オリンピック憲章については次を参照した：Olympic Charter（2018）IOC Documents https://stillmed.olympic.org/media/Documents%20Library/OlympicOrg/General/EN-Olympic-Charter. pdf.（オリンピック憲章（2020）日本オリンピック委員会 https://joc.or.jp/olympism/charter/）

第2章 オリンピックへの抵抗

反対意見の弾圧

一九六八年のメキシコシティオリンピックは、反オリンピック抗議行動が最も早く行われた大会の一つである。何千人もの学生たちが、政府による都市整備のための浪費や、公的資金の社会福祉事業からオリンピック関連事業への流用に反対してデモを行った。トラテロルコ広場での虐殺［＊1］では、軍と準軍事部隊の手によって三〇〇人以上の学生が死亡し、二〇〇〇人以上が投獄、拷問され、数千人以上が逮捕、殴打された（Orozco, 1998; Paz, 1972）。「なにがあってもやり遂げなければ（the show must go on）」という精神で、国際オリンピック委員会（IOC）はオリンピック開催を中止する動議を否決したが、その差はわずか一票だった。メキシコ政府は、過激派と共産主義の扇動者が、おそらくモスクワからの命令でその暴行を開始したと主張していたものの、実際にはメキシコ政府が約三六〇人の狙撃手に学生抗議者の群衆に向けて発砲するよう命令していたことが、二〇〇三年に極秘ファイルから明らか

＊1　トラテロルコ事件のこと。メキシコシティオリンピック開催一〇日前の一九六八年一〇月二日の夜、反政府運動のために集まった学生たちをメキシコ政府が弾圧した。

にされた（Doyle, 2003）。それ以来、多くのオリンピック開催都市や国で反対意見への残忍な弾圧が繰り返されてきたが、抗議する人たちを抑止することはできなかった。

グローバルな抵抗運動

一九八〇年代以降、住居問題支援組織（housing adovocates）、反貧困活動家、先住民、アスリート、環境保護主義者、フェミニスト、反人種差別主義者たちの団体による国際的なネットワークによって、効果的な反オリンピックとオリンピック監視活動は実施されてきた。世界貿易機関（ＷＴＯ）の会議中にシアトルで行われた一九九九年の反グローバル化抗議行動は、社会正義のための団体の多様な連携の架け橋となり、バンクーバーやリオデジャネイロを含む他の招致都市や開催都市での反オリンピック活動家たちにとって、活動を組織する上でのモデルとなった。市民ジャーナリズムはこの時期に始まり、シドニー２０００では、オリンピック開催都市で最初の独立メディアセンターが運営された。

こうした活動家たちの連携は、オリンピック開催に実際にはどのくらいの費用がかかるのかについての一般市民の意識を高め、また将来の開催地として選ばれた都市においては、オリンピック開催がもたらす最悪な形の社会的、環境的、経済的損害を監視し、それを緩和する活動によって、オリンピック産業のレトリックに異議を唱えた。オリンピック産業が広報活動に多額の予算を投じていることを考えると、これは明らかにダビデがゴリアテに立ち向かっている状況［＊2］だが、ゴリアテが時折大きな敗北を喫している。反オリンピックとオリンピック監視団体は、社会的、経済的、環境的な負の影響を記録し、徹底的に研究した内容を出版物として作成してきた。カナダのトロントとオーストラリアのメルボルンにある「サーカスではなくパンを」（ＢＮＣ）によって作成された反招致本は、その一例である。二〇〇〇年以前に登場した活動的で影響力のある団体としては、「NOOOOO・ア・ラ・バルセロナ・オリンピカ（NOOOOO a la Barcelona Olimpica）」、「トリノ2006ノリンピアディ委員会（Turin 2006 Nolimpiadi Committee）」、ヘルシンキの「反オリンピック委員会（Anti-Olympic Committee）」、「ノー・オリンピックス・アムステルダム（No Olympics Amsterdam）」、長野の「オリンピックいらない人たちネットワーク」、シドニーの「反オリンピック同盟（Anti-Olympic Alliance）」がある。

調査報道ジャーナリスト、特にアンドリュー・ジェニングス（Jennings, 1996）、シムソンとジェニングス（Simson & Jennings, 1992）、そして一九八〇年代のIOC贈収賄の噂を追跡調査した他のジャーナリストらは、オリンピック招致のあり方の倫理性と開催都市や国におけるより大きな社会的・政治的問題を問うという先駆的な仕事をした。ベテランのIOCメンバーであるマーク・ホドラーは、「オリンピックの血の掟［オメルタ］［＊3］を破った」唯一の告発者であり、それについてガーディアン紙のジャーナリストは、賄賂で票を買うことを「オリンピック・ファミリー」界の公然の秘密であるとうまく表現している（Carlson, 2006）。早くも一九八九年に、ホドラーは、アトランタでの開催が決まっていた一九九六年のオリンピック招致過程における汚職を暴露した。IOCは、彼の最初の改革の呼びかけに応えて、「ホドラーのルール」と呼ばれた改革を実施した。これにより、贈賄のやり方の一部が排除され、IOCメンバーの立候補都市への訪問回数が減り、以前のような訪問団とは対照的に同伴家族

＊2　「ダビデとゴリアテ」とは、旧約聖書の「第一サムエル記」第一七章に記されている少年ダビデと巨人ゴリアテの物語を指す。現代では、小さく弱い者が大きく強い相手に立ち向かう状況を指して使われる。
＊3　マフィアなどの犯罪組織のメンバーが、組織の秘密を守るために沈黙するという決まりのこと。沈黙の掟とも言う。

が一人に制限された。しかし、その後の出来事は、処罰を受けることなく「ホドラーのルール」を無視できることを明らかにした。ホドラーは、一九九八年に再び発言し、ソルトレイクシティの二〇〇二年オリンピック招致をめぐって贈収賄が横行していることを指摘した（Lenskyj, 2000, Ch. 1）。

反オリンピック団体は、最近のデジタルプラットフォームの発展以前に国際的なネットワークを構築し、電子メールと電話でのコミュニケーションを通じてそれぞれがもつ資源や資料を共有していた。一九九八年に結成された「オリンピック大会と商業スポーツに反対する国際ネットワーク（The International Network against Olympic Games and Commercial Sports）」は、トリノとヘルシンキの反オリンピック団体、および「地球の友（Friends of the Earth）」（トリエステ）と「持続可能な生活のための協会（Society for Sustainable Living）」（スロバキア）で構成されていた。他の国際協力の例では、二人のBNCメンバーが一九九〇年のIOC総会のピケット〔見張り〕のために東京を訪れ、反長野の団体による抗議デモに加わった（ある協力的なトロントの実業家が、BNCメンバーの航空運賃を支払った）。BNCのメンバーは、二〇一〇年までバンクーバー、シドニー、アトランタ、その他の場所で、反オリンピックとオリンピック監視団体と共に活動していた。特に贈収賄事件をきっかけにして、メディアがオリンピック批判者へのインタビューに関心を示し始めたことで、英国、米国、ヨーロッパ、カナダ、オーストラリアの活動家が、電話会議（それが当時のテクノロジーだった）を利用して、オリンピック関連の論争についてのパネルディスカッションに参加するよう招待されることが多くなった。

二一世紀になると、反オリンピック団体が、ソーシャルメディアをコミュニケーション戦略に加えたことで、その批判は世界のオーディエンスに届き、草の根の組織化を促すようになった。これらの団体による取り組みのいくつかは、論文や単行書に詳細に記録されている。例えば、バンクーバーの活動家クリス・ショーによる『ファイブ・リング・サーカス』（Shaw, 2008）や、経済学者アンドリュー・ジンバリストと活動家クリス・デンプシーによる『ノー・ボストン・オリンピックス』（Zimbalist & Dempsey, 2017）などがそうであるが、「サーカスではなくパンを」の反招致活動は、私の著作（Lenskyj, 2000, 2008）に記録されている。これらの連携により、ボストン、トロント、カルガリー、デンバー、コペンハーゲン、ハンブルク、ブダペスト、トリノ、ミュンヘン、クラクフ、ベルン、シオン、サンモリッツ／ダボス、グラーツ、インスブルックでの招致が阻止された。最近のほとんどの事例では、住民投票や国民投票で一般の人々の支持が得られないことが明らかになっているが、ボストンでは、地元の反対の強さから、市長と米国オリンピック委員会（ＵＳＯＣ）が同市の招致を早期に断念せざるを得なくなり、ロサンゼルス（ＬＡ）が米国の候補地として指名された。

ソーシャルメディアを通じたコミュニケーション

二〇〇四年にフェイスブック社が、続いて二〇〇六年にツイッター社が創業されたことで、反オリンピックやオリンピック監視団体、およびジャーナリストや研究者らが瞬時にコミュニケーションをとれるようになった。過去一五年間で、世界中の多くの抗議団体が、これらや他のプラットフォームを通じて定期的につながりをもつようになった。そのような団体には、「ノン・パリ２０２４（Non Paris 2024）」、「ノーリンピックスＬＡ（NOlympicsLA）」、「ノー・カルガリー・オリンピックス（No Calgary Olympics）」、「ノー・ボストン・オリンピックス（No Boston Olympics）」、「ノー・ボストン２０２４（No Boston 2024）」、「ノー・オリンピックス・ＤＣ（No Olympics DC）」、「ノー・ソチ２０１４（No Sochi 2014）」、「ノー・オリンピックス２０２０（No Olympics 2020）」、「リオ・オン・ウォッチ（Rio On

Watch)」、「ストップ平昌（Stop PyeongChang)」、「反オリンピック・ネットワーク（Counter Olympics Network)」、「ゲームズ・モニター（Games Monitor)」がある。二〇一九年六月、史上初のトランスナショナルな反オリンピックサミットでは、ロサンゼルス、パリ、ロンドン、リオ、平昌から三〇人以上の活動家が東京で日本の抗議団体と合流し、集会、デモ行進、記者会見に参加した（*The Transnation-al*, 2019）。これらのイベントで表明された多くの懸念事項の中で最も顕著だったのは、人権侵害、野宿者の立ち退き、環境問題、そして「復興五輪」という誤った名前を付けられた福島県民の窮状であった（第3章参照）。

オリンピック招致に反対し、オリンピックの準備を監視しようと特別に集まった団体に加えて、かなりの数の非政府組織（NGO）が、オリンピック開催都市や国における政治的論争、人権侵害、環境破壊を調査してきた。その中には、「グリーンピース」、「地球の友」、「レインフォレスト・アクション・グループ」、「ヒューマン・ライツ・ウォッチ（HRW)」、「アムネスティ・インターナショナル」、「フリーダム・ハウス」、「トランスペアレンシー・インターナショナル」、「国境なき記者団（RSF)」などがある。それらの最前線での活動や調査報告と同様に、これらの団体のウェブサイトやソーシャルメディアの存在は、世界的な反オリンピック運動に非常に重要な役割を果たしている。

予想通り、オリンピック産業は、例えばツイッター上の #iocmedia のように、気分が良くなる話に世界の注目を集めることで、自分たちの目的のために長い間ソーシャルメディアを利用してきた。ミアとジョーンズ（Mia & Jones, 2012, p. 284）は、この種の「組織的なツイート」について鋭い批判を行い、「企業のツイートやブログは、個人の直接的なコミュニケーターを非人間的な広報部門や機関に置き換えてしまうため、ツイッターコミュニティにとっては不快なものとみなされている」と指摘した。ほとんどのコミュニティ団体は、ソーシャルメディアのアカウントの維持をボランティアに頼らざるを得ないが、彼女ら彼らのたゆまぬ努力によって、オリンピック産業の最も非道な行為が世間の目にさらされ続けている。例えば、二〇一三年から二〇一四年にかけて、ロシアと国際的なソーシャルメディアによって、ロシアが二〇一四年のソチオリンピック前の期間にレズビアン、ゲイ、バイセクシュアル、トランス、クィア（ＬＧＢＴＱ）の人々を弾圧していたことへ世界の注目が集まった（Lenskyj, 2014）。

しかし、当然のことながら、ソーシャルメディアには欠点がある。スポーツ関連の批判的なコメントをツイッターに投稿しているフェミニスト・ジャーナリストや学者たちは、オンラインでの嫌がらせや脅迫という荒らし行為を頻繁に受けていると報告している。二〇一九年のＡＢＣ（オーストラリア放送協会）の記事において、オーストラリアの研究者でスポーツジャーナリストのケイト・オハロランは、オンライン上での罵倒と脅迫の経験を記録するという勇気ある措置を講じた。オハロランは、あるアナウンサーの発言を聞き間違えてしまい、性差別的だと思った言葉についてツイッター上で指摘した。この「公の場での間違い」をした後、オハロランは、彼女の容姿やレズビアンとしてのアイデンティティ、フェミニストの政治に対して、オンライン上で溢れんばかりの激しい誹謗中傷にさらされた（O'Halloran, 2019）。これは単独の出来事ではなかった。オーストラリアのスポーツウーマンとスポーツマンに関するソーシャルメディアのコメントについて調べた二〇一九年の「スナップショット分析」[＊4]では、女性に対するコメントのうち、約二七％が否定的なもので、コメントのほとんどが本

＊4　プラン・インターナショナル・オーストラリアが実施した調査。主要なスポーツニュース放送局がシェアしたフェイスブックの投稿に対して、どのようなＳＮＳ上のコメントがあったのかを過去一年間分調べている。

質的に性差別的であることがわかった。それに対し、男性に向けられたコメントのうち、否定的なものはわずか八・五％で、これらは不正行為、薬物使用、感情を公の場で表出したことへの批判に関係するものだった（Social media, 2019）。ソーシャルメディアは本質的にグローバルであるため、これらのパターンはオーストラリアに特有のものではない。

独立したオリンピックニュース情報源

多くの独立系、あるいは半独立系ウェブサイトが、オリンピックニュースの貴重な情報源となっている。中には、批判的な調査報道を掲載し、ツイッターやその他のプラットフォームにおいてソーシャルメディアでの強力な存在感を保っているものもある。その最も初期のものの一つで、ジョージア州アトランタを拠点とする「アラウンド・ザ・リングズ」〈aroundtherings.com〉というウェブサイトは、一九九六年のオリンピックに向けてアトランタ市が招致活動を行っていた一九八〇年代後半に、その運営を開始した。ジャーナリストのエド・フラによって運営されているこのウェブサイトには、そのサイトが「五〇億ドルのオリンピック・ムーブメント」に関する「正確で独立したニュースとビジネスインテリジェンスの世界有数の情報源」であると書かれている。また、「このサイトについて」のページには、いくつかの推薦文が掲載され、その中にガーディアン紙による推薦文もある。

「ゲイムズ・ビッド」〈gamesbids.com〉というウェブサイトは、トロントが一九九六年のオリンピック招致を行っていた一九九〇年に、カナダ人ジャーナリストのロバート・リビングストンによって開設された。このサイトは、招致過程と立候補都市について「独立して読者に情報を提供し、最新の状態に保つ」（強調追加）ことを目的としている。二〇〇四年には、テレグラフ紙（英国）がgamesbids.com

を支持し、候補都市にとっては「必須の読み物」であると述べた。言い換えれば、招致委員会にとっては良い情報源であるが、批評家たちにとっては限られた利用価値しかないということである。アクセスは無料で、サイトには、ユースオリンピック、国際サッカー連盟（ＦＩＦＡ）Ｗ杯、コモンウェルスゲームズ、パンアメリカン競技大会、およびその他のスポーツ・メガイベントの最新情報も含まれている。「アラウンド・ザ・リングズ」と「ゲイムズ・ビッド」の両方が（おそらくＩＯＣ、国際競技連盟（ＩＦｓ）、国内オリンピック委員会（ＮＯＣｓ）などから）独立していることを表明しているが、コンテンツの多くは公式の情報源から来ている。

「インサイド・ザ・ゲイムズ」〈Inside the Games.biz〉もまた、オリンピックだけでなく、他のスポーツ・メガイベントの情報も含むように範囲を広げ、ＩＯＣ、ＦＩＦＡ、その他のＩＦｓの会議を取材するためにジャーナリストを派遣している。編集者のダンカン・マッケイは、元ガーディアン紙とオブザーバー紙のジャーナリストで、「オリンピック・ムーブメントの中で非の打ちどころのない人脈」をもっていると言われている。「インサイド・ザ・ゲイムズ」は、読者からのフィードバックにより開かれたサイトで、掲載記事へのコメントを呼びかけている。また、「アラウンド・ザ・リングズ」と「ゲイムズ・ビッド」のほとんどのコンテンツとは異なり、ニュース記事だけでなく、批判的な意見記事も掲載されている。二〇一七年から二〇二〇年までの期間に、ＩＯＣのバッハ会長は、「インサイド・ザ・ゲイムズ」で最も批判されたオリンピック産業の関係者であるというありがたくないタイトルを獲得しているかもしれない。それは例えば、「住民投票に勝つために、ＩＯＣは地元の人々に何を伝えるべきか」（Butler, 2017a）というニック・バトラーの記事から見えてくる。二〇一九年のＩＯＣ総会期間中、リアム・モーガン、マイケル・パビット、ダンカン・マッケイを含む「インサイド・ザ・ゲイムズ」のジャーナリストのグループは、リアルタイムで更新されていくブログに寄稿し、議事進行のあり方やバッハが質問に正面から答えないこと対して、批判的なコメントを頻繁に差し挟んだ。

これらのジャーナリストのアプローチのもう一つの例は、「招致過程を改革するために別のワーキンググループを設立するというIOCにとってデジャヴ〔前に見たような光景〕」と題されたモーガンの記事であり、彼は同じ考えをもった仲間を選んでそのグループに参加させたバッハを批判した（Morgan, 2019a）。対照的に、同じ発表に対する「ゲイムズ・ビッド」の報道は、主にバッハが理事会で行ったスピーチからの直接引用で構成されており、「困難な」招致過程の問題に直面しているIOCに同情的なトーンであった（IOC forms, 2019）。

バトラーは日常的に舞台裏を調査し、ロシアのドーピングスキャンダルに関する長期連載で名を馳せた。二〇一八年、彼はドイツ公共放送連盟（ARD）のハジョ・セッペルトが率いるアンチ・ドーピング編集チームに加わった。二〇一四年のドキュメンタリー番組において、ロシアが国家主導で行ったドーピングの詳細を最初に明らかにしたのはARDであり、この報道に促されて世界アンチ・ドーピング機構（WADA）は調査を委託した。ARDは、メディアとしてはオリンピック産業にとって最大の脅威の一つといっても過言ではなく、ARDの番組「シュポルトシャウ」〈sportschau.de〉では、物議を醸すさまざまなトピックについて批判的な記事が定期的に掲載され、その多くはドイツ語と英語の両方で書かれている。最も重要なものとしては、ARDチームが入手した起訴状に基づき、パリの検察官がラミン・ディアックとパパ・マッサタ・ディアックを告発したと暴露した、二〇一九年六月の記事がある（Seppelt, Butler, & Mebus, 2019; 第5章参照）。その年の九月、「シュポルトシャウ」は、高アンドロゲン症のアスリートに対する国際陸上競技連盟（IAAF）の非人道的な扱いについての画期的なドキュメンタリー『ファイト・フォー・セックス』を放映した（Mebus et al., 2019；第8章参照）。

もう一つの重要な批判的情報源は、「独立」で「中立」と評される「スポーツ・インテグリティ・イニシアチブ」〈sportsintegrityinitiative.com〉である。それは、『世界スポーツ法報告書（World Sports Law Report）』の元編集者であるジャーナリストのアンディ・ブラウンが編集し、現在のスポーツ論争、特にオリンピックに関連するものについて、妥協のない政治的分析を掲載している。WADAのアンチ・ドーピングの取り組み、eスポーツ、トランス・インクルージョンは、学術研究者やスポーツの専門家、ジャーナリストによる記事を含めて、このウェブサイトで探求されている多くのトピックの一つである。

最後に、シカゴ・トリビューン紙のベテランのオリンピックスポーツライターであるフィリップ・ハーシュが運営するウェブサイト「世界旅行（Globetrotting）」では、スケートの話題を中心に、時折ほかのスポーツ問題についても批評している。二〇一九年七月、ハーシュは、利益相反に対処するよう国際スケート連盟（ISU）の大会へ圧力をかけてきた彼の二年間の努力がついに実を結んだことに言及した（Hersh, 2019）。ISUは、倫理規定を変更し、国内スケート連盟の現会長が、特定のグランプリ大会、ISU選手権、オリンピック競技会の審査を行うことを禁止した。一方で、ISUはさらなるルール変更によって、その他の「利益相反があるとみなされてしまいやすい」（ISU, 2019）状況に対処したと書いたが、審査の不公平性という長年にわたる問題についてのこの彼らの言い方は実にぎこちない。

批判的オリンピック研究

二〇〇〇年以前に発行された批判的な学術出版物には、『オリンピックの政治学』(Espy, 1979)、『ファイブ・リング・サーカス』(Tomlinson & Whannel, 1984)、『ザ・オリンピック』(Guttmann, 1984-1992)、『移行期のオリンピック大会』(Segrave & Chu, 1988)、『オリンピック政治学』(Hill, 1992)、『オリンピック危機』(Hoberman, 1986) がある。これらの著者は、社会学、カルチュラル・スタディーズ、歴史学、政治経済学に基づいた分析を用いて、歴史的・現代的な問題を幅広く検討している。他の初期の特定のオリンピック批判としては、いずれも一九七六年のモントリオール・オリンピックについての『ファイブ・リング・サーカス』(Ludwig, 1976) や『10億ドルのゲーム』(Auf der Maur, 1976)、そして、『スポーツと政治――オリンピックとロサンゼルス大会』(Shaiken, 1988) や『アトランタを想像する』(Rutheiser, 1996) がある。

社会的・政治的実践としてのスポーツを理論化するという点で時代に先駆けていたフランスのマルクス主義研究者、ジャン＝マリー・ブロムの一九六八年の著書『スポーツ――測定時間のプリズム』(英訳、Brohm, 1979) は、競争、最高記録、搾取された労働がいかにスポーツを特徴付け、ブルジョア資本主義社会の政治的な目的を果たしているかを明らかにした (Brohm, 1979)。彼の分析は今も有効であり、後のマルクス主義者や新マルクス主義者によるスポーツとオリンピック批判に多くの影響を与えてきた。

ブロムのように、米国の作家であり活動家でもあるポール・ホックは、資本主義社会というより広い文脈の中で、オリンピックを含むスポーツを取り巻く神話の正体を暴露した。彼の一九七二年の著書『リップ・オフ・ザ・ビッグ・ゲーム』の中で、ホックは、選手やファンがどのように「国家主義的で人種差別主義的、男性支配的で軍国主義的な国の従順な市民になるよう社会化されている」か記録した

(Hoch, 1972, p. 10)。スポーツと軍事化の間の関係についての彼の批判は正確であった。一八九六年から一九二〇年までに行われた最初の六つのオリンピックの間に、射撃競技の数は七競技から一八競技に増加していることからもわかるように、当初から、男子オリンピック競技の軍隊的な性質は目立っていた。一九二四年のシャモニー冬季オリンピックのプログラムに初めて登場した現代のバイアスロン競技は、クロスカントリースキー、スキーマウンテニアリング、ライフル射撃といった軍事パトロールとして知られる冬季スポーツから発展したものである。より広い意味で言えば、男性のスポーツの成果と国家の力強さと軍事的潜在能力との関連性は一九〇〇年代初頭に十分確立されており、それは特に英国の男たちとラグビーの関係性において顕著だった。

リチャード・マンデル（Mandell, 1971）の著書、『ナチス・オリンピック』は、一九三六年のベルリンオリンピックの壮観な催し物と儀式化された祭典、そしてそれ以降のすべてのオリンピックに見られる国歌、国旗、得点制度、順位付けされた表彰台、メダル（特に国の総メダル数）といった「競い合う愛国心」との間の連続性を示す研究に新たな方向性を開いた。今日でも人気があり、その大部分は問題にされていないオリンピック神話に対してマンデルは異を唱え、このイベントが「平和的な理想主義」につながると信じることは「ばかげている」と述べた（(Mandell, 1971, p. 263; Kruger & Murray, 2003) も参照のこと)。古代オリンピックの地で太陽を使って炎を灯す儀式の神秘性に焦点を当てた、聖火リレーについてのお決まりの報道では、この起源がナチス・オリンピックにあると取り上げられることは少ない。また、同じく一九三六年には国別のメダリストのランキングが導入され、ドイツが一位となり、いつもの勝者である米国を破った。全体主義体制下にあった他の国々もまた、見事な数のメダリストを生み出した。ベルリン大会の二年前の一九三四年、ファシスト政権のイタリアはＦＩＦＡＷ杯を主催していたが、ムッソリーニが大会を約束させるためにＦＩＦＡ関係者を脅迫し、そして、イタリアの勝利を確実にするために審判へ影響を与えたという疑惑が浮上した。スポーツが政治的なものかどうかを疑う者がいたなら、一九三四年と一九三六年の出来事でその答えが出たはずである。

過去二〇年間でオリンピックに関する批判的な書籍が著しく増加しており、その中には、ホーンとウォネルの『オリンピックを理解する』(Horne & Whannel, 2016)、ボイコフの『祝賀資本主義とオリンピック大会』(Boycoff, 2013) と『パワー・ゲーム』(Boykoff, 2016)、ジンバリストの『大円形競技場』(Zimbalist, 2015) があるが、これらだけではない。ショートの二〇一八年の著書、『オリンピック大会の開催――都市の真のコスト』(Short, 2018) は、プレウスの『オリンピックのステージングの経済学』(Preuss, 2004) で提示された楽観的な見解に対する刷新された反論点を示している。批判的な論集には、『オリンピックの政治学』(Bairner & Molnar, 2010)、『ポスト・オリンピズム?』(Bale & Christensen, 2004)、『オリンピック、メガイベントと市民社会』(Hayes & Karamichas, 2012)、『オリンピック研究のパルグレイブハンドブック』(Lenskyj & Wagg, 2012) がある。サイクスの先駆的な二〇一七年の出版物『スポーツ・メガイベントのセクシュアル・ジェンダー・ポリティクス――徘徊する植民地主義』(Sykes, 2017) は、二〇一〇年のバンクーバー、二〇一二年のロンドン、二〇一四年のソチオリンピックを含めた、スポーツにおける反植民地主義的な活動の事例研究である。その中でサイクスは、「ゲイとレズビアンのスポーツ活動家が、現在の想定を脱植民地化し、暴力、不正、死に至るグローバルなスポーツシステムからリンク［つながり］を解除すること」を呼びかけている (Sykes, 2017, p. 2)。特定のオリンピックに対する最近の批判には、論集『中国の大躍進――北京オリンピックとオリンピアンの人権問題への挑戦』(Worden, 2008b) や『二〇一二年ロンドンオリンピック』(Wagg, 2015) がある。オリンピック産業に関する以下の分析は、これらのすべての資料に影響を受けている。

　オリンピック産業の関係者が批判的な分析を書いたことはほとんどなく、内部者の学術研究者が鋭い批判を行う可能性も低い。その理由の一つには、組織委員会で働く人が守秘義務契約に署名するよう求められているということがある。エヴァ・カッセンス・ノールによる貴重なエスノグラフィー研究には、二〇一四年から二〇一五年にかけて、ボストン2024招致委員会のスタッフの一員として、オリンピック関係者にインタビューし、計画文書を分析した彼女の経験が記録されている。彼女は、反対派に対する招致委員会の行き過ぎた対応に批判的であったが、委員会の苦心にいくらか同情しているようでもあった。不十分な制度的学習と「オリンピックの知恵（Olympic wisdom）」の伝達方法が、招致の失敗（と反対派の成功）の主な原因であると彼女は結論付けた。彼女は、将来の招致都市は、「伝統的な」オリンピック知（Olympic knowledge）ネットワークを超えて、「オリンピック、反オリンピック、ローカルな知の習得」をすべきだと提言した（Kassens-Noor, 2019, p. 1686）。実際、招致委員会は、「反オリンピック知」の多くの情報源に容易にアクセスすることができる。いうまでもなく伝統的な「オリンピックの知恵」の宝庫であるローザンヌのオリンピック・ワールド図書館〈Olympic.org〉は、反オリンピック活動を記録した膨大な出版物のコレクションを有している。さらに、カッセンス・ノールは、「反招致運動が、ツイッターを使ってオリンピックについて知るための情報の流れをコントロールした」と不満を述べ、彼女はこれを反招致派の「悪意に満ちたライブツイッターフィード」［＊5］だと表現している（Kassens-Noor, 2019, p. 1694）。潤沢な資金を持つ招致委員会が、大部分をボランティアで運営

＊5　特定の条件に当てはまる新しいツイートが現れると常に更新されるリストのこと。タイムラインとも言われる。

している反招致運動団体にツイッター戦争で負けたのは、事実に基づいた議論の方が空っぽのオリンピック産業のレトリックよりも説得力があったからだと思われる。

オンライン検索をすればわかるように、オリンピックに関する批判的な論文や書籍の数は、二一世紀に入ってから急激に増加している。オリンピック研究におけるこれらの進展についての有益な議論の中で、ホーンとワンネルは、一九八〇年代と一九九〇年代の「ロマンティックな理想主義者」が「厳しい批判家たち（例えば、John Hoberman, 1995、Arnd Kruger, 1993、Helen Lenskyi, 2000, 2002, 2008 など）に直面した」と指摘している（Horne & Whannel, 2016, p. 78）。「ロマンティックな理想主義者」と密接に関連し、時に重なるのが、ジュリアノッティ（Giulianotti, 2004）の適切な比喩を用いると「スポーツ福音伝道者」、つまり、あらゆる社会問題を解決するためにスポーツの可能性を無批判に推進する研究者や実践者たちである。彼女ら彼らのグローバルな影響力に対しては、より詳細な批判が必要とされている。

スポーツ福音伝道主義とその批評家たち

二〇世紀末までにスポーツ福音伝道主義は十分に確立され、IOC、FIFA、赤十字、国際労働機関などの国際組織が、アフリカ、南米、その他の地域で、そのプログラムに関与するようになった。ジュリアノッティが説明したように、「開発と平和のためのスポーツ（SDP）」を推進しようとする二一世紀の傾向は、二〇〇一年に国連事務総長にSDP特別顧問が任命されたことに特徴付けられ、またそれは国内のスポーツ福音伝道主義の膨張でもある。この文脈において、それは「新植民地の再配置の一形態」であり、グローバルサウスの若者は、「スポーツの中に埋め込まれている偏った思想をもつ、自己制御的なメッセージを受け取り、内在化するために、より容易に組織化」できるという仮説に基づいている（Giulianotti, 2004, pp. 356-357）。これらの新自由主義的な取り組みは、アフリカとアジアにおいて「スポーツ化」を推し進め、スポーツが多くの伝統的で文化的に特有な身体活動と身体表現に取って代わっている。元祖スポーツ福音伝道者であるクーベルタンは、このことを誇りに思っただろう。

クーベルタンを代弁するといえば、二〇一九年六月のＩＯＣ総会の際に、ＩＯＣのトーマス・バッハ会長が一〇ページにおよぶ自画自賛のスピーチの中で、創始者への言及を一六回も行った。オリンピック・ムーブメントの普遍性、財政的安定性、商業的成功について話をしたバッハは、もし「クーベルタン男爵が私たちを見ている」なら、スポーツが世界平和に貢献していることを「非常に喜んでいる」はずだ、との見方を示し、彼の「オリンピックの夢」の妥当性を見て「非常に喜んだ」だろうと語った（Opening remarks, 2019）。

労働者階級や貧しい家庭の若者を対象としたスポーツは、「ぶらぶらさせない」ことと「暇な手」［＊6］をふさぐことを目的としているが、これは欧米諸国では社会統制の手段として長い歴史があり、少年や青年期の男性が最も一般的なターゲットとなっている。新自由主義的なイデオロギーを反映した「ロールモデル」のレトリックは、この種の若者への介入の根拠として日常的に用いられている。オリンピックアスリートは、「自分を信じて、一生懸命トレーニングをして、夢を追いかけるだけでいい」という非現実的な激励の言葉で恵まれない若者たちを鼓舞するのである（Lenskyj, 2008, Ch. 5）。

二〇〇一年から二〇〇八年まで国連の特別顧問を務めたアドルフ・オギは、（包括的な）「難民の子ど

＊6　「悪魔は暇な手（怠け者）に仕事を見つける（the devil finds work for idle hands）」ということわざから引用されている。「小人閑居して不善を為す」と同様の意味で使用される。

も」にとって、スポーツとレクリエーションは「破壊された世界を再建するためにかけがえのないものである」と主張し、スポーツ福音伝道者の十把ひとからげ的な一般論をおうむ返しに繰り返した（Giulianotti, 2004, p. 355）。実際には、主流メディアの報道を見ても明らかなように、難民キャンプで土埃の中ボールを蹴りまわっている子どもたちはいつも少年である。

少女と女性を対象としたSDPプログラムが激増していることからも明らかなように、このような傾向が問題視されてこなかったわけではない。これらの取り組みの中には、進歩的でエンパワメントにつながるものもあるが、その多くは、レトリックと実践の両面で国連／オリンピックのモデルに従っている。国連女性機関（UN Women）の声明によれば、「スポーツをする女性は、ジェンダーのステレオタイプを打ち破り、感動的なロールモデルとなり、男女を対等な存在として示す」という（UN Women, 2016）。しかし、現実は大きく異なる。スポーツによっては、ジェンダーのステレオタイプに逆らう女性もいるかもしれないが、残りのスポーツのそれ以外の女性たちは、複雑な理由によってジェンダーステレオタイプを受け入れるのである。一部のスポーツはジェンダー平等を描くかもしれない一方で、ジェンダー不平等を誇張させ、定着させるスポーツもある（Lenskyj, 2013）。主流メディアが「逆境を乗り越えた勝利」や「初の女性」という物語を好んで伝えることで、この誤解を招くような国連／オリンピック／SDPのメッセージが強化される。

重要なことに、ジュリアノッティがスポーツは生来善であるという考えに異議を唱えてから数年のうちに、SDPに関する批判的な文献が数多く出てきた。開発のためのスポーツの脱植民地化に焦点を当てたこれらの分析の多くは、トランスナショナルでポストコロニアルなフェミニストの理論と方法論に基づいている（例えばCoakley, 2011; Darnell, 2012; Hayhurst, Kay, & Chawansky, 2016; Schulenkorf &

Adair, 2014を参照のこと)。

これらの論評は、「外部から階層的なリーダーシップ、支援、構造を注入し、上から下へ、外から内へというアプローチだらけの」SDPのやり方に異議を唱える(Whitley, 2018, p. 2)。同様に、批評家たちは、研究者、特にスポーツ福音伝道者が「スポーツの再構成」を行い、「社会的包摂」への道として「変化のためのスポーツ」の限界を調査し、理論化することの必要性を指摘している(Coalter, 2015)。このような進歩的な取り組みがあるにもかかわらず、オリンピック産業は、自らの目的のためにスポーツ福音伝道主義を利用し続けている。

一一歳から一九歳までのオーストラリアの若者を対象とした二〇一九年の調査から得られた知見は、スポーツ福音伝道者のスポーツに対する信仰にさらなる疑いを抱かせる。この調査によると、競技スポーツは、友情と包摂性を促進するどころか人種差別やその他の差別を助長し、そして調査の回答者やその家族、友人が人種差別の標的とされたコミュニティの場として、スポーツイベントが学校に次いで二番目に多かった(World Vision Australia, 2019)。より広い規模では、英国とヨーロッパにおいて、ネオナチのサッカーフーリガンを含むサッカーファンの一部による人種差別的行動の十分な証拠があり、この問題は四〇年以上の取り組みにもかかわらず、いまだに解決されていない。オリンピック産業のレトリックに関わらず、オリンピックスポーツがこれらの問題の影響を受けないと考えるのは非現実的だろう。

学問の自由に対する脅威

スポーツ福音伝道主義の人気に比べて批判的なオリンピック研究が不足していることに、大学研究者の学問の自由に対する制約が重要な役割を果たしている。オリンピック産業の影響力の大きさを示すものとして、大学教授がオリンピック関連の問題について批判を表明した際に、大学の管理者や政府関係者によって威圧されたり、屏息《へいそく》されたりしたという報告が記録されている（Lenskyj, 2002）。それでも、ある匿名の告発者は、ニューサウスウェールズ大学（ＵＮＳＷ）の副学長が、二五万六〇〇〇豪ドルのコーポレートボックス［＊7］（二〇二〇年には約四〇万豪ドルに相当）と、シドニー２０００オリンピックスタジアムでのケータリングパッケージを秘密裏に購入したことの詳細をジャーナリストにリークした。その際に表明された目的は、国際的な大学の学長たちをもてなすこと、過去の寄付者に報いること、そして将来の後援者を呼び込むことであった。プレスリリースによると、それは要するに「投資」であったのだ（Porter, 1999）。この支出が公表されたのは、いくつかの学科が削減され、管理者と教職員との間で7カ月間の交渉が行われていた、ＵＮＳＷの経営者陣にとって不都合な時期であった。

一九九三年、オリンピック産業の関係者は、工学教授シャロン・ビーダーによって書かれた論説の掲載を阻止しようとした。環境問題の専門家であり、よく知られた告発者でもあるビーダーは、二〇〇〇年シドニーオリンピック主催者によるオリンピック会場での有毒汚染の隠蔽工作を記録し、提案された浄化過程を批判した。この論説が科学雑誌に受理されたことを知った二人の関係者は、ビーダーと彼女の所属大学の学部長に連絡を取り、その結果、掲載は一九九四年まで延期された（Beder, 1994, 1999）。

アンドリュー・ジェニングスは、『スポーツ社会学のための国際レビュー（ＩＲＳＳ）』誌に掲載された二〇一一年の論文の中で、彼自身が経験した学問の門番の手による検閲について記録している（Jennings, 2011）。彼は、招待された学会での論文が『スポーツ・イン・ソサエティ』誌へ掲載するために受理されていたが、その後、同誌の編集長であるボリア・マジュムダルが、彼にとっての「学術的な」

基準を満たしていないという理由で掲載を却下した経緯を説明している。さらにマジュムダルは、ジェニングスが批判していたIOCのサマランチ会長とFIFAのゼップ・ブラッター会長が「よく知られた」訴訟家であると主張し、法的な問題を却下の理由として挙げた。この二人の男のキャリアを追跡して記録してきたジェニングスには、この主張に反論する十分な資格があった。彼は論文の書き直しを拒否し、企業スポーツにおける汚職について彼が書いたIRSS誌掲載の論文の序文で、この出来事を暴露した。さらに、出版物に頼って昇進を目指す学術著者とは異なり、彼には「フリーランスのキャリアという贅沢」があったという意見を付け加えた（Jennings, 2011, p. 388）。興味深いことに、ジェニングスがトロント大学での講演に招かれたのが一回だけであるのに対し、マジュムダルは二〇〇七年に客員教授の地位を得ている。

同様の脅迫を使用して、二〇一九年にUSOCは、コロラド大学ボルダー校の研究者がスポーツガバナンスに対する批判をメディアと共有したことについて「叱責した」。その研究では、二〇一二年から二〇一三年にデンマークのスポーツ研究所「プレイ・ザ・ゲーム」が開発し、広く認知されているスポーツ・ガバナンス・オブザーバーの枠組み［＊8］を使用して、四七の米国オリンピック代表統治機関を評価した。研究者たちが地元のニュースの情報源に暫定的なランキングを公開したことに対し、二

＊7　スタジアムやアリーナでのイベント観戦用の高級な座席のこと。プライベートな空間となっており、ラグジュアリーボックスとも言われる。

＊8　より誠実で効率的なスポーツ組織を目指すために使用されるベンチマーキングツール。ガバナンスの四つの側面（①透明性とパブリック・コミュニケーション、②民主的過程、③抑制と均衡、④連帯感）に焦点を当てる。

人のスポーツ管理者が大学に苦情を申し立てた。その後のUSOC関係者との会合で、その研究者らは「[オリンピックに関する]批判はマスコミに出さず、オリンピック・ファミリー内部に留めることの重要性について」講義を受けさせられたという。最終的に公表された論文で、研究者らは、これらのスポーツ管理者の不適切な行動についての顛末を記載し、そのような行為はオリンピック関係者が「独立した学術研究の役割」を理解していないことを反映するものであり、「そのような研究に敵対的な空気を生み出すことにつながる」という懸念を示した(Pielke et al., 2019, p. 13)。少なくともこのケースでは、独立した研究者の主張が議論にとどめを刺したようだ。

二〇一八年、IAAFは、二〇一一年にWADAから委託され、一部資金提供を受けた陸上競技におけるドーピングの蔓延に関する調査の公表を差し止めようとした。ドーピングについての英国議会委員会による調査の際、ドーピングの蔓延に関する調査方法の評価自体が目的の一つであるにもかかわらず、IAAFは研究者が使用した調査方法を確認しなければならないと主張した。ロルフ・ウルリッヒとテュービンゲン大学のチームはランダム回答法を用い、二つの国際陸上競技選手権に出場した二〇〇〇人以上のアスリートに対して、禁止された薬物や方法を過去一年間に使用したかどうか尋ねた。調査結果は、最大で七四・七％の禁止薬物の使用率を示した(Ulrich et al., 2018)。だが、現在もIAAFがドーピングを制御できていると猛烈に主張し続けていることを考えると、この調査結果は歓迎される可能性の低いものであった。

IAAFは当初、テュービンゲンの研究について、今後の出版を承認する権利をもつという条件に同意していた。発表された調査結果に対して、IAAFは「疑惑の結果」とその解釈について「重大な懸念」があるとしながらも、出版への拒否権を行使していないと述べ、また、いくつかの科学雑誌がその論文を却下した、と誤った主張を行った。「攻撃は最大の防御」という姿勢を維持し、声明には次のように書かれている。「ＩＡＡＦは、出版される前にメディアを通じて研究情報を漏洩することを一貫して選択する社会科学研究者の専門チームが存在することに驚いている」（IAAF, 2015）。これは「漏洩」ではなく「公表」と呼ばれるものであり、決して珍しいことではないと反論する人もいるだろう。例えば、『ニューイングランド医学ジャーナル』では、以前から「早期公開」の方針を掲げている。「時宜を得た話題、公衆衛生上の懸念事項、または主要な医学会議での発表が予定されている場合」には、印刷版の出版予定日の数日前に、資格を持ったジャーナリストがオンラインで利用できるようにしている。この方針により、メディアは「著者へのインタビューを行い、関連記事を準備する」ことができ、制限が解除された後に報道できるのである（New England, 2019）。現実の世界において、複雑な科学的知見に主流メディアの読者がアクセスできるようにするという実践は一般的に肯定的に捉えられているが、スポーツという「例外的な」世界ではそうでないようだ。

オリンピック研究と「オリンピック知」

大学を拠点とするオリンピック研究センターの構想は、クーベルタン自身によるものであり、一九九二年にＩＯＣがローザンヌセンターを設立した。西オンタリオ大学のオリンピック研究国際センター（ＩＣＯＳ）とバルセロナ自治大学（ＵＡＢ）のオリンピック研究センターは、一九八九年にすでに設立されていた。二〇一九年に出されたＩＯＣの報告書には、オリンピック研究に携わる四三の「学術機関と研究グループ」が記載されており、その約半数がヨーロッパに所在し、そのうちの九つがスペインにある（Olympic studies, 2019）。シドニー、リオ、北京、トリノ、リレハンメル、マドリードがそうであったように、招致都市と開催都市は、これらのセンターに勢いを与えることが多い。

大学における「オリンピック知」を管理しようとする公式の試みは、二〇〇四年に始まった。IOCがUABのセンターに依頼し、「オリンピック・ムーブメントの発展に関する知を強化し、オリンピックの価値の普及を促進する」ための国際的なネットワークの構築を目的とした、グローバルな研究を実施したのである（UAB, 2005, p. 2）。報告書によると、さまざまなセンター、団体、「個々の専門家」の間の関係がその場かぎりであるために、「オリンピック・ムーブメント」から貴重な知識や情報、そして「専門家と指導者を教育するためのツール」として利用できる可能性があった「製品とサービス」が失われているという（UAB, 2005, p. 11）。同書では、「アクターによって生み出された知」へ確実にアクセスできるようにするため、UABがIOCとセンターの間を「仲介」することが推奨されている。これは、IOCがオリンピック関連の知的財産をすべて所有する権利をもち、自己宣伝のためにそれを使用することができるというIOCの考えを反映しているのである。IOCとつながりがあるにもかかわらず、これらのセンターのいくつかと関係している研究者らは批判的オリンピック研究に多大な貢献をしてきており、最近のいくつかのオリンピック・スタディセンター（ICOS）シンポジウムの予稿集からもこのことがよく分かる（例：UWO, 2019）。

オリンピックに対する学術的な批判の不足を説明するものとして、ジョンソンが「スポーツの感情主義」と名付けた（Johnson, 1998）、あるいは私が「鳥肌が立つような効果」と呼んでいるものがある。個人的にスポーツへ投資し、スポーツの場で強化され、称賛される覇権的な男性性のあり方によって利益を得ている男性研究者にとっては、特にオリンピックへの過度の感情的関与が罠となりうる。多くの男性研究者が、自身のスポーツ選手としてのキャリアが終わった後、数十年経っても元競技アスリートであることを自称し続ける一方で、そうする女性研究者が少数であるのは偶然ではない。著名なアスリートやスポーツ管理者とお近づきになることに、代償的な喜びを得ている様子の研究者たちにも同様の反応がはっきり表れている。前述したジェニングスの例では、『スポーツ・イン・ソサエティ』誌の編集者が支援者である同僚の何人かとともに、サマランチとブラッターに「敬意を表する」プレゼンテーションを行っていたことを後に発見し、ジェニングスは、そのことが編集者らに彼の批判的な解説を掲載しないようにさせていたと考えている（Jennings, 2011）。

結論

オリンピック産業は、批判を封じ込め、学問の自由を制限し、「オリンピック知」の生産を管理しようと力を尽くしてきたが、かなりの数の研究者、活動家、調査ジャーナリストたちによって、その利己的なアジェンダが暴露されてきた。研究者たちは、スポーツの性善さとスポーツ福音伝道者の植民地化の試みの根底にある信念に異議を唱え、告発者や活動家たちは、ソーシャルメディアを使ってオリンピックのジャガーノート〔絶対的な力〕の正体を暴露してきた。これらすべての危険を冒した試みの中で、批評家たちは鍵となる不都合な真実、つまり、スポーツは政治的なものであるということを明らかにしてきたのだ。

第3章 「スポーツと政治を混合しない」というが

政治と地政学

「スポーツと政治を混合しない」は、オリンピック産業を後押しする者たちにとって指針となる原則であり、オリンピックが始まって最初の約七〇年間、批判的な声を沈黙させないにせよ、抑止することに成功してきた。しかしながら、スポーツが政治的であると同時に政治化されている、という見解を裏付ける証拠に不足はなく、オリンピック大会もまた例外ではない。例えば、一九三六年の開催都市としてのベルリンの問題について、米国オリンピック委員会（USOC）委員長のアベリー・ブランデージは――彼自身は公然と反ユダヤ主義者で人種差別主義者であるのだが――、黒人選手とユダヤ人選手の問題について、ヒトラーと話し合った。その後の合意は、米国の批評家をなだめるように意図されており、反ユダヤ人の街路表示の撤去と人種差別的なメディアコンテンツの検閲、および大会期間中の反同性愛法の停止が含まれていた（Miller, 1996）。

ほぼ八〇年後に行われた同様のイベントにおいてトーマス・バッハは、二〇一四年のソチ大会の成功に対して同様の脅威に直面した。二〇一二年、ロシアのサンクトペテルブルク市はロシア初の同性愛宣伝禁止法（anti-gay laws）を制定し、二〇一三年には全国的な法律が制定された。その年の九月に、IOC調整委員会委員長であるジャン・クロード・キリーは、当局から受け取った書面による保証に基づいてロシアがオリンピック憲章の差別禁止規則を尊重することを、「確信している」と述べた。これは典型的なオリンピック産業の回避戦術であり、彼は国際オリンピック委員会（IOC）にそれ以上責任を負わせず、主催国の法律については「議論する権利がない」と述べたのである（IOC: Russia, 2013）。

IOCの開催都市の選択は、二〇〇八年と二〇二二年の北京大会や二〇一四年のソチ大会の事例で明らかなように、複雑な地政学［＊1］的な議題を反映するものだ。オリンピックの商業主義が強まるにつれ、スポンサーの最善の利益にかなった選択が行われることがよくあった。スポーツ・メガイベントの主要な機能の一つとして、オリンピック大会のテレビ放映とオンラインのスペクタクルは、潜在的な消費者（中国の場合は一三億人）をオリンピックのスポンサーに引き渡す手段を提供している。もう一つの重要な利点として、しばしば引用されるリチャード・ニクソン米大統領の「ピンポン外交」が示すように、政治指導者が複雑な外交課題を管理できるようにする、国家の「ソフトパワー」としてのスポーツ利用がある（Xu, 2006, p. 93）。この種の「広報文化外交」は、他国の政府や政策立案者に焦点を当てるのではなく、むしろその国の市民を対象としているのである（Grix & Lee, 2013）。

ソフトパワーとは、軍事力や経済力ではなく、「魅力の力」によって国家の国際的地位を向上させることを目的とした戦略として定義されている（Nye, 2004）。最大のスポーツ・メガイベントのひとつとして、オリンピックは実質的に国際的地位の向上を保証している（規模でいえば、一九九四年から二〇〇六年の間、四年ごとに開催されるゲイオリンピック／ゲイゲームズは、一九九六年から二〇〇四年の期間の夏季オリンピック大会よりも参加者が多かったが、おそらく政府にとって同じ「魅力の力」

を提供していなかった)。地政学的要因は、国の「ソフトパワー」の目的に寄与しているのである。例えば、二〇一二年の招致プロセスでは、ブラジルは地域の力を高め、国内のレガシーを生み出すことを望んでいたし、一方、先進的な資本主義国である英国は、自国を「活気に満ち、オープンでモダンな」国として、またグローバルなビジネス拠点として新しいイメージで再構築したいと考えていた(Grix, Brannagan, & Houlihan, 2015)。

「サイレント外交」

二〇〇一年にIOCが、北京を二〇〇八年のオリンピック開催都市に選んだ後、ジャック・ロゲ会長は、IOCは国際的な批判に対し、舞台裏で「サイレント外交」に取り組んでいると主張した。北京当局はオリンピックを、「私たちの人権問題のさらなる進展に利益をもたらす」要素だとほのめかした(Worden, 2008a, p. 26)。二〇〇七年の記者会見で北京組織委員会の副委員長は、大会を主催することで「[中国の]経済、社会、文化が大幅に改善および促進される」と二〇〇一年の時点でIOCに約束し、すでに人権意識は「大幅に高められている」と述べた。例として彼は、「エンブレム、マスコット、スローガンの選択、およびスタジアムのデザイン」に「世論」が組み込まれていたという事実を挙げ、す

＊1　国際社会において国益を守るために、地理的条件・環境のみならず、歴史、国内格差、アイデンティティなどといった観点から、外交問題・戦略を考察する学問。現代における地政学の地理的空間として、従来の陸、海、空に宇宙空間とサイバー空間が加えられ、さらにそれら五つの領域横断的な視点が重要視されている(北岡伸一・細谷雄一(編)『新しい地政学』東洋経済新報社、2020)。

べてが「国民感情と民主主義――彼のかなり限定された民主主義の定義だが――への高まる懇望」を反映していたと述べた（Press briefing, 2007, 強調追加）。

そのテーマについて、米国のスポーツ人類学者のスーザン・ブローネルは、ＩＯＣを「主流の外交チャネルの代替手段」として特徴付け、中国が大会を主催することで「中国の都市部では市民社会の形成がおそらく五～一〇年ほどスピードアップする」と予測した（Coca, 2019）。その後、彼女は人権問題に取り組むＩＯＣ「独自の」アプローチを擁護して、オリンピック運動に国連の定義を適用した人々に問題を提起した。国連のアプローチはアムネスティ・インターナショナルの「アジェンダ」のように、「死刑を廃止したり、報道の自由を守ることによって……」人間の尊厳を保護することであるが、それは「スポーツとフェアプレイ、友情などで人間の尊厳を守る」というＩＯＣの目標とは異なるものだと、彼女は述べた（Brownell, 2012, p. 128, 130）。しかしながら、オリンピック憲章自体は「普遍的な基本的倫理原則」に言及しており、それは国連やアムネスティ・インターナショナルが従う原則と同じものであると想定されうる。

エチオピアのＩＯＣメンバーであるフェクロ・キダネも同様に、ＩＯＣが北京を開催地に選んだことに批判的な、いわゆる「過激派」を退けた。彼は、非政府組織や他の人権擁護家が「中国の立候補に対する反対に加わらなかった」と誤った主張をし、「オリンピズムのおかげで中国が正しい方向に進化することを示す証拠」として、一九八八年のソウルオリンピック後の韓国の政治動向を挙げた。彼は、スポーツと「オリンピックの理想が本質的に統合すれば（unificators par essence（ママ））、より良くより平和な世界を構築するのに役立つ」と主張した（Kidané, 2001, p. 45）。実際、ソウルオリンピックの援護者である「元独裁者二人」のチョン・ドゥファン（全斗煥）とノ・テウ（盧泰愚）は、一九八〇年に軍事クーデター、汚職、二〇〇人以上の民主主義抗議者の虐殺を命じたことで、後に有罪判決を受けている（Senn, 1999, p. 286）。当時ＩＯＣの会長であったファン・アントニオ・サマランチは、彼らの取り組みを賞賛し、このオリンピックは「大韓民国の急速な民主化の背後にある主要な要因であったと言うことさえできるだろう」と述べた（Samaranch, 1998, p. 14）。彼は一九九〇年にソウル平和賞を受賞したが、ＩＯＣにノーベル平和賞を望む彼の願望は実現しなかった。

議論の中心は人権ではなく、「多国籍企業に開放されつつある市場である。倫理と道徳は、証券取引所に上場されていない」と主張したキダネの方が地に足がついていた（Kidané, 2001, p. 46）。その後の出来事は確実に、経済的関心が倫理に優先される、というメッセージを裏付けていた。二〇一九年の記事で、外交政策ジャーナリストのニスィン・コカは、北京オリンピックを主催することで、中国の与党が「何でも逃れることができる」ことを示してみせた。二〇〇八年以降、ヒューマン・ライツ・ウォッチ、フリーダム・ハウス、アムネスティ・インターナショナル、およびその他のグループが示した証拠は、ブローネルらの予測が、コカの言葉を借りれば「ばかばかしい」ものであったことを示している（Coca, 2019）。これらのＮＧＯは、二〇〇八年以降の中国の人権侵害、特に最大一〇〇万人のウイグル人とイスラム教徒の受刑者がいる強制収容所での人権侵害の激化、および市民社会の取り締まりについて詳細に記録している（Amnesty International, 2016）。ＩＯＣが二〇二二年の冬季オリンピックで北京を再び選択したという事実は、ＩＯＣの人権に対する露骨な軽視と、立候補地が二つだけという事実に直面したときの絶望的な苦境の両方を反映するものであり、またもう一つの候補がより悪質な独裁政権といわれるカザフスタンであったことに起因している。

北京――「報道の完全な自由」

北京の招致委員会が「報道の完全な自由」をかねてから約束していたにもかかわらず、国際的なジャーナリストと観光客は、二〇〇八年の北京オリンピック大会で中国のインターネット検閲の影響を感じることになった。主流のジャーナリストは、二〇〇四年のアテネオリンピックでソーシャルメディアへのアクセスを初めて享受したが、二〇〇八年に中国当局はオリンピック競技ウェブサイトへのインターネットアクセスを制限し、約三〇の人権サイトと中国語のニュースソース、およびすべてのチベット関連コンテンツをブロックした。国境なき記者団（RSF）は、外国人ジャーナリストの監視とハラスメント、三一人のジャーナリスト、ブロガー、言論活動家の逮捕を含む、数百人の反対者に対する二〇〇八年の取り締まりを詳細に報じた（Reporters, 2008）。

RSFは、中国当局と協力して人権問題に取り組む時間が七年あったにもかかわらず、表現の自由という約束を守らせることができなかったとして、IOCと当時の会長であったジャック・ロゲを標的にした。RSFによるとIOC会長のロゲは、中国の政治的動機によるジャーナリストや反体制派へのハラスメントを問題にしなかった一方で、「政治的宣伝」を制限するオリンピック憲章の規則を施行することを選んだ。例えば、それは「より良い世界のために」というバッジを着用したい選手を検閲し、「最初に友情、次に競争」を求めたコーチを排除した（Reporters, 2008）。実のところ、コーチが友情に重点を置いたことは、伝統的な中国の情緒に非常によくフィットしていた。一九六〇年代、中国のスポーツ全般、特に新興国競技大会（GANEFO）は、競争よりも、友情、平和、団結することに重きを置くことの重要性を強調しており（Shuman, 2013, p. 265）、China と friendship before competition というフレーズを二〇一九年にネット検索すると、ヒットは無数にある。ほとんどのIOC会長たちと同様に、ロゲは、偽善が露呈する可能性が高いときには、広報チームの支援を受けて注意をそらすものを作る達人だった。

下降傾向

最近の招致プロセスを分析すると、民主主義国家または非独裁国家の都市側が関心を低下させていることがわかる。IOCは比較的少数の最終候補地を選択し、最終候補地にならなかった都市のリストには、IOCによって拒否されたものと、住民投票または政府の資金確保の失敗により撤回またはキャンセルされたものが含まれる（住民投票（referendum）という用語は、一般に市民主導の投票を指し、一方で当局が主導するのが国民投票（plebiscite）だが、これらの用語は互換的に使用されることが多く、どちらも法的拘束力はない）。

二〇一〇年、二〇一四年および二〇一八年の冬季オリンピックの最終候補地はたった三都市しかなく、二〇〇六年、二〇二二年、および二〇二六年の大会には、二都市しかなかった。IOCの選考は大会の七年前に行われるため、二〇〇六年の投票は、一九九八—一九九九年の贈収賄スキャンダルの影響を受けた最初の投票となった。夏季大会の立候補地の数は、引き続き冬季大会のそれを上回っているもののの、その数もまた減少している。二〇〇三年から二〇一七年の間、二〇〇八年と二〇一二年大会の最終候補地は五都市で、二〇一六年大会では四都市、二〇二〇年大会では三都市であった（Livingstone, 2018）。

二〇一七年に実施された二〇二四年の立候補プロセスでは、IOC側の驚くような課題解決の手法があらわになった。それまでに、ハンブルク、ローマ、ブダペスト、ボストンのすべてが二〇二四年の招致を取り下げ、パリとロサンゼルスの二都市が最終候補地として残った。もし規則に則って、二〇二八年の開催都市の投票を二〇二一年まで待っていた場合、恥ずかしいほど立候補都市が少ないという状況の再現が懸念されたため、IOCは「手中の鳥」[＊2]オプションを採用し、二〇二四年にパリ、二〇二八年にロサンゼルスを同時に指定した。二〇二八年のコンペは正式には二〇二一年まで開かれないため、ロサンゼルスは二〇二八年に立候補したわけではないのだが、そのような事実は、同時に二つの開催都市を確保する機会を得たIOCメンバーにとってどうでもいいことだった。IOCの副会長であるジョン・コーツが議長を務めるワーキンググループは二〇一七年、「ダブル授与」を推奨した。

興味深いことに、二〇一九年の選挙活動中に、自称スポーツファンであるオーストラリアのスコット・モリソン首相は、二〇三二年のオリンピックを招致するというブリスベンの計画を支持して、一〇〇〇万豪ドルを約束した。その後のブリスベン（および地域）の実現可能性調査では、九億豪ドルの経費と、道路や公共交通機関整備に数十億ドルという使途が特定されない金額が見積もられた。ブリスベン市議会議員は、提案された新しいスタジアムの詳細について記者と話し合うことを拒否したが、その理由は、競合する招致都市に多くの情報を提供してしまうからというものだった（Kleyn & Hinchliffe, 2019）。大会の一三年前、つまり招致の六年前にこのレベルの競争が始まったことは、クイーンズランド州の政治家が、過去の開催都市が直面した財政問題に注意を払っていなかったことを示唆している。その時点で、二〇三二年大会にはインドネシアと、（可能性は低いが）北朝鮮と韓国からの共同招致の可能性があった。インドネシアの都市であるジャカルタとパレンバンの両方が二〇一八年のアジア競技大会を主催しており、アジェンダ２０２０が「柔軟性」に重点を置いたため、複数の都市または地域を跨ぐ招致が実現可能だった。

二〇〇七年以降の招致コンペで最終選考に残った都市と招致に成功した都市には、ソチ（ロシア）、北京（中国）、アルマトイ（カザフスタン）、イスタンブール（トルコ、三回）、ベオグラード（セルビア）が含まれる。イスタンブールは、一九九三年から二〇一三年の間に五回の招致に名乗りを上げ、IOCの候補リストに三回あがるという忍耐強い招致活動を行った興味深い事例である。一九九二年、トルコ政府は常設の招致組織を設置するための法律を通過させたが、これは他国にはない異例の動きだった。イスタンブールの二〇〇〇年オリンピック招致は失敗したが、これは主に、必要な三三の施設のうち三二施設を建設する必要があったからだ。その後一〇年間で、政府はオリンピックセンター、水泳センター、体育館に約二億ドルを費やし、エキシビションセンターと選手村についても将来計画を立てた。ウィキリークスの文書によると、「白象（無用の長物）」問題を回避するために、彼らは、招致を勝ち取った場合にのみ野球場とフィールドホッケー施設を建設するという賢明な計画を立てた（Olympic Games: Istanbul, 2012）。それでもイスタンブールは招致を勝ち取ることができなかったのであり、これは招致都市が直面している絶望的な状況を示している。原則として、既存の施設があれば招致に有利になるが、他の招致都市が大会に至るまでの七年間で新しい最先端の会場を建設することを約束する場合は、そちらの方が有利になる。これらすべての考慮事項をくつがえすのは、IOCによる開催都市選択をつかさどる、迷路のように入り組んだ地政学的勢力である。

＊2　手中の一羽の鳥は、薮の中の二羽の価値がある。ここでは、二〇二四年大会の招致に立候補した二都市を、コンペも始まっていない二〇二八年大会を含めた二大会に振り分けて同時に選定するという手法のことを指す。

独裁国家

最終選考に残っていない招致候補の多くは、権威主義的で、「欠陥のある民主主義」、もしくは「フリーダム・ハウス」の分類によれば「不十分な自由」と広くみなされている国からのものだ。例えば、バクー（アゼルバイジャン、二回の招致）、ドーハ（カタール）、ハバナ（キューバ）などである。おそらく二回の招致が失敗したアゼルバイジャンへの激励賞として、欧州オリンピック委員会は二〇一五年の初となるヨーロッパ競技大会にバクーを選択し、一方で、ベラルーシのミンスクは、二〇一九年の第二回ヨーロッパ競技大会を開催した。バクーはまた、二〇一九年の欧州サッカー連盟（UEFA）のヨーロッパリーグ決勝も開催した。二〇二二年のW杯にカタールを選んだとき、FIFAは民主主義の問題を不安視していなかったが、二〇一四年のガーディアン紙のジャーナリストによれば、FIFAは、「テレビ映りが良い」限り、開催国についてあまり心配していなかったということだ。さらに、彼は「FIFAの企業評判がどれほど低くなっても、その商業用株式は不自然に高いままである」（Gibson, 2014）と観ていた。

トルクメニスタンは、コストなどの現実的な問題にかかわらず、オリンピックを主催することの魅力を示す実例だろう。熱心なスポーツ愛好家で六段の空手家であるベルディムハメドフ大統領が二〇〇八年の北京オリンピックから戻った際に、同国の選手がメダル獲得できなかったことに失望したと報じられた。彼は、二〇〇のスポーツスクール、および大がかりなオリンピック複合施設（スタジアム、水上センター、テニスコート、サイクリングトラック、アリーナ、ホテル、レストラン、住宅など）の計画を、二〇一五年までに完了すると発表した（Turkmenistan, 2008）。これまでこの国からの招致はないが、首都アシガバートでは二〇一七年アジア屋内武道大会と二〇一八年の世界重量挙げ選手権を開催するなど、大統領の努力が一部の国際競技連盟（ＩＦ）から前向きな注目を集めた。

住民投票

住民投票または国民投票を行った都市のほとんどは、カナダ、米国、スイス、ドイツ、ノルウェー、オーストリア、ポーランドといった民主的または非独裁的な国であった（例外の一つはハンガリーであり、政治的論争と批評家の懸念に基づき、ブダペストの招致について住民投票を行い、否定的な結果となった）。二〇〇二年以来、ウィーン、シオン（二回）、ベルン、インスブルック、サンモリッツ／ダボス（二回）、ハンブルク、そしてクラクフの住民投票は否定的な反応となった。ボストンとグラーツ（スイス）では、予定されていた住民投票や、市民の反対、政府の支援がなくなったことにより、招致がキャンセルされた。バンクーバー、ソルトレイクシティ（ＳＬＣ）、ミュンヘン、オスロ、ヴァレー（二回）、ケベックシティ、そしてストックホルムの有権者は、自分たちの都市の招致を支持した。オスロは政府の支持を失い、ケベックシティはバンクーバーにカナダの候補地を奪われた。ＳＬＣとバンクーバーは、二〇〇二年と二〇一〇年の冬季オリンピックの開催都市として最終的に選ばれた（Livingstone, 2018）。

バッハは住民投票の禁止をほのめかしているが、これは二〇一三年以降の多数の否定的な結果に刺激された、この問題に対する強引な解決策だった。バッハにとっては、ＩＯＣに落ち度はないということは明確だった。二〇二六年のオリンピックの候補地を二カ国に減らすことになった住民投票の結果を受け、二〇一七年のインタビューで、彼は「多くのヨーロッパの国々の反体制運動」を非難した、と報じられた。しかし、ハーシュが述べたように、ロサンゼルス（ＬＡ）とパリは反体制政治運動が成長している国々にあったが、それでもこの二都市は二〇二四年の招致レースに残った候補地だった（Hersh, 2017）。数カ月後、各国オリンピック委員会連合（Association of National Olympic Commitees）総会にまでテーマを拡大し、バッハは再び、IOCを含む「体制への不信」に言及し、批評家を「攻撃的」、「利己的」で無知だと呼んだ（Butler, 2017b）。彼は、ジャーナリスト、活動家、アスリート、またはIOCに挑戦する他の誰に対しても、苛立ちを隠さないことが多く、彼の台本どおりの演説と記者会見中のそうした自発的な反応とが一致していないのは興味深い。

批評家たちを非難するオリンピック産業関係者は、バッハだけではなかった。二〇一九年のインタビューで、引退したIOCメンバーのバリー・マイスターは、反オリンピックグループと直接関わったことがあり、そのメンバーたちについて「ひどく情報不足で、心を完全に閉じている。理由と論理が失われているようだ」（Morgan, 2019g）と述べた。どうやら、マイスターはこれらのグループと話し合いをするよりむしろ貶《おとし》めることを好んだようだ。過去二〇年間、英国、ヨーロッパ、カナダ、米国、日本、オーストラリアの抗議グループには、コミュニティ活動家、最前線の社会福祉サービスおよび医療従事者、大学の研究者、人権弁護士、先住民の指導者、環境擁護者が含まれてきたが、そのような侮辱を受けるいわれのある者はいない。

二〇二六年の招致に反対して二〇一八年に行われたカルガリーの住民投票ののち、バッハは再び「反体制派」の問題という主張を繰り返した（IOC chief, 2018）。カルガリー市の市議会議員であり、オリンピック評価委員会の委員長であるエヴァン・ウーリーは、国民投票の否定的な結果をよりポジティブに捉え、市がその経験から多くを学んだのだから、招致に費やされた一七七〇万カナダドルは無駄にならなかったと主張した（Rieger, 2019）。政治的態度と投票パターンの関係を分析すると、カルガリーの招致支持者については、市民のプライドが主要な要因であることが明らかになった。一方、財政保守派は、オリンピックを主催することに反対し、「開催費に見合うだけの価値がない」ものとみなした。人口構成と党派性も有権者に影響を与えたが、政治的態度ほどの影響はなかった（Lucas, 2019）。

市民の投票に関してバッハは、「オリンピックの立候補は住民投票にかけられるべきだと誰もが信じるような政治の変化」について不平を述べ、「七年も先のこのような複雑な問題は、住民投票の本当のトピックになるだろうか？」と問いかけた（Pavitt, 2018）。そう、明らかに、政府の財政保証とこの規模の投資を要求するプロジェクトは、民主主義諸国の市民があらゆる投票権をもっているトピックである。

バッハは、住民投票で悪い結果を招いたとして非難する人々のリストにメディアを加えた。彼は二〇一八年シオン大会への反対票を最大限前向きに捉え、この結果は、IOCやオリンピック大会にではなく、資金に関する住民の具体的な懸念を反映しているのだと述べた。彼の主張は、腐敗やドーピングのスキャンダルによって引き起こされたイメージの問題とは無関係に、メディアがIOCに対する「不信感」を生み出したというものだった。さらに、コミュニケーションの問題について、「オリンピックを取り巻く感情、魔法……、スイスのアスリートへのサポート」にもっと注目が集まらなかったことに失望感を表明した（Morgan, 2018）。明らかに、彼にとっては招致した都市の住民の心をつかむことは、実現可能性調査や財務予測よりも優先されるべきものだった。冬季大会の招致問題とそれに関連する気候変動の問題について、バッハは雪の状態に依存したスポーツへの投資は、未来が不確実であることを認めた（Pavitt, 2018）。この現実は、IOCが雪製造機器の広範な使用を必要とする可能性が高い地域に冬季オリンピックを招致することを妨げることはなく、こうした地域での開催は、オリンピック憲章の環境保護への取り組みとは相容れない結果となった。

ただNOと投票する

デンバーは、オリンピック史上初めて、開催都市選定後に都市が大会を返上する決定を下した最初の事例であり、この問題で住民投票を実施した初めての出来事となった。その四年前の一九七二年、コロラド州知事のリチャード・ラムに支持された住民は、山の荒廃、スキータウンとしての急速な成長、大会後の借金などの問題を提起した。ラムは一九七二年一一月の選挙で住民投票を論点化し、次のような声明を加えた。「これは貧しい者の税金で賄われる金持ちのゲームだ」（Hanscom & Warren, 1998）。

二〇一九年五月、デンバーは、将来のオリンピックで市政府が公費を使用するかどうかについて投票を行った最初の都市となった。推進者たちが二〇三〇年の招致の可能性を検討していたため、市民グループは「デンバー住民に投票させろ」と名付けられたイニシアチブに取り組み始めた。そのリーダーの一人はラムだった。二〇一七年一二月に会合を始めた市長直属のオリンピック委員会は、招致期限の五年以上前であり大会の一二年以上前に、民間資金の投入を推奨した。ＩＯＣは通常、不可避のコスト超過をカバーするために政府の取り組みを要求するが、アジェンダ２０２０の実施により、現在この面については柔軟になっている。二〇一九年六月、デンバーの有権者は、「将来のオリンピックに関連して、有権者の事前承認なしに、公的資金または資源を使用することを禁止する」という措置を承認した（Denver, 2019）。

スポーツウォッシング——独裁国家と民主国家

グリーンウォッシングや企業の環境主義といった用語は、環境的に持続可能な開発原則への表面的で利益に基づくコンプライアンスを説明するために使用される（Lenskyj, 2000, Miller, 2018）。同様に、スポーツウォッシング［＊3］は、権威主義体制が、悪化した世界的な評判をスポーツによって改善しようとする試みを指す（Jimenez Martinez & Skey, 2018）。世界で最も有名なスポーツ・メガイベントであるオリンピックは、自国のグローバルなイメージ向上を目指す政治家やスポーツ管理者にとって理想的な方法だ。スポーツウォッシングのロジックによると、世界は最先端の会場で効率的に行われる有名なスポーツイベントに注目し、それによって国の内部問題から世界の注目をそらしている。スポーツウォッシングへの信頼は一般に十分な根拠があり、競技スポーツがもつ世界的な魅力は、社会正義を求める声を見えにくくしている。ただしまれに、スポーツウォッシングによって、国の失敗に対して世界的な注目が高まるという、意図しない結果が生じることがある。これは二〇一二年以来、バーレーンが経験したことであり、反政府抗議者と人権活動家がF1グランプリを標的にしたときのことだ。さらに、スポーツウォッシングがガーディアン紙（UK）などの進歩的なメディアソースからますます批判されるようになるにつれて、民主主義諸国の市民はこの欺瞞《ぎまん》に気づくようになり、抗議やボイコットを支持する可能性が高まっている。

＊3　colour+washingはうわべだけをごまかす意味で批判的に用いられる。例えば、グリーンウォッシングは環境配慮をしているように装うことであり、ピンクウォッシングはLGBTフレンドリーをアピールし、人権が守られているイメージを作り出すことである。スポーツウォッシングは、スポーツイベントなどを開催して、クリーンなイメージをアピールすることを意味する。

このスポーツウォッシングの議論に最も関連しているのは、権威主義体制に与えられるオリンピックやその他のスポーツ・メガイベントの数の増加である。最近の例としては、二〇一六年リオオリンピックの予選イベントだった二〇一五年ヨーロッパ競技大会、および二〇一六年ヨーロッパグランプリがあり、どちらもアゼルバイジャンのバクーで開催された。イスラエルの二〇一八年ジロ・デ・イタリア自転車レース、サウジアラビアの二〇一九年イタリアスーパーカップ（サッカー）、カタールの二〇二二年FIFAW杯、北京の二〇〇八年夏季および二〇二二年冬季オリンピックも該当する。ソチが二〇一二年のオリンピックを主催した後、ロシアの都市は二〇一九年冬季ユニバーシアードと二〇一九年アルペンスキーW杯の開催地となった。アムネスティ・インターナショナル、フリーダム・ハウス、ヒューマン・ライツ・ウォッチ、トランスペアレンシー・インターナショナルなどの国際人権団体は、スポーツウォッシングのトレンドに世界の注目を集め続けているが、成果はまちまちである。

二〇一四年、あるコメンテーターは、最大の国際スポーツイベントが「世界における自国の地位を示したり、その地位を強化したりすることを望む権威主義政権にとってのピカピカで安い選択」になるにつれて、非民主的な開催国が増え続けることを正確に予測した（Gibson, 2014）。フリーダム・ハウスによって「統合された権威主義体制」と分類されたベラルーシは二〇一九年に、フィギュアスケート、新体操、サイクリング、テコンドーなどのW杯や世界選手権など、約一〇〇の国際スポーツイベントを主催した。ベラルーシのミンスクで行われた二〇一九年ヨーロッパ競技大会の一五競技のうち九競技は、東京2020オリンピックの予選大会だった（Belarus, 2018）。

独裁国家のように、民主主義諸国もスポーツウォッシングを使って国内問題から注意をそらしている。独裁者はどんな問題でも市民の心をつかむ必要はないが、民主主義の選挙で選ばれた代表はより難しい評価にさらされており、スポーツウォッシングは有用な戦略となるのだ。低所得者の住む住宅街の破壊と「公衆の無秩序」への取り締まりは、スポーツの魔法とレガシーの約束についての感じのいいレトリックに覆い隠されている。保守的な市民は、オリンピックを主催することが「ホームレスの人々への対処」や「通りをきれいにする」きっかけとなるという推進者の主張を信じて、スポーツウォッシングのプロパガンダに容易に左右される可能性がある。スポーツウォッシングのプロパガンダによると、スラム街は解体され、セックスワーカーは追い出され、新しく浄化された都市は世界のビジネスと観光を引き付け、「ワールドクラス」の地位を獲得することになる。ロンドンは二〇一二年のオリンピック以前は明らかに世界クラスの都市であり、ビジネスと観光の中心地だったが、都市再生と社会浄化の約束は、一九九六年のアトランタ、二〇〇〇年のシドニー、二〇〇二年のソルトレイクシティ、および二〇一〇年のバンクーバーの悪い事例を追うものだ（Poynter, 2012; Wagg, 2015）。

アゼルバイジャンの組織であるスポーツ・フォー・ライツは、全体主義体制の国で生活する活動家によって設立された、数少ないグループの一つだ。スポーツにおける人権侵害に対処するスポーツ・フォー・ライツは、二〇一四年に始まった国際機関の連合体であり、バクーが二つの主要なスポーツ・メガイベントを同時に主催することになった時、前例のない政府による人権の取り締まりがきっかけとなって設立された（Sports for Rights, 2016）。その創設者であるラスル・ジャファロフは、二〇一五年に、他の人権擁護家を投獄するために使われたのと同様の虚偽の罪で逮捕された。このグループのコーディネーターは、「アゼルバイジャンの与党アリエフ政権はそのイメージを改善することに躍起となっており、スポーツと音楽という世界共通のことばを利用してそれを行うことができると信じている」と説明した。好都合なことに、アゼルバイジャンの大統領、イラム・アリエフは、国のオリンピック委員会の委員長でもあった。スポーツ・フォー・ライツは、アスリートや芸能人に「抑圧を許すのではなく、政治犯の釈放を求める」よう促した（Human Rights House, 2016）。ガーディアン紙がアゼルバイジャンの人権侵害を広範囲にわたって暴露したことが引き金になり、政府当局は同紙のジャーナリストの入国を禁止した（Abbasov, 2015; Gibson, 2015）。

スポーツウォッシング・イベントのボイコットを求める声の多くは、活動に弾みをつけることができず、権威主義体制下での抗議は、関与する勇気のある人々にとって危険な結果をもたらす可能性があった。二〇一四年ソチ冬季オリンピックで、抗議グループ、プシー・ライオットのメンバーを鞭打ちするコサックの警備員のイメージは忘れがたいものであり、以前のプシー・ライオットの抗議行動後、ナディア・トロコニコワが流刑地での二年間に綴った個人的な記録も同様である（Gessen, 2014; Lenskyj, 2014）。しかし、主流の西側メディアは通常、そのような不正が行われたのは「他の」（非西側）国だけであるというメッセージを生み出した。皮肉なことに、西側のコメンテーターは、ジャファロフやプシー・ライオットなど言論の自由の擁護者の窮状に対して懸念を表明したものの、同じリベラルな声がしばしば地元の活動家や批評家を、スポーツ・メガイベントを「政治化」し乗っ取る者として、先頭に立って非難したのである。

同様のスポーツウォッシング・レトリックを反映して、トロントが最初にオリンピック招致に乗り出した一九八〇年代と一八九〇年代の議論が、最近の多くの招致都市で繰り返されている。民主主義諸国での言論の自由に対する市民の権利に関係なく、オリンピック批評家を沈黙させるために、明白なあるいは秘密裏の動きがあり、最終的に招致が失敗した場合には、彼らを非難する（活動家の観点からは、その功績を認めるということになるのだが）のである。批評家は日常的に「否定派」と呼ばれ、彼らの活動は、招致を「脱線させ」、「切り捨て」、「阻止し」、または「傷つけよう」とする、公正でない企みとみなされた。バンクーバーのオリンピック批評家は、例えば「地元の敵意がバンクーバーの招致を失敗させるか」(Byers, 2002)というタイトルの記事などで、メディアで標的とされた。ナショナルポスト紙によると、「インディアンはバンクーバーーウィスラーオリンピックの招致を弱体化させることを望んで」いた。一方、環境上の根拠および、先住民の権利を認めていないことに対する先住民の反対の声を受けて、ザ・プロビンス紙はそのトップページの見出しを、「先住民が私たちのオリンピック招致を阻止するためにヨーロッパに行く」と書いた(Hume, 2002, 強調追加)。同時に、二〇一〇年のバンクーバーの招致では、一〇年前の二〇〇〇年シドニー大会の招致委員会や組織委員会と同様に、先住民のシンボルと文化が盗用され、「包摂的」カナダという誤解を招くイメージが醸成されたのである(Godwell, 1999; O'Bonsawin, 2006)。

東京大会のブランド再構築——さらなるスポーツウォッシング

オリンピック産業の原則に沿って、東京2020オリンピックの広告は三つのコアコンセプトを宣伝した。それは、「全員が自己ベスト」、「多様性と調和」、「未来への継承」だ。東京にはサッカー、ソフトボール、バスケットボールの会場が不十分であると主催者が気づいた際に、「復興」のコンセプトが追加された。彼らはこれらの競技を二〇一一年の大震災と津波の被害を受けた都道府県に移し、「復興五輪」を追加して、ブランドの再構築を図った。このひねりに対しては、日和見主義という点だけでなく、避難者が肉体的、精神的健康問題、そして経済的困難からも決して「回復」していなかったため、被災者や活動家、および研究者らが異議を唱えた(Osumi, 2019)。もうひとつの広報戦略として、東京組織委員会は聖火リレーの出発点に福島を指名した。

同様の深刻な懸念が、国連特別報告者が二〇一八年に作成した有害物質と廃棄物に関するレポートで表明されていた。それは、福島の原発事故周辺地域での小児期の放射線被ばくを防止し最小化する義務を、日本がどのように怠ったかを記録したものである。日本政府は、居住者が許容できる放射線のレベルを危険な可能性がある程にまで高め、避難命令を解除し、自主避難した人々のための住宅補助金を一時停止した。これらすべての決定は、子どもの権利に関する国連条約、特に開発と健康に関する権利に違反するものである。さらに、日本は二〇二五年までに高度に汚染された地域への追加の再定住を計画した（Japan, 2018）。

一方、IFの会長たちは、アスリート向けのサービスや宿泊施設、交通手段、「スポーツプレゼンテーション」や「見た目」などを東京大会での最優先事項とみなして焦点を当てていた。IFの予算削減は、「ブランドアイデンティティ」、「大会の外観」、「観客の体験」、メディアイメージなどと呼ばれる「スポーツプレゼンテーション」に対して悪影響を及ぼす、と彼らは考えていた。柔道連盟の会長は、リオ大会の主催者が「かなり安っぽい見た目」を作り出したと非難し、彼女はその状況を東京でも繰返してほしくないと望んでいた。一方、ワールドセーリングの会長は、アスリート向けの温かい食べ物が不足していると不満を述べた（Wade, 2019a）。ほとんどの開催都市と同様に、東京も二〇一三年の見積り額からほぼ倍増した予算の範囲内に収まろうとしていた。IFの会長たちの関心事は、危険なレベルの放射線、不十分な住居、身体的および精神的健康問題を抱えて暮らしている福島の避難民が生活するために必要としているものとはまったく対照的であり、こうした状況はすべて、地域と国は災害から「復興した」とする政府および組織委員会の宣言によって悪化したものである。

予想通り、ＩＯＣは急いでＩＦの「ブランドアイデンティティ」についての懸念を払拭しようとした。このゴタゴタの二週間後、「オリンピック当局は予算削減に関してスポーツ連盟を安心させる」と題されたＡＰの記事が、無数の世界的なニュースソースによって転載された。ＩＯＣのエグゼクティブディレクターであるクリストフ・デュビと東京２０２０調整委員会の委員長であるジョン・コーツが、ＩＦに対し、「大会の外観」の重要性を認める東京組織委員会から「保証」を受けていることを伝えた、ということが引用されていた（Wade, 2019b）。オリンピック憲章によると、計画、ステージング、および資金調達の問題についてＩＯＣの調整委員会のメンバーは、組織委員会を監視し、会場や施設の検査を現場で実施する責任があるという事実にもかかわらず、ＩＯＣ自体は直接の批判を免れた。代わりに、いつものように、組織委員会が非難の矢面に立たされたのである。

結論

オリンピックの開催は、独裁国家と同様に民主主義国家の政治指導者にも、世界の舞台で「ソフトパワー」を発揮する比類のない機会を提供するが、二一世紀においては、招致数は減少傾向にある。それに対応して、政府が住民投票を許可した場合は、住民投票に対する市民の要求も急増している。西側の批評家は、「他の」国で発生したスポーツウォッシュ現象についてはすぐに特定するが、同様の戦略を国内の招致推進者が進める場合は、批判するのが遅い。ＩＯＣとオリンピック産業は、長年の自治に対するこの種の脅威に直面しており、民主主義国よりも独裁国家でオリンピックを開催する方が簡単だという、皮肉ではあるが現実的な見方ができるだろう。

第4章

オリンピック産業のインパクト

「ブルジョアの遊び場」

スポーツ・メガイベントとしてのオリンピックの社会的、政治的、経済的なインパクトに関する研究は、一九八〇年代に社会学者が世界経済サミットや国際的なスポーツ大会、類似の性質をもつイベントを開催した都市における住宅やホームレス、人権の抑圧、貧困の犯罪化などの問題を調査したのが始まりである。研究者たちがこうした批判的な分析を展開するまでは、スポーツのメガイベントは都市開発の触媒になることが保証されているというのが一般的な常識だった。オリンピックの開催は、政治的な意思を後押しし、最先端のスポーツ施設やインフラの遺産を約束し、世界の舞台で開催都市の評判を高めることになると。

ホール（1998）は、観光と街の名誉となるようなイベントの政治を分析する中で、ワールドクラスの都市としての地位を確立するための四つの必要条件を明らかにしている。それは、一定数以上の観光客向けのアトラクションや施設、都市観光戦略、観光を支援するためのレジャーや文化的サービス、そしてスポーツ大会や展示会、その他の文化イベントである。都市のイメージのネガティブな要素を魅力的な観光地に変えるという問題について、ホール（1994）はその商品を「ブルジョアの遊び場」と適切に表現した。オリンピック開催都市のかつては放置されていた都市地域での「ブルジョアの遊び場」への転換や、低所得者層住宅地で必然的に引き起こされるジェントリフィケーション［＊1］には事欠かない。もちろん、推進者たちは、これらのプロセスをより受け入れやすい言葉で表現している。すなわち、都心部のスラム街の一掃、ウォーターフロントの転換、より多くの緑地の創出、ホームレス問題への対応、ダウンタウンを（白人中産階級の）家族にとって安全な場所にすること（Lenskyj, 2000, 2002, 2008）。主流メディアによって広められたこのレトリックの背後では、人々の苦しみが見えなくされている。

過去の教訓

一九七六年モントリオールオリンピックでは、開催都市、地域、国の財政リスクに世界の注目が初めて集まった。当初の見積もりの一三倍の予算で、一六億カナダドルの負債は三〇年かけて完済された。「過小評価されたコストと過大評価された利益」というウィットソンとホーンの評価は、オリンピックや他のスポーツ・メガイベントの典型的な特徴を捉えている。一九七六年のモントリオール、一九八八年のカルガリー、一九九八年の長野オリンピックの影響を検証した結果、彼らは、「オリンピックについての完全で偽りのない説明は、公の記録上では損失を示すことになる」が、観光やビジネスのための「場所のプロモーション」などの長期的な成果は、必ずしもスポーツ・メガイベントに起因するものではないと結論付けた（Whitson & Horne, 2006）。

モントリオールの経験は、招致を検討している都市への有益な警告となったかもしれないが、一九八四年ロサンゼルスオリンピック以降は、それを一変させた。ロサンゼルスオリンピックの招致は、公的資金を介さずに民間企業に頼ったもので、独自の会計簿によると二億二二〇〇万ドルの黒字を生み出した。グルノーとノイバウアーが説明したように、この数字には政府のあらゆるレベルで支出される安全保障費用は含まれておらず、誤解を招くものだ。ロサンゼルスオリンピック組織委員会のピーター・ユーベロス委員長の巧みなビジネス交渉には、独占権を保証するために企業スポンサーに最低四〇〇万ドルの寄付を求めたり、テレビネットワーク間で競争を起こして価格を引き上げたりすることも含まれていた（Gruneau & Neubauer, 2012）。黒字分の分配を求める組織は、国際オリンピック委員会（ＩＯＣ）から地元のバス会社まで多岐にわたった。その後、ユベロスには四七万五〇〇〇ドル、副会長のハリー・アッシャーには三五万ドルのボーナス、組織委員会のスタッフには少額のボーナスが配られた（Galford, 2015）。残りは米国オリンピック委員会（ＵＳＯＣ）、米国のナショナルスポーツ団体、および〈digital.la84.org〉のデジタルライブラリとオリンピックアーカイブも運営している、いわゆる「非営利団体」であるＬＡ84財団が主催するユーススポーツプログラムの間で分配された。

二〇一九年、ＬＡ84財団の予算は「ノーリンピックスＬＡ（NOlympicsLA）」による調査の対象となった。彼らの懸念事項の中には、財団が七〇〇〇万ドルの不動産を保有していたことや、多くの問題のある企業への多額の投資が判明したことが含まれていた。同財団は、カリフォルニアの強制退去やジェントリフィケーションを推進し、アマゾンの破壊にも貢献している国際的な不動産会社、ブラックストーン

＊1　再開発などによって地域の高級化をはかること。裕福な階層が流入する一方、低所得層が立ち退きを余儀なくされることへの批判がある。

(Blackstone) に二二〇〇万ドルを投資していた。対照的に、前年にはわずか三六万五〇〇〇ドルがユーススポーツに向けられていた (How much, 2019)。二〇一九年九月、ノーリンピックス２０２４は、ＬＡ84ユーススポーツサミットで抗議活動を行い、「公正なプレイ━子どもたちのためにゲームを盛り上げよう (Play Equity: Elevating the game for our kids)」というタイトルは、ＬＡ84財団の子どもたちのゲームへの貢献が比較的小さいことを考慮すると、誤解を招いているとした。ノーオリンピックスＬＡのボランティアは、サミット参加者に、ＬＡ84財団のビジネス実践に関する「ポップ・クイズ」のコピーを配布した。それは警備員によって強制的に追い出されてしまうまでであったけれども (How much, 2019)。これらの出来事は、財務の透明性と説明責任の欠如、偽善、抗議の弾圧などを含む多くの面で、オリンピック業界の過失を例証するものだ。

オリンピック懐疑派としての保守

意外なことに、財政的に保守的な評論家たちは、招致予算が非現実的である、政府の過剰な資金が必要である、プロセスが透明でない、開催都市が費用超過の責任を負うことになる、などの理由で、よりラディカルなグループに混じって国民投票を要求することもあったのだ。トロントが二〇〇〇年から二〇〇一年の間に二〇〇八年オリンピックの招致を行った際、保守派の市議会議員マイケル・ウォーカーは、財政的な理由で招致に反対した。法廷会計士の分析はウォーカーの立場を支持したが、住民投票を求める動議は五〇対二で敗れた (Lenskyj, 2000, p. 83)。一方で、進歩的な立場で知られる議員たちは、多数派の賛成票を得て招致を支持したが、ＩＯＣが北京を選んだときには、コストのかかる失敗だったことが判明した。

二〇〇〇年には早くも、ビジネス関係者はオリンピックの利益約束に懐疑的な評価を発表していたが、この傾向は二一世紀を通して続いている。初期の例としては、二〇〇〇年のシドニーオリンピック開催中に『レポート・オン・ビジネス』誌（Grange, 2000）に掲載された「サマーオリンピック・レッドアラート」や、二〇〇二年の『ユーロビジネス』誌（Flyvberg, 2002）に掲載された「ライイング・ゲーム」などがある。二〇一九年までには、将来のオリンピック招致都市に財政的リスクを警告する必要性はほとんどなくなっていたが、国民投票で「Ｙｅｓ」側が多数勝利したことは、資金力のある宣伝に支えられたオリンピック神話が世論を揺さぶり続けていることを示唆している。

オリンピック・スポーツ関連の建設費（インフラを除く）の超過は平均一五六％で、一九六〇年から二〇一六年までのほぼ半分の大会で、一〇〇％を超える超過があった。これらの数字は、信頼できるデータが入手できなかった一一のオリンピック大会を除外したもので、研究者たちが「信用できない」としたのもしかるべきであった（Flyberg, Steward, & Budzier, 2016）。コスト超過はある程度の精度で予測できるという明確な証拠があるにもかかわらず、招致委員会や組織委員会は、不足分をカバーするのに十分な緊急時用の資金を含めていないことが度々である。二〇一七年、ＩＯＣが二〇二四年のオリンピックをパリ、二〇二八年のオリンピックをロサンゼルスに決定するという「ダブル授与」を行ったとき、ロサンゼルスの招致予算は五三億米ドルだった。ロサンゼルス組織委員会は、四年分のインフレを考慮してこの数字を修正するのに、二年近くかかった。新しい予算案は約三〇％増の六九億ドルで、インフレ率よりもやや高いように見える（LA2028, 2019）。間違いなく、他のオリンピック予算と同様に、この数字は今後八年間上昇し続けるだろう。

貧困と「スラム・ツーリズム」

十分な創造性と誇大広告があれば、スラムであってもオリンピック産業の利益のために取り込むことができるようだ。二〇一〇年には早くも「スラム・ツーリズム」または「貧困ツーリズム」という言葉が定着しており、多くの批判的な地理学者やその他の研究者がこのトピックに関する最初の会議を開催し、その後、『ツーリズム・ジオグラフィーズ』誌の特集号と『スラム・ツーリズム』と題したアンソロジーが発行された（Frenzel, Koens, & Steinbrink, 2012）。このトピックを紹介するにあたり、ツーリズム・ジオグラフィーズの編集者は、アパルトヘイト下の生活状況について白人政治家を教育する目的で組織された、南アフリカの都市における「タウンシップ・ツーリズム」という、その初期の姿の一つを指摘した。リオを含む広範囲の都市を対象にしたこれらの評論では、地元住民の参加が限定的であることが報告され、観光による貧困救済というよくある主張に異議を唱えている（Frenzel & Koens, 2012）。

二〇一四年のW杯と二〇一六年のオリンピックに向けたリオの準備期間中、当局はスラムの一掃に向けた二本柱のアプローチに乗り出した。すなわち、強制退去と解体、そして「サンバとファンク・カリオカの音楽スタイル」（Cummings, 2015, p. 87）を通じた「ファベーラ・シック」（favela chic）の創造である。観光客のためのファベーラ地区のマーケティング、つまり観光化のプロセスには、オリンピックの訪問者に宿泊施設を提供することが含まれていた。「ファベーラ・ツーリズム」は二一世紀にブームを迎え、二〇〇九年には推定四八万人の観光客が訪れ、W杯の三年前とオリンピックの五年前の二〇一一年までには八つの商業的なファベーラツアー会社が運営されていた（Steinbrink, Frenzel, & Koens, 2012, p. 5）。

二〇〇〇年シドニーオリンピックの頃には、先住民族の三つの主要な問題――土地の権利、拘留中の死亡、アボリジニの子どもたちの家族からの強制的連れ去り―が、国内外の注目を集めていた。オリンピックの主催者や政治家は、特に開会式と閉会式で、アボリジニの選手たちの成功と、オリンピックに対する彼らの（利用された）文化的貢献に注目させようとしたが、アボリジニの活動家とその仲間たちは、訪問者たちを「ブロック」と呼ばれる都市部のコミュニティに連れていき、オリンピック推進者や政治家のレトリックと、オーストラリア先住民の生活状況の現実との間に不一致があることを目に見える形で証明した（Lenskyj, 2002）。

多くの開催都市と同様に、アテネでも二〇〇四年のオリンピック開催に向けた計画と準備のため、オリンピック用の駐車場を作るために、長年居住していたギリシャのロマ［＊2］のコミュニティを取り壊すなど、強制退去や転居を要求した。ドキュメンタリー映画『ニンニクとスイカ』（二〇〇六年）に記録されているように、開会式の主催者は、ロマの強制退去から生じるネガティブなメディア報道の代わりに、独自の「ローカル色」物語を書き入れ、伝統的な衣装を着て笑顔で踊る女性や、ピックアップトラックでスイカを売る男性の姿を映し出していた。

先住民族や人種化された［白人でない］住民、低所得者の住民は、すべてでなかったとしても、ほとんどのオリンピック開催都市において、当時から同じような運命をたどってきた。それは、転居や強制退去、低家賃の宿泊施設や下宿の減少、人為的な不動産価格の上昇、入居者保護法の弱体化などの傾向である。組織委員会に対する監視と説明責任が著しく不足しているため、手ごろな価格の住宅を残すというオリンピック招致の際の約束は簡単に反故にされ、選手村やその他の新しい宿泊施設は、オリンピッ

＊2　ヨーロッパを中心に、東アジアを除くほぼ世界中に分布、生活する少数民族。ジプシーと呼ばれてきたが、ロマが自称。

ク後に市場価格で売りに出されている。

開催都市における立ち退き

二〇〇七年、居住権・強制退去問題センター（COHRE）は、一九八八年ソウルオリンピックを皮切りに、二〇一二年ロンドンオリンピックに向けた準備に至るまでの過去数十年間に、オリンピック関連の都市開発によって引き起こされた強制退去に関する包括的な調査結果を発表した。IOCは、調査結果を議論するためにCOHREのワークショップに参加することに同意したが、それがIOCを攻撃するものではなく、実りある対話となることを約束した上でのことだった。自分たちの無実を証明しようと、IOCはスポーツのメガイベントを企画するいくつかの機関のうちの一つにすぎないとCOHREに念を押した。COHREの報告書「フェアプレイ・フォー・ハウジング・ライツ」は、ソウルでは七二万人、北京ではオリンピックが始まる一年前にすでに一二五万人が強制退去させられていたことを明らかにした（COHRE, 2007）。

COHREの調査では、バルセロナでは六〇〇世帯以上が、アトランタでは三万人の住民が強制退去を余儀なくされたことが明らかになり、民主的な開催国がこの問題の傾向に大きく寄与していることもわかった。具体的には、こういった強制退去には、ソウルの都市貧困層、バルセロナの低所得者と高齢者、アトランタのアフリカ系アメリカ人、シドニーの低所得短期入居者、アテネのロマの人々、北京の貧困層と移民、ロンドンの公営住宅の居住者、ロマの人々、不定住者などが含まれている（COHRE, 2007）。

オリンピックの前からホームレスになっていた人々の生活は、「路上クリーンアップ」によって通常のシェルターから追い出されたり、市の条例で「徘徊」、物乞い、路上排尿が犯罪化されたりしたため、より不安定なものとなった。この種の条例は、一九九六年のオリンピック前にアトランタで早くから登場し、一九九八年までに米国の五〇以上の都市に広がった（National Law Centre, 1998）。シドニーオリンピックのレガシーには、この種の措置とともに、公共空間の民営化や集会の自由の制限が含まれていた。一九九八年に導入され、何年も後になっても施行されている規制によって、公園やビーチでの集会はすべて許可を得る必要があり、ホームレスに対する取り締まりも続いている（Lenskyj, 2002, Ch. 2）。

アトランタのクリーンアップの間に、新しい都市デザインのトレンドが広まり、これは敵対的な街頭設置物や建築と表現するのが最も適切だろう。アトランタやシドニーの例では、木の周りにスパイクをつけたり、公園のベンチにひじ掛けを設ける、ホームレスが公共空間で休んだり寝たりするのを防ぐためにバス停留所の座席を狭くするなどがある。中には、ホームレスが頻繁に訪れていたバス停留所を、当局が取り壊してしまった例もある。アトランタでは、同様の非人道的なアプローチに倣って、市の公園でホームレスに食べ物を配ることを禁止する条例が制定され、レストランの経営者が「ゴミ箱あさり」を防ぐために、ゴミ箱の残飯に漂白剤をかけたという報告もある（Beaty, 1999; Spoilsport, 1995）。

二〇一〇年の冬季オリンピックを控えたバンクーバーでは、市長が同様の「クリーンアップ」プログラムに乗り出した。市長の取り組みの一つは、非科学的なオンライン調査で、違法薬物の使用から公共の排尿・排泄、公園での睡眠、いわゆる「積極的な物乞い」などを一緒くたにして、「公共の秩序を乱す」問題について回答者に意見を求めるものであった。報告書は、ホームレスにお金を与えることは「負の影響」があるとし、そうする人たちを教育するためには「公共の意識を高めるキャンペーン」が必要であると指摘している（Office, 2006）が、人間の苦しみを無視することは、推進者が大切にしているオリンピックの「価値」と相容れないと思われる可能性もある。一方、二〇〇七年には、北京の当局は、観光客に礼儀正しく、公共の場で唾を吐いたり、罵ったりすることを控えるよう住民に教えることを目的とした、別の種類の教育キャンペーンに着手していた。

二〇一九年までには、将来の開催都市の政治家たちは、ホームレスを目に見えないようにする手法を完成させていた。二〇二八年のロサンゼルス大会が開催される九年前の時点で、議員たちは、人々が公共の場で座ったり、横になったり、寝たりすることができるエリアの制限を拡大する条例案に投票していた。サービス・ノット・スウィープス（排除ではなく支援を）の研究者が説明したように、この新しい条例は非常に広範囲に及んでおり、「家を持たない人々を街から追放することになる」ため、最大二万七〇〇〇人の住民がより遠くの場所を探さざるを得ない。ある議員は、他の場所には「たくさんの不動産がある」のだから、このアプローチは「バランスのとれた」ものだとの見解を述べた（A false premise, 2019）。アトランタとシドニーは、オリンピックが開催される前の数年間に、ホームレスの人々が生きていくための方法を犯罪化し、市民の集会や抗議活動の制限で都市と郊外をすっかり覆ってしまった（Lenskyj, 2000, 2002）。

労働法違反

オリンピック組織委員会と地方自治体は、期限内に完成させなければならないオリンピック会場や関連インフラプロジェクトの建設に責任を負っており、現地の労働力が不足している場合には、その仕事を行う移民労働者を募集している。国際労働機関や国際労働組合総連合（ＩＴＵＣ）などのＮＧＯは、オリンピックやW杯の建設プロジェクトにおける労働法違反を監視してきた長い歴史があり、その多くは移民労働者の死亡、人身売買、奴隷労働、児童労働に関わっている（ITUC, 2015）。

ITUCと関連する団体であるプレイフェア2008（Playfair 2008）の報告書では、二〇〇八年北京オリンピックの公式グッズの製造を認可された中国の四つの工場における不穏な傾向が明らかになった。違反行為には、「児童労働、過剰な労働時間、日常的な賃金の過少払い、中国の労働法のあからさまな無視」が含まれていた。報告書はIOCに対し、オリンピックに関連するすべての企業が「オリンピックの理想を完全に遵守する」ことを保証するための「仕組みを整える」よう促した（Playfair, 2008, p. 29）。これはNGOが日常的に行っている訴えであり、オリンピック憲章で言及されている理想や価値観が、実際にIOCの意思決定の原動力になっていると明らかに信じているからである。過去三〇年間のオリンピック産業の記録を見ると、彼らの信頼は見当違いであることがわかる。

二〇二二年のサッカーW杯の開催地となるカタールは、労働者の死亡事故の中で最も悪質な違反者として際立っており、二〇一五年のITUC報告書では、「近代の奴隷」と呼ばれる労働者の犠牲を記録している。カタール独自の政府統計によると、毎年約一〇九一人の出稼ぎ労働者が死亡しており、ITUCは二〇二二年までに七〇〇〇人以上の労働者が死亡すると予測している（ITUC, 2015, p. 25）。国際サッカー連盟（FIFA）はカタールをW杯開催地に選んだことで広く批判されたが、カタールのオリンピック推進者は、いつか首都ドーハでオリンピックが開催できるという希望を持ち続けていた。二〇一六年と二〇二〇年のドーハ大会の招致に失敗した後、二〇二八年大会の招致を検討した。カタール国内オリンピック委員会（NOC）の関係者の説明にように、ドーハにはW杯のスタジアムをはじめ、二〇一九年の国際陸上連盟（IAAF）世界選手権や二〇二三年の国際水泳連盟（FINA）世界水泳選手権の会場など、オリンピック水準の施設が整っていた。二〇一九年だけでも、カタールでは五八の主要なスポーツイベントが開催され、FINA、IAAF、国際バスケットボール連盟、国際テニス連盟が合計九つの国際大会を開催している（Get ready, 2019）。

カタールにおける労働者の搾取と虐待については十分に明文化されており、主要な国際連盟のすべてがその事実をよく知りながらカタールを選定したことは明らかである。さらに、ほとんどの場合、労働者保護法が優れている他の候補国があり、それを選ぶこともできた。IOCやFIFAと同様に、これらの国際連盟の指導者は、カタール、ソチ、北京などの都市の組織委員会の方が、アテネやアトランタの組織委員会よりも効率的であることを認識し、厳密に現実的なアプローチを取ったのかもしれない。

リオとソチの建設

スポーツのメガイベントが開催される都市では、移民労働者の搾取が慢性的な問題となっている。リオでは、二〇一四年W杯や二〇一六年オリンピックの会場やインフラを建設するために、主催者が移民労働者の流入に頼っていたため、労働者の搾取と安全性に関する懸念が生じた。二〇一六年のオリンピック開会式を数カ月後に控え、ブラジルはここ一〇〇年以上の間で最悪の不況に見舞われていた。同時に、国際労働機関（ILO）の同国の反奴隷プログラム・コーディネーターは、いわゆる「ダーティー・リスト」（奴隷労働を利用している企業の名前を挙げて恥をかかせること）が一時停止された際に、現代の奴隷制度が増加することを警告していた（Douglas, 2016）。

独裁政権ではありがちなことだが、ソチでは二〇〇七年から二〇一四年までの間、二〇一四年冬季オリンピックの建設中に、移民労働者の搾取が慢性的な問題となっていた。ヒューマン・ライツ・ウォッチ（HRW）の二〇一三年の報告書「底辺へのレース」では、賃金の遅延や未払い、身分証明書の差し押さえ、契約書の提示漏れ、過重な労働時間、過密な住居、不十分な食事など、移民労働者が被ったさまざまな虐待が明らかになっている。労働者が苦情をいうと、雇用者は当局に訴え、労働者らはロシアから追放された。HRWは多くの雇用者に連絡を取り、懸念事項を調査するとの確約を得た場合もあれば、労働法に違反していないとの回答を得た場合もあった（Human Rights Watch, 2013）。

二〇〇八年のプレイフェア（Playfair）と同様に、二〇一三年のHRW報告書の執筆者は、オリンピック憲章がオリンピズムと「人間の尊厳の維持に関わる平和的な社会の促進」に言及していることを引き合いに出している。しかし、HRWはさらに厳しい姿勢をとり、IOC調整委員会が労働者の権利やその他の人権保護に対する期待を公表しようとしていなかったと述べた。要するに、監督が嘆かわしいほどできていないために、オリンピックの建設現場で働く労働者に深刻な結果をもたらしているのである。

東京オリンピック建設

日本では、東京2020オリンピック開催が決まった時点ですでに出稼ぎ労働者の制度を導入していた。一九九三年に創設された日本の「技能実習生制度」は、二〇一八年までに出稼ぎ労働者の数を倍増させ、そのほとんどがブラジル、ペルー、ベトナム、東南アジア諸国からの出稼ぎ労働者であったが、これらのいわゆる「実習生」は二〇〇九年まで労働法上の保護を受けていなかった。法改正後も、彼らは低賃金の建設業で搾取され続け、特に東京2020オリンピック開催前の七年間はオリンピック会場やインフラの整備に従事していた（Okunuki, 2014）。

国際建設林業労働組合連盟（ＢＷＩＮＴ）の調査員は、「東京２０２０夏季大会のダークサイド（The Dark Side of the Tokyo 2020 Summer Olympics）」と題した二〇一九年の報告書の中で、オリンピック建設労働者の「恐怖の文化」、過重労働、実習生への虐待、そして「正義への不十分な救済」に焦点を当て、現場で死亡した二名に関する懸念も取り上げた。移民労働者は特に脆弱《ぜいじゃく》な立場であり、安全基準の低さや言葉の壁を経験していた。スタジアム建設労働者とコミュニケーションを取ろうとする組合の指導者は、嫌がらせや脅迫を受けたと報告している（BWINT, 2019）。

ＢＷＩＮＴの報告書の公表を受けて、ジュネーブのスポーツ人権センター #sportand-rights（ＣＳＨＲ）は、ＩＯＣと東京組織委員会に労働者の安全性を調査するよう求めた。しかし、国際反オリンピック・ネットワークの英国支部である反オリンピック（@counterOlympics）が指摘したように、二〇一九年五月二六日のツイートでは、東京組織委員会がＣＳＨＲの諮問委員会のメンバーリストに入っている。利益相反の可能性を示唆し、反オリンピックは「#sportandrights は東京２０２０で労働条件について何かいったのか」と問うた。ＣＳＨＲの諮問委員会は、国際競技連盟（ＩＦ）や企業スポンサーを含むさまざまな利益団体を代表しているが、いずれも人権の希望の光とは表現できるような存在ではない。

現実と想像のレガシー

一般的に相続や贈与として定義される「レガシー」という言葉は、ほとんど、あるいはまったくコストがかからないという意味を暗に含んでいる。これは、オリンピック推進者が、オリンピックが経済的にプラスの結果を保証すると納税者を説得する際に有効な口実である。実際には、オリンピック関連の建設やインフラは、開催都市、州や県、国の納税者が生み出す公的資金に大きく依存している。二〇〇〇年シドニー大会の場合、予算総額の約半分を公金が占めていた（Lenskyj, 2002）。

一般にカナダのＩＯＣメンバーであるリチャード・パウンドによるものといわれる資金調達の説明では、開催都市が宴会場を提供し、ＩＯＣが宴会を開催する。『レポート・オン・ビジネス（Report on Business）』誌に引用された記事で、彼は損益問題を次のように説明した。

> それは、モントリオールの場合のように、インフラがオリンピックのコストとされるか、あるいはコストが通常の会計処理に基づき、資産の耐用年数にわたって償却されるかによる。（Grange, 2000, p. 30）

無用の長物である会場がいつものレガシーである場合、「資産の耐用年数」はおそらく最小限にとどまるだろう。

一九八八年以来、ＩＯＣは入札都市に対して、運営費と長期的な資本コストを別々に管理するよう求めてきた。しかし、ガーディアン紙のジャーナリスト、オーウェン・ギブソンが指摘しているように、

> ＩＯＣは、運営予算とその上の任意のインフラ投資を区別する必要性について、いくらでも議論することができる。しかし、ほとんどの都市が耳を貸さなくなって久しく、この二つの数字はマシな場合でも重なり合うものとして、最悪の場合は区別がつかないものだとみなされている。（Gibson, 2014）

実際には、インフラは「任意」ではない。なぜなら、空港、高速道路、公共交通機関の改善計画がIOCにとって満足のいくものでなければ、都市の入札が成功する可能性は低く、また、既存の施設に頼った招致でも、ライバルが「最先端」の会場を約束した場合、落札される可能性は低いからだ。「改革された」IOCの二〇一四年戦略計画「アジェンダ2020」は、入札プロセスをより安く簡単にすることを約束したが、環境的に持続可能な原則に反して、「長期的なレガシーの必要性が存在しないか、または正当化できる場合」に限り、一時的または取り外し可能な施設を使用することを認めている(Olympic Agenda, 2014)。同文書では、大会開催の七年以上前に建設された会場は「最先端」とはみなされないかもしれないにもかかわらず、既存の施設を利用することは強みだとしている。つまり、IOCは、環境原則へのアプローチと入札の評価において、数え切れないほどの一貫性のなさと矛盾を露呈しているのである。

新規施設、既存施設、仮設施設の問題では、IOCが二〇一二年ロンドンを選んだことで、このような矛盾がいくつか明らかになった。マドリードには二四の既存施設があり、一一の新規施設の建設が計画されていたが、いずれも仮設のものではなかった。モスクワも同様に設備が整っており、既存の施設が二三、新規の施設が七、仮設の施設が四となっている。ロンドンは、既存の施設が一五しかなく、一八の新しい施設が計画されていたが、そのうちの九つは仮設のものであった(Report of the IOC, 2005)。ロンドンの招致で、オリンピック建設用地確保のために将来的にコミュニティが強制退去させられると予測されていた事実は、IOCにとって明らかに問題とされていなかった。

レガシー——メディアの歪み

世界のテレビやオンラインの情報源は、アスリートの「逆境を乗り越えての勝利」の話から、開催都市が享受するであろうレガシーの恩恵についての白熱した説明まで、オリンピックに関するあらゆることについてのポジティブなメッセージを発信する上で中心的な役割を果たしている。対照的に、欧米の主流メディアは、例えば北京2008、リオ2016、平昌2018など、欧米以外の国のオリンピック準備が失敗に終わった話を楽しみにしているが、2000シドニーと2012ロンドン大会については、他人の不幸を喜ぶような批判的な扱いをあまりしないようにしていたことが明らかだった。同様に、放棄された施設や廃墟《はいきょ》となった施設の「レガシー」は、欧米のジャーナリスト、特に「廃墟ポルノ」と呼ぶにふさわしい写真のジャンルを受け入れる人たちにとっては、安易な選択肢となり、例えば、北京についてのニューヨークタイムスの記事（McDonald, 2010; Wines, 2010）、アテネと北京についてのトロントスター紙の記事（Dale, 2012）、二〇一七年のビジネスインサイダーの写真シリーズなどである（Davis, 2017b）。「放置された世界のオリンピック会場」と題された二〇一四年のABCニュース（米国）の記事では、崩れかかった建物や雑草に覆われた競技場などを報道するにあたり、最近の開催都市であるアトランタ、トリノ、北京、ロンドン（二〇一二年）、ソチ、リオに加えて、ベルリン（一九三六年）とロンドン（一九四八年）も歴史をさかのぼって取り上げている（Abandoned, 2014）。

多くの報道と同様に、ビジネスインサイダーは、米国外のホスト都市——サラエボ、アテネ、北京、トリノ——に対して、最も批判的で、時に辛辣《しんらつ》なコメントをしていた。ひび割れたプールや廃墟と化した特別観覧席の写真は、この手の報道の定番であり、決まってオリンピック後の施設の維持管理や使用を計画しなかった責任は、地元の政治家や主催者だけにあるとほのめかし、その一方で、オリンピック産業自体は非難を免れる。記事には、放置された施設や汚染されたビーチを示す、二〇一六年のリオの余波の写真二〇枚が掲載されていたが、ブラジルが大会の準備をしていた二〇一六年以前の七年間の政治的・経済的危機については言及されていなかった。

ＩＯＣがリオを二〇一六年大会に選んだ二〇〇九年には、ブラジルの地位は比較的安定していた。ロシア、インド、中国と並び、ブラジルは経済が急成長しており、四カ国合わせて世界のＧＤＰの二五％近くを占めていた。二〇〇三年から二〇一〇年までのルーラ・ダ・シルバ大統領時代には、ブラジル経済は拡大し、貧困と格差は縮小した。二〇一四年のＦＩＦＡＷ杯と二〇一六年のオリンピックにリオが選ばれたことで、世界的な金融危機に直面してもブラジルは事態を楽観視していた。しかし、二〇一四年までには、ゼロ成長、増大する赤字、汚職スキャンダルが深刻な懸念材料となっており、ブラジルの「機能不全政治システム」を指摘するコメンテーターもいた（Helfand & Buainain, 2016）。壊滅的なジカウイルスの被害は、すでに打ちのめされていた都市と国に新たな後退をもたらした。それにもかかわらず、典型的なオリンピック産業の誇大広告では、新しい公共交通機関システムは、オリンピック前の一八％と比較して、現在六三％の住民の利用を可能にしたと主張し、バッハはリオの「レガシー」を熱狂的に擁護した。ＡＰリオのジャーナリストで、このトピックに関する本の著者であるジュリアナ・バルバッサは、これらの数字はいんちきで、既存の「強固な」システムに少しの拡張を加えることは、裕福な地域の住民の役には立っても、大半の市民には役に立たなかったと主張した（Hersh, 2017）。

リオの問題をさらに深刻にしたのは、いわゆるファベーラの「平和工作」が行われたことで、警察が強制的に住民を追い出したり、政府の命令で近隣地域全体を取り壊したりするなどした。オリンピック開催によって悪化した住宅とホームレスの危機に関連して、ビジネスインサイダーの写真シリーズに掲載された無人の元選手村は、記事が無視した重要なストーリーを語っている。三六〇〇戸の「高級マンション」のうち、わずか七％しか売れなかったと報じたが、その主な原因が不況、住宅危機、二つのスポーツ・メガイベントが大きな引き金となったジェントリフィケーションにあることを認めなかったのだ（Gaffney, 2016)。

その四年前には、二〇一二年のロンドンで選手を収容したオリンピック村は、大きく異なる運命をたどった。二〇一一年、オリンピック会場建設委員会は、シェイク・ハマドが率い、カタールを支配する一族が所有する不動産会社に五億五七〇〇万ポンドで建物を売却し、納税者に二億七五〇〇万ポンドの負担を負わせた。いうまでもなく、すでに手頃な価格の住宅としてトライアスロンホームズ社に販売されていた住宅を除いて、カタールのシェアの大部分と、隣接する土地に計画された新しい住宅も同様に、市場価値で販売される住宅だった。この取引を擁護するために、ジェレミー・ハント文化長官は、「納税者に大きなリターンとなり、また我々がどのように遺産を確保しているかを示す素晴らしい取引だ」と述べた（Kollewe, 2011)。取引が成功した話を広げて、彼は「選手村は新たな活気に満ちた東ロンドンのコミュニティの目玉になるだろう」と予測してみせた（Wagg, 2015, p. 188)。おそらく、「素晴らしい」や「活気に満ちた」といった言葉は、高級化した地区とブルジョアの遊び場という明らかな結果を隠すためのものだろう。

ビジネスインサイダー紙が掲載した北京の写真一五枚は、アテネの写真二三枚と同じ「廃墟ポルノ」のテーマを踏襲しており、オリンピック後に使用されず放置されていた高価な施設、そして市や国の政府に責任があるという暗黙のメッセージが込められている。一九八四年の冬季オリンピックの開催地である旧ユーゴスラビアのサラエボの写真一三枚には、一九九二年から一九九五年にかけてのボスニア戦争の結果、いくつかの施設が軍のために「再利用」されたという事実についての言及が散見された。トリノの運命について、この記事は、一〇〇〇人以上の移民や難民が選手村に収容されていたことに言及している。その記事にリンクされたビジネスインサイダーの記事によると、これらは、それまでイタリアの移民プログラムが終了した後に放棄された、「粗末に建てられた」アパートに入居していた人々である（Davis, 2017a）。

この記事は、一九九六年アトランタオリンピックに最小限のスペースを割き、そこにはオリンピックでは野球会場となった、当時築三二年のアトランタ・フルトン郡のスタジアムが一九九七年に解体された時の写真が一枚掲載されている。スタジアムは、野球場に改装されたターナー・フィールド（旧センテニアル・オリンピック・スタジアム）の駐車場を作るために解体されたのである。二枚目の写真は、聖火台が「ハイウェイを所在なげに見下ろし」ている様子を写したが、廃墟の状態ではなかった（聖火台は実際には所在なげにしているのではなく、ターナー・フィールドと駐車場を見下ろしていた）。アトランタの例は、米国以外のホスト都市と比較すると、深刻な放置や放棄があることを見せられなかった。

これはおそらく意図したものではなかったと思われるが、これらの写真は、スポーツ施設の本物のレガシーという問題についての、ＩＯＣと組織委員会の説明責任の欠如と怠慢を示す明確な証拠を提供している。さらに、ＩＯＣが環境原則を導入した後に開催された大会の場合、北京やリオなどでのその後の環境破壊は、ＩＯＣ側の相変わらずの監督不行き届きを示すものだ。ビジネスインサイダーのジャーナリストの目的が、将来のオリンピック招致を支援するビジネスパーソンを落胆させることだったとすれば、おそらく成功しただろうが、彼の「被害者のせいにする」論調は、施設が放置される要因の一つとなった内戦、世界的不況、緊縮財政プログラムなどの重大な外的要因を一般的に無視してしまっている。

二〇〇〇年シドニー大会は、このようなビフォーアフターのフォトストーリーにはほとんど登場していない。大会から八年後、州政府はオリンピックパークの大通りをV８スーパーカーのサーキットに改造することを認める法律を急いで制定したが、その後何百本もの樹木が伐採され、公害や騒音による環境破壊が起こったことなどお構いなしだった（Tree felling, 2008）。二〇一四年のオリンピックの数カ月後には、ソチでもＦ１グランプリが開催された。ミラーが二〇一八年の著書『グリーンウオッシング・スポーツ』で明らかにしているように、モーターレースは「企業の非持続可能性、ハイパーマスキュリンなリスクテイキング、テクノロジー幻想の美化」と密接に結びつき、「ほとんどのスポーツは環境を劣化させるが、あからさまにその根本的要素であることはまれである」（Miller, 2018, p. 40, 41）。オリンピックの主催者は通常、リサイクル水、生分解性素材、電気自動車など、環境に配慮したいくつかの注目度の高い特徴に国民の注意を向けるが、大会が街を離れると、進行中の環境問題から手を引いていく。

このようなビフォーアフター記事は、誇張したレガシーが空っぽであることの明確な証拠を見せてくれる。すなわち、カヌー・カヤックセンター、ソフトボール・野球場、ビーチバレー会場、テニスセンター、ボブスレー・トラック、自転車競技場（競輪場）など、オリンピック後には地元住民にはほとんど、あるいはまったくメリットのない新設のスポーツ施設の例は数え切れないほどある。時と場所が適切であれば、これらの施設のいくつかは、地元のニーズや関心を満たすことができたかもしれないが、最近の開催都市のほとんどにおいて、そのような結果にはなっていない。

結論

スポーツ競技と開催都市を飾る最先端の会場に世界の注目が集まる一方で、低所得者やエスニックマイノリティのコミュニティの強制退去、貧困の犯罪化、人権侵害、移民労働者の搾取といった人間の苦しみは、それに値する注目を浴びることがない。欧米メディアがオリンピック後の都市における「廃墟ポルノ」にばかり注目することで、約束したレガシーを残すことにオリンピック産業が全体的に失敗していることから注意を逸らす役割を果たしてしまっているのである。

第5章　改革――「名声を取り戻す」

通常営業

贈収賄スキャンダル以来、オリンピック産業は公衆の注目をアスリートとスポーツに集めることに躍起になったが、舞台裏では、国際オリンピック委員会（ＩＯＣ）と招致側、そして組織委員会の内部で、贈収賄と汚職とが続いている。犯人が特定されて処罰される場合もあれば、疑わしい取引にもかかわらず、通常のビジネスとして扱われる場合もある。例えば、元英国首相のトニー・ブレアは、ロンドンの二〇一二年オリンピックを勝ち取る上で彼が果たした重要な役割について説明している。彼の回顧録『私の旅――私の政治生活』によると、二〇〇五年の選考過程で、彼の「友人」であるイタリアの首相シルヴィオ・ベルルスコーニを私的に訪問し、ベルルスコーニはイタリアのＩＯＣメンバーがロンドンの招致を支持することを彼に保証したという（Blair, 2010, p. 546）。

バンクーバー２０１０招致委員会のＣＥＯであるジョン・ファーロングは、二〇一〇年の開催都市が選ばれた二〇〇三年のＩＯＣ会議について、同じように隠そうともせず説明した。彼の著作である『パトリオット・ハーツ』の中で、彼はロシアの寡頭政治家ユーリ・ルシコフに、二〇一〇年のバンクーバーの招致を支持する三人のロシアIOCメンバーの投票と引き換えに、ソチが二〇一四年冬季オリンピックを確保するためにバンクーバーの戦略の詳細を提供することを約束したと述べている(Furlong & Mason, 2011, pp. 46-47)。ファーロングは、この取引は「違法でも非倫理的」でもないと主張した。申し立てを受けたIOCは大雑把な調査を行い、招致都市は「オリンピック関係者」として明確に認識されているため倫理規定の対象となるにもかかわらず、招致委員会の責任者であるファーロングはIOCの倫理規定にしばられないと結論付けた(Berkes, 2011; IOC clears, 2011)。改革された「オリンピック・ムーブメント」から考えると、気がかりなことは非倫理的な行動だけでなく、各人が自身の行動について自己満悦のような説明を公表しても、それによってネガティブな結果にならないと確信していることである(それは結果的に正しかった)。

ファーロング回顧録には、コース試走中に死亡したジョージアのリュージュ選手ノダル・クマリタシビリへの対応についても記されている。彼はショックと共感を表現するとともに、「これがオリンピックなのであり、スポーツとはこういうものだ」というメッセージを思いつき、アスリートとカナダ国民の記憶に残るように現実的なダメージコントロールを図った(Furlong, 2011)。その後の検死官の報告では、クマリタシビリの死は事故であることが判明したが、二〇〇九年のオリンピックテストイベント後に行われた国際連盟によるトラック施設についての評価に触れ、特に、速度の「設計と計算の誤り」と氷の面と防護壁になされた調整の不十分さに関する懸念についても言及され(Ministry, 2010)、過失の可能性が示唆されている。その当時、オリンピック産業の最大の関心事は「ショーは今やめるわけにはいかない」というありふれた対応に頼ることだった。

別のオリンピック役員であったミット・ロムニーの回顧録、『方向転換——危機、リーダーシップ、オリンピック』は、贈収賄スキャンダルにスポットライトを当て、二〇〇二年ソルトレイクシティ（SLC）オリンピック組織委員会の委員長としての自身の功名を売り込んだ。モルモン教の本部である都市がスキャンダルの中心となるのは問題だったが、ロムニーが説明したように、彼の「より高い目的」は「評判を回復すること、世界への米国の義務を果たすこと、そして競技者の利益のためにオリンピックを復活させること」という理想主義に基づいたものであった（Romney & Robinson, 2004, p. ix）。批評家が後に述べたように、ロムニーが二〇一二年の米国大統領選挙で共和党候補に立候補した際には、ロムニーの個人的な「オリンピックの物語」と実績の証明は彼の政治的野心に役立った（Shear, 2012）。

ガバナンス

IOCは、「柔軟性」を新しいキャッチフレーズに、世界と歩調を合わせていると主張している。オリンピック産業がプロアクティブである、または広範な社会文化的変化に遅れてはいないという程度はわずかばかりのものである。オリンピック産業はゆっくりと、しぶしぶ外圧に反応し、後手後手にまわる可能性の方が高い。IOCという組織は、平均年齢が約六〇歳の男性とわずかな女性で構成されている。一九九九年以前に選出されたメンバーは八〇歳になるまで退職する必要はなく、有力なメンバーとして、クレイグ・リーディ、アニタ・デフランツ、デニス・オズワルド、リチャード・パウンド、元会長のジャック・ロゲ、そして現在の会長トーマス・バッハがいる。一九九九年に承認された新しい年齢制限では、現在の会員数の約半分を占める他のメンバーは七〇歳で退職する必要があり、会長の一二年間の任期制も導入された。当時、サマランチは自身の二一年間の会長職の一九年目であり、自分の前途を左右する節目であった。

年齢制限はしばしばないがしろにされる。二〇一四年、IOCは日本のオリンピック委員会会長でありIOCメンバーの竹田恒和が二〇二〇年東京オリンピックの開催まで残留することを可決した。二〇一九年のIOC総会では、三人のメンバーの任期が七〇歳の年齢制限を超えて延長された――法務委員会委員長としての「重要な役割」への褒賞としてジョン・コーツ、世界アンチ・ドーピング機構(WADA)におけるIOC代表としての「重要な役割」に対してウグル・エルデナー(トルコ)、そしてセネガルの国内オリンピック委員会(NOC)の会長として、ダカールでの二〇二二年ユースオリンピックの責任者であったママドゥ・ンダイェ(IOC Session, 2019)。

同じ二〇一九年のIOC総会は、一〇名の男女が新メンバーとなった。そのうちの二人、ギリシャのスピロス・カプラロスとインドのナリンダー・バトラは、やや汚点のある経歴の持ち主だった。カプラロスは二〇一二年ロンドンオリンピックの闇市場のチケット販売に関してIOC倫理委員会から警告を受けていたにもかかわらず、新メンバーの中で最も多くの票を獲得した。バトラは、二〇一七年に、性的暴行を行ったとされるインド人アスリートを尋問した英国の警察をフェイスブックで批判したことによって国際ホッケー連盟から懲戒処分を受けていた。七年前の警告が「永遠の排除を意味するものではない」という理由で、バッハはカプラロスの選出を擁護した(Morgan, 2019f)。発表されたプロフィールによると、八名の新メンバーはスポーツ管理の経験をもつが、コスタリカの元大統領とクレディ・スイス・グループのCEOの二人はそういった経歴はない。現在、IOC委員全体の約三分の一がオリンピック選手の経歴があり、他の多くはそれほど高くはないレベルでスポーツをしたり、スポーツ経営の経験をしている。一方、王室や力のあるビジネス界から選ばれた委員もいるようだ。

IOC委員会は人数と構成を変えるという手をよく使うが、見過ごされはしない。他の官僚組織と同じく、最も人数の多い委員会は最も弱小という傾向がある。二〇一九年のリストはこの傾向を反映しており、財務委員会三名、人事四名、法務六名、倫理八名、テレビ・マーケティング八名となっている。これらの強い影響力をもつ委員会とは対照的に、アスリート・アントラージュ三七名、スポーツとアクティブな社会三七名、スポーツにおける女性三五名、持続可能性とレガシー三四名、スポーツによる公共問題と社会開発二九名、オリンピック教育二七名、文化とオリンピック遺産二六名（IOC Commissions, 2019）は、力は限られているものの、社会の変化に対応する組織としてのオリンピック産業のイメージを補強している。数名が複数の委員会に参加し、有名人や「お抱え」の大学研究者がいたるところに配置されていた。ある評論家が指摘したように、アスリート・アントラージュ委員会［＊1］は二〇一二年以降一一名から三七名に増え、二〇一八年の総委員数が四一九名であったが、委員長の男女比率は五対一だった。この外からの見た目を良くするために増員する傾向は、多くの委員会の効果を低下させるだけでなく、会議を開催するためのコストを増やすことになる（Owen, 2018）。

贈収賄と汚職の増加

二〇一七年、ブラジルのNOC会長でありニ〇一六年のリオ組織委員会委員長のカルロス・ヌズマンは、汚職、マネーロンダリング、その他の違反行為で起訴された。関連するスキャンダルでは、多くの

＊1　日本オリンピック委員会は、この委員会について、「『アントラージュ』とはフランス語で取り巻き、環境という意味で、競技環境を整備し、アスリートがパフォーマンスを最大限発揮できるように連携協力する関係者のこと」と説明している。参照：https://www.joc.or.jp/about/entourage/

ブラジルの政治家と大手建設会社オデブレヒトの経営者らが、オリンピックとW杯の六つのスタジアムの契約に関連して贈収賄の罪に問われた。リオの社会学者によって、この規模の贈収賄がどのようにまかり通ったか説明されている。何十年もの間、国は腐敗に悩ませられてきた。そして、「このように長期間にわたり、多くの人々と多くの金が絡むことによって、横領ははるかに簡単に行われるようになる」(Genot, 2017) のだ。同様に重要なことは、オリンピック関連の建設を七年間にわたって監視する責務を負うIOC調整委員会のメンバーがこの問題を明らかに見過ごしていたことだ。

リオの当時の市長エドゥアルド・パエスも、オデブレヒト贈収賄の画策における彼の役割について調査されたが、起訴されなかった。米国の調査報道ジャーナリスト、デイブ・ザイリンがスキャンダルについて追求した際、パエスは市(州または連邦政府とは対照的に)によって行われた建設には腐敗がないことを保証した。同じごまかし方で、パエスは、オリンピック・レガシーとして宣伝資料に記載されながら大きな波によって破壊されてしまった海辺の自転車道の問題から逃げた。彼は、その道は「オリンピックとは何の関係もない」と主張したのだった。ザイリンは、粗悪な建設問題と同様に、パエスと家族経営の建設会社のメンバー一人が市で働き、彼のキャンペーンマネージャーだったことがあるという密接な関係についての疑惑を指摘している。オリンピック産業の汚職の典型的な事例として、ザイリンは「オリンピックはその性質から、貪欲な請負業者と意志の弱い政治指導者を引き寄せる猫じゃらし」であると結論付けた(Zirin, 2017)。

リオデジャネイロの元知事セルジオ・カブラルは二〇一六年に汚職容疑で逮捕され、その後約二〇〇年の刑を宣告された。その際、二〇一九年の証言における司法取引の一環として、二〇一六年のオリンピックへのリオの招致を支持する最大九票を買い集めるために、セネガルのIOCメンバーであるラミン・ディアックに対してヌズマンを通じて二〇〇万ドルを支払ったことが明らかになった。賄賂を受け取っていた二人のIOCメンバー、アレクサンドル・ポポフとセルゲイ・ブブカが名指しされたが、カブラルの主張はその後、全面的に否定された（Panja, 2019）。

二〇一九年、日本のIOCメンバーであり、日本のNOCの会長である竹田恒和は、二〇二〇年オリンピックでの東京の招致成功に関連して贈賄の疑いで告発された。リオと東京の両方で、日本最大の広告・マーケティング会社である電通が関与したとされている。竹田は申し立てを否定し、シンガポールのコンサルティング会社であるブラック・タイディングス社への約二〇〇万ドルの支払いは認めたが、意思決定には関与しなかったと主張した。ブラック・タイディングス社は、ラミン・ディアックと彼の息子のパパ・マッサタ・ディアックと関係があった。二〇一八年、韓国の元大統領であるイ・ミョンバク（李明博）は、平昌の招致への支援と引き換えに、サムスンの会長でありIOCのメンバーであるイ・ゴンヒ（李健煕）を赦免《しゃめん》し、オリンピックの公式スポンサーであるサムスンはディアックの助けを借りてアフリカの票の取りまとめに尽力したとされている（Report alleges, 2018）。IOCのメンバーであるフランク・フレデリックス（ナミビア）は、リオ招致への投票買収の容疑で資格停止され、ヌズマンは名誉会員を停止され、竹田は辞任となった。

ラミン・ディアックが国際陸上競技連盟（IAAF）会長であった二〇一五年、フランス当局はディアック親子両方の調査を開始した。ラミンは、ロシアのドーピングを隠蔽する代わりに賄賂を受け取った汚職で起訴された。彼は暫定的にIOC委員を停止され、その後辞任した。パリ警察は二〇一五年に彼を自宅拘禁とした。パパ・マッサタ・ディアックは、二〇一六年以降、汚職、マネーロンダリング、その他の容疑で国際刑事警察機構（インターポール）の最重要指名手配リストに載っているが、今日まで当局の手を逃れ、セネガル政府は彼を引き渡すことを拒否している。にもかかわらず、この汚職スキャンダルの真っ只中の二〇一八年に、ＩＯＣは二〇二二年のユースオリンピックをセネガルの首都ダカールに授与するという決定を下し、人々を困惑させた。ドイツ連邦議会のスポーツ委員会委員長であるダグマー・フレイタグは、セネガルとディアックとの関係についてＩＯＣが報いているように見えることを「理解不能」だと述べた（The indictment, 2019）。別のＩＯＣメンバーであるクレイグ・リーディ（英国）は、二〇一九年のＩＯＣ総会で、ディアックスキャンダルについてバッハに問いただした。バッハはこの問題について屁理屈をこね、「私たちのパートナーはＮＯＣだ……これは司法調査とは関係ない……」（Morgan, 2019e）のだから、ディアックの裁判はダカール・ユースオリンピックとは無関係であると強調した。

ＩＯＣ倫理委員会は最新のスキャンダルについてコメントし、ＩＯＣメンバーの犯罪行為について司法調査を行った当局は、ＩＯＣが関係者を制裁することを可能にする証拠を共有する必要がないことについて、こういったケースにおいては「ＩＯＣとオリンピック・ムーブメントは不正行為の**犠牲者**である」（Morgan, 2019d, 強調追加）と不満を表明した。ＩＯＣは、スポーツ例外主義の論理によれば、自らが裁判官、陪審員、執行人となる資格があると感じていることは確かである。

ディアックの調査を継続し、二〇一九年、フランス当局は国家ぐるみのドーピングへの関与のために生涯にわたって関与を禁止されていたロシアの元陸上競技の責任者とナショナルチームのコーチ、さらにラミン・ディアックの元法務顧問のハビブ・シセとＩＡＡＦのアンチ・ドーピング部門の元ディレクターであったガブリエル・ドレを逮捕した。「控え目コンテスト」で受賞できそうな表現で、ドイツの陸上競技の理事は、脅迫、買収、マネーロンダリング、信頼の侵害、および組織犯罪への関与を含む彼らの容疑は「スポーツの理想と両立しない」と述べた（Seppelt, Butler, & Mebus, 2019）。ＩＡＡＦ倫理委員会は、二〇一九年九月にシセに生涯にわたる差し止めを科した。

ＩＡＡＦ会長、セブ・コー

ラミン・ディアックは、自身が厳選した後任であるセブ・コーが二〇一五年八月にＩＡＡＦの会長を引き継ぐまで影響を与え続けた。彼らの相思相愛ぶりは明らかで、コーの就任演説ではディアックを陸上競技の「精神的なリーダー」と述べている。一九九九年以来、会長のディアックは、反対勢力のない選挙で四回勝ち続け、その権力の大きさを明確に示している。コーは中距離ランナーとして、一九八〇年と一九八四年のオリンピックで金メダル獲得という輝かしい実績をもち、数十年にわたってオリンピック産業の中枢部で良好な地位を築いてきた。ソウルオリンピックの一九八八年、彼は病気によってトレーニングを中断し、英国チームの代表に選ばれなかった。コーの有力な友人の一人であるＩＯＣのサマランチ会長は、コーがソウルに出場できるようにルール変更を画策したが失敗に終わった（Balding, 2005）。

ディアックは舞台裏で力を振るい続け、ＩＡＡＦは二〇二一年の世界選手権の主催地として、二〇一五年四月の投票において、驚いたことにディアックのお気に入りの候補であるオレゴン州ユージーンを選択した。この州は、アメリカ人のランニングを促進するために二〇〇一年に設立されたナイキのオレゴンプロジェクトの本拠地である。二〇一九年九月に創設者でありコーチであったアルベルト・サラザールがドーピング違反による四年間の資格停止処分を受けたことが世界的に注目され、その後オレゴンプロジェクトは閉鎖された。スウェーデンのヨーテボリが関心を示したにもかかわらず、二〇二一年の大会には正式な招致活動が行われなかった。投票の時点で、コーは一九七〇年代からナイキ・アンバサダーとして年間一〇万ポンドを稼いでおり、彼はそのポジションをしぶしぶ辞任した。BBCは、ナイキの幹部からオレゴンの招致チームメンバーに送られたメールを入手した。これは、コーがオレゴンに代わってロビー活動を行ったことを示すものだった（Daly & McKay, 2015）。利益相反は依然としてオリンピック産業のビジネスの定番であることは明らかである。

コーはメールのトラブルを抱えやすいようで、英国議会のデジタル・文化・メディア・スポーツ省（DCMS）特別委員会によるドーピング問題への調査の中で、また別の「論争を巻き起こすメール」の詳細が明らかになった（House of Commons, 2018）。二〇一五年、フランスのル・モンド紙は、IAAFの副事務局長でありコーの同盟者であるニック・デイヴィスから当時のIAAFマーケティング担当役員であったパパ・マッサタに宛てた、七月一九日付の漏洩メールをすっぱ抜いた。そのメールは、デイヴィスが、ドーピングしているロシアのアスリートの氏名の公表を、三週間後にモスクワで開催される二〇一三年の世界選手権の後まで延期する策略を練っているというものであった。デイヴィスが説明したように、コーは「今後数週間、英国のマスコミによるロシアへの攻撃を阻止する」戦略の一環として、自身の「英国での政治的権力」を利用できたのである。その後、デイヴィスはパパ・マッサタから秘密の支払いを受けたとして起訴され、辞任した。他のメールによって、薬物検査の陽性を隠すためにロシアのアスリート、リリア・ショブホワを標的とした脅迫にコーが関与した可能性が示された。コーはメールとその添付ファイルを知らないとして否定した。予想通り、IAAF倫理委員会はコーもデイヴィスも汚職はなかったと認定し、コーの場合には証拠が不十分であるとした（IAAF Ethics, 2019）。

DCMSレポートは、ショブホワ脅迫事件が「国内または国際的なスポーツ連盟が自らを調査することができるかどうかについて懸念を引き起こした……内政がその過程に必然的に関与するという現実的な危険がある」と分かりきった指摘をした（House of Commons, 2018, §46）。IAAFの公式、非公式の対応は、やはり「スポーツ例外主義」の原則に依存していたのだった。それらのメールは、ドーピングの問題が単なる国会議員の理解を超えていることを暗示し、「誤解されているアンチ・ドーピングのより複雑な側面を説明するために議員に文書を送る」ことを親切にも申し出たのだった（IAAF head, 2018）。

二年間のDCMS調査は、スポーツにおけるドーピングの蔓延に関するドイツの放送局ARDとサンデータイムズへの内部告発者の証言によって促された。そのレポートは、世界の陸上競技におけるドーピングの知識と蔓延、英国自転車連盟（British Cycling）とチームスカイ、英国の陸上競技、スポーツにおけるドーピングの犯罪化という四つの重要な領域を扱うものだった（House of Commons, 2018）。二〇一五年八月のAP通信インタビューで、コーはメディアの容赦のない主張を「私たちのスポーツに対する宣戦布告」とぶち上げた（§16）。その後、彼は何も知らなかったと述べたことで、調査を混乱させたとして非難された。DCMSは「倫理委員会が調査を求められていた主な申し立てについて、少なくとも一般的には彼が気づいていなかったと信じることは信頼性を損ねるものだ」と報告している（§45）。

第8章と第9章で説明するが、二〇一九年までに、ディアックの腐敗とドーピングスキャンダル、およびキャスター・セメンヤの論争に直面して、IAAFが改革の必要性を感じたのは当然の成り行きである。二〇一九年六月、IAAFは「ワールドアスレティックス」という新しい名称と、勝利に挙げたアスリートの腕、アスリートの集中力、限界への挑戦、走る、跳ぶ、投げる、歩くエネルギーを象徴するイメージを抽象的に表した新しいロゴを発表した（IAAF, 2019c）が、それは、組織のガバナンスによる問題ではなく、アスリートに注意を向けさせるための必死の努力を反映したブランド再構築の活動だった。

他のスキャンダル

高い道徳性というグラウンドには、その効能を求めるオリンピック産業のプレーヤーがひしめき、大した効果もない大袈裟な言葉が容易に見つかる。二〇〇九年、パトリック・ヒッキー（アイルランド）は、ジャーナリストのインタビューに答え、IOC内ですでに「大改革」が実施され、問題の多かったサマランチを受け継いだジャック・ロゲ会長の強力なリーダーシップがあるので、世界汚職防止機関（WADAのような）の必要はないと語った（Weinreich, 2009）。二〇一九年に、IOCは二〇一六年のリオでのチケット不正転売容疑が発覚しヒッキーを停職にした。

オリンピック産業におけるチケット関連の汚職は珍しいことではない。チケットに関してはかなり以前から問題が起こっており、二〇〇〇年シドニーオリンピックの前年には、シドニー・モーニング・ヘラルド紙の調査報道ジャーナリスト、マシュー・ムーアによって、人気のある大会の最上の座席用チケット約八〇万枚が隠れて調達されていることが発覚している。これらのプレミアムチケットは、額面価格の約二・六倍もの値段でプライベートクラブの裕福なメンバーに販売されていた（Moore & AAP, 1999）。オーストラリア公正取引委員会の調査によって、組織委員会の発券ルールはいくつかの変更をすることになったが、これは当初から委員会の独立した審査の対象となっていたものである。調査結果として、透明性と管理の欠如、および監督の欠陥が示された（Clayton Utz and Deloitte Touche Tohmatst, 1999)。サマランチは、この問題を「この非常に重要なイベント」に参加することへのオーストラリア人の強い関心を反映しただけの「ちっぽけなスキャンダル」として退けた（Alcorn, 1999)。数年後、サンデータイムズ紙の調査により、ロンドン二〇一二年オリンピックの闇市場のチケットスキャンダルが露呈した。これは、ウクライナNOCの事務局長が関与して人気のオリンピック競技の何千ものチケットを販売したことを撮影したBBCの映像によって裏付けられている（Ukraine official, 2012)。二〇一九年、IOCは開催都市の売上を監視するためにチケッティング責任者の職を設けた。

二〇一九年の他の汚職ニュースでは、IOCのメンバーであり、国内オリンピック委員会の会長であるシェイク・アハマド（クウェート）に、捏造《ねつぞう》された仲裁事件で偽造罪の疑いが持ち上がり、自ら停職を科した。バッハは友人であり同盟者でもあるアフマドを擁護し、「オリンピック・ムーブメントに関して正しい行動方針をとった」と述べ、IOC幹部に対しては無罪をほのめかした。これは、ドーピングの疑いのあるアスリートは、実際にはそうでないことが証明されるまで有罪と推定されるという「厳格責任」の原則とは対照的である（Lenskyj, 2018)。

二〇一八─二〇一九年に起こった財務とガバナンスが関与する別のスキャンダルによって、東京2020のオリンピックプログラムへのボクシング導入は危うくなった。国際アマチュアボクシング連盟（AIBA）のメンバーを巻き込んだ汚職容疑には、組織犯罪、麻薬密売、物議を醸す審判などが含まれている。IOCの警告にもかかわらず、関与した男性の一人が二〇一八年にAIBA会長に選出された。連盟の財政スキャンダルにより、一六〇〇万ドルの債務が発生したが、ロシアの大富豪とAIBA理事会のメンバーは、二〇二〇年大会にボクシングを入れるためにその債務を清算することを申し出た。おそらく彼は、一筆ふるって犯罪と腐敗の歴史を一掃できると考えたのだろう。バッハは同様に傲《ごう》慢《まん》なやり方で、オリンピックのボクシングプログラムを組織することはそれほど難しいことではなく、異なる国際組織によって実施できると主張し、すべての国際組織の仕事を過小評価するコメントをした(Mulvenney, 2019)。連盟のウェブサイト〈aiba.org〉によると、ボクシングは記録に残る最も古いスポーツの一つであり、紀元前六八八年の古代オリンピックにさかのぼる。IOCがいくつかのスキャンダルによってその長い神聖な歴史を中断してしまうことはあり得ないことだった。

二〇一九年五月、IOCはAIBAを追放し、日本のIOCメンバーと国際体操連盟の渡辺守成を代表とするタスクフォースを設置して、東京2020ボクシング競技を組織した。IOCの観点からは、AIBA関連の管理者がタスクフォースを率いることを避けることが重要であり、柔道、レスリング、テコンドーなどの別の格闘競技の役員が登用されることが予想された。渡辺はメディアのインタビューで、「世界のボクシングの組織」を知らなかったことや、「多くの人々の意見」に耳を傾ける必要があることを認めた(Tarrant, 2019)。

新しい招致、新しい「価値」

IOCの新たな戦略的計画であるアジェンダ2020は、オリンピック招致への関心が低下し、コミュニティの抵抗とアスリートによるアクティビズムが活発化する最中の二〇一四年に策定された。オリンピック産業の観点からも、過去一〇年間のいわゆる改革では贈収賄と汚職を阻止できなかったという事実から注意をそらすことも同様に重要であった。

アジェンダ2020の最も重要な変更点は、より多くの都市に招致を促すためのいくつかの積極的な手立てを加えることであったが、目標は環境原則とレガシーという成果にまつわる言葉で覆い隠されていた。アジェンダ２０２０の新しい用語については、いわゆる「招待の段階」は「対話の精神」に焦点を当て、ＩＯＣと潜在的な招致都市との間で非公式の意見交換が行われ、ローザンヌでのワークショップに参加して議論し、支援を受ける。ＩＯＣがお相手はいくらでもいると自信をもって横から傍観していた以前の状況とは対照的に、招待状という表現は、ＩＯＣが潜在的な開催都市にオファーを出すという立場になったことを示唆している。招致コストを削減するための措置の中で、ＩＯＣは招致都市の代表者の旅費と宿泊費を負担し、立候補ファイルはデジタルで提出されることになった。ＩＯＣ投票の二年前、および大会の九年前に、都市は招致の正式決定を発表し、それによって「立候補の段階」に入ることになった（Olympic Agenda, 2014）。

「柔軟性」、「持続可能性」、「レガシー」は、二〇一四年のアジェンダ２０２０のキーワードであり、二〇一八年の報告書「オリンピック――ニューノーム」、および二〇二六年の招致に関する二〇一九年のガイドライン「オリンピック大会招致プロセス」全般にわたって登場する言葉である。大会の開催に関心を示す都市の数が減り続けている中で、ＩＯＣは驚くほどの柔軟性をみせ、オリンピック夏季大会競技団体連合（ＡＳＯＩＦ）によると、ニューノームはアジェンダ２０２０の実行を加速させることを意味しているという。大会に対する支払いをしぶる市民の「ポピュリスト的現実」と「権力者らの動機」に対する市民の疑念を認識したＩＯＣがその改革のプロセスを加速するように「迫られた」のだと、ＡＳＯＩＦのレポートはいみじくも指摘している（ASOIF, 2019, p. 31）。

アジェンダ２０２０は、常に道徳的意味合いを伴う「卓越性、敬意、友情、対話、多様性……フェアプレイ……平和」という価値に無数の言及をしている（Olympic Agenda, 2014, p. 4）。「ニューノーム」と立候補プロセスの文書において、価値という言葉を再定義し、価値提案という新しい概念を導入したことは重要なことである。「ニューノーム」によれば、進行中の対話、情報交換、およびコラボレーションはすべて、IOCの「さまざまな大会の価値提案に開かれていること」を伝え、「都市・地域のビジョンとレガシーおよび持続可能性の目標を達成しながら、アスリートのために優れた大会を提供するものだ」という（Olympic Games, 2018, 強調追加）。

開催都市の選定後、組織委員会とIOCは、次の目的をもって「七年間の旅」に乗り出すことになる。

> 全体的な実施モデルのコストと複雑さを軽減し、主要な利害関係者のリスクと責任をより適切に管理して、オリンピックの開催の柔軟性、効率、持続可能性を高めることにより、オリンピックおよびパラリンピックの価値提案を強化する。（Olympic Games Candidature, 2019）

「ニューノーム」レポートでは、「価値提案」に三回言及し、「価値」という新たに定義された単語が一二回使われた（Olympic Games, 2018）。IOCはあまりにもひどい金儲け志向だと思われる言葉を避けようとしたことは明らかだが、これらの文脈では、どちらの用語も単に利益のための歪曲である——「都市にとってより大きな価値を開くために」（p. 6）、「さらに多くの価値を開く……」（p. 7）、「追加の長期的価値……」（p. 10）、すべてが開催都市にいくつかの経済的利益を享受させるという約束のように聞こえる。

「グローバルオリンピックという価値の強み」

アジェンダ2020の推奨事項を推進するにあたって、IOCはいつものような広報プロジェクトを続けた。二〇一八年には、「独立した」企業であるパブリシス・スポーツ・アンド・エンターテイメントに、「オリンピックの価値のグローバルな強み」を正確に測定するよう委託した。多くのオリンピック産業の筋書き通り、ここでいう「独立」は従来の定義ではない。パブリシスは市場調査会社のようには見えないが、「業界動向に関する調査」を公開している。ウェブサイト〈publicis-se.com〉によると、その主な業務内容は、「スポーツとエンターテイメントの権利所有者がファンを理解し、引き込むことを支援する」ことと「スポーツとエンターテイメントを使用してブランドが目的を達成するのを支援する」ことだという。二〇一八年の平昌冬季オリンピックのグローバルブランドキャンペーンを実施するにあたって、IOCがパブリシスを指名したという事実を考慮すると、これはほとんど「独立」とは言えないだろう。

にもかかわらず、二〇一八年のIOCのニュースは、一六カ国三万六〇〇〇人の調査に基づくパブリシスの調査結果を誇らしげに発表した。おそらく多肢選択式の質問形式で「選択肢を与えられた場合」、回答者の九三％がオリンピックについて知っていると回答し、他のスポーツのメガイベントと比較した場合、アピールの点では最高の評価を得たが、まったく驚くような結果ではない。調査の回答者は、IOCの最も重要な役割として「スポーツを通じて平和を促進する」と「スポーツとその恩恵を促進する」を選んだ。九〇％が五輪のシンボルを認識していたが、平昌オリンピックを成功と評価したのはわずか六五％だった。グローバル、多様性、卓越性、フェアプレイ、平和、友情、包摂、若々しいなどの意味を含む「オリンピックの価値」は、二〇一六年のリオデジャネイロオリンピック以降、「強力」で

「安定」していることがわかった（Independent research, 2019）。

キッシンジャーと平和

オリンピックの価値については、二〇〇二年以来IOCの名誉会員であるヘンリー・キッシンジャーが、二〇一九年六月のロサンゼルスタイムズ紙でタイミングよく意見を述べた。タイミングがいいというのは、二〇一七年にIOCが二〇二八年オリンピックの開催都市をロサンゼルスに決めたことによって、反オリンピック活動の影響が高まっていたためである。同月、ロサンゼルスタイムズ紙が編集コメントなしで「エリック・ガルセッティ市長は二〇二八年のLAオリンピックで一〇億ドルの利益を予測」というタイトルの記事を掲載し、彼はこの数字を「非常に現実的」と述べた（Shaikin, 2019）。その一方、オルタナティブメディアであるリーズン紙の記事のタイトルは「妄想的なガルセッティロサンゼルス市長が一〇億ドルの利益を約束……」（Gillespie, 2019）だった。

キッシンジャーは「より平和な未来のために、オリンピックに目を向けよ」というエッセイにおいて、クーベルタンへの熱烈な賛辞とともに、オリンピックが共通性（commonality）、礼節、共同性、協力、相互理解、そして最後に平和の価値を促進すると主張した（Kissinger, 2019）。ソーシャルメディアでの反応は主に否定的であり、戦争犯罪者が価値観や平和についての権威として話す立場にないことを指摘する多数の投稿があった。キッシンジャーが名誉IOCメンバーシップを付与された翌年、「国際犯罪の不処罰と戦う」NGOであるトライアル・インターナショナルは、戦争犯罪の疑いによって彼の称号を剥奪《はくだつ》するようにIOCに要請し、調査報告と機密解除されたアーカイブからNGOの主張を裏付ける証拠を提供した。オリンピックのレトリックを額面通り採用する他の組織と同様に、トライアルもオリンピックの理想に言及した。IOC倫理委員会は、訴えを却下し、トライアルの記事で引用されているように、「逮捕もされていないし、有罪でもない」として決定を正当化した。

事実は、IOCの名誉会員としてのキッシンジャー氏の選出よりも前のことで、倫理委員会に対する拘束力のある司法判断の対象となったことがないため、理事会は訴えを追求しないことを決定した。(Kissinger staying, 2004)

トライアルの代表は、IOCの汚職の記録をあまりよく知らなかったようで、「この理由付けはIOCが犯罪者に開かれた組織であることを意味する」(Kissinger staying, 2004) と述べた。

未来は「柔軟」に

アジェンダ2020に書かれている「柔軟性」という呪文(マントラ)は、二〇一七年から二〇一九年にかけて繰り返された。オリンピックの指導者たちが、特に冬季大会で、招致に名乗りを上げる都市がひどく減少している状況を検討したためである。二〇一七年、IOCは「立候補プロセスの変更を承認した……それによってコストを削減し、手順を簡素化し、NOCと招致都市にさらに支援を提供する」と発表した(IOC approves, 2017)。「招待の段階」は二年間に拡大され、「NOCと都市により多くの時間を与える」ことで、IOCが潜在的な候補都市に働きかけるための「プロアクティブな役割を果たす」ことができるようになった。「立候補の段階」は一年に短縮され、「立候補のコストを大幅に削減」した。これは、バッハが説明したように、企業、政府、およびスポーツ組織に対する懐疑論の高まりという「この新しい政治的現実に対応する金と手間がかかりすぎる」ようになってきたためである。

二〇一九年の初めに、IOCはルールに反して、政府の財政的支援がないにもかかわらず、ミラノ／コルティナダンペッツォの二〇二六年冬季オリンピックの立候補を承認した。その妄信のような決定は、評価チームが訪問する前日の四月一日に、イタリア政府が開催の保証書に署名したことで報われた。もしIOCがミラノを拒否していたら、ストックホルム／オーレが唯一の候補となるところだった。委員長のオクタヴィアン・モラリウ（Octavian Morariu）は、二〇一九年三月のストックホルム／オーレへの訪問中に、アルペンスキー種目と他の会場との間の距離が最長一時間のフライトと九〇分の空港送迎時間を必要とすることについて「問題ない」としたと伝えられている。彼は「柔軟性の証明」であると説明したのだ（Livingstone, 2019）。しかし、評価委員会がバンクーバー／ウィスラーを一六年前に訪問した際には、委員長のゲルハルト・ハイベルグが、計画されているシートゥースカイ・ハイウェイでの二時間の景色のよいドライブを問題とし、会場間の距離が「遠すぎた」と述べている（Girard, 2003）。一方で、IOCは二〇一〇年冬季オリンピックのバンクーバー／ウィスラーを選択している。

アジェンダ2020の新しいルールでは、大会が地域をまたがって、あるいは隣接する二つの国でさえも開催が可能となっているため、モラリウの楽観主義は正当化されたようだ。訪問の最後の時点では、スウェーデン政府がいかなる財政的保証もしなかったため、彼は期限の問題にも非常に柔軟であった（Mackay, 2019a）。二〇一九年六月のIOCへの招致チームのプレゼンテーションに続いて、スウェーデンのメンバーであるグニラ・リンドバーグは、「オリンピックアジェンダ2020とニューノームの原則を体現する都市を選択する」ように迫り、異なる結果になれば改革が「言葉だけ」だったと示すことなると警告した（Pavitt, 2019a）。リンドバーグの挑戦は失敗に終わり、ミラノ／コルティナが四七対三四票で大勝した。

十分な数の立候補を確保するという悩ましい問題に対処するため、バッハは二〇一九年三月に「将来の大会選考」のためのワーキンググループの発足を発表した。またもやジョン・コーツが率いるそのグループの使命は、アジェンダ２０２０の「改革」をさらに進めながら、招致プロセスを「より柔軟で、より的を絞った、より対話型にする」ことである。つまり、市場向きにすることだ（IOC increases, 2019）。バッハは、候補の可能性があると考えられる都市に「アプローチする」という可能性を提案したが、この戦略は、現実的であると同時に窮余の策と感じられるものだ（Morgan, 2019b）。オーストラリアオリンピック委員会に向けて、バッハは同様の取り組みを行い、柔軟性と対話について再度言及した。過去には、招致委員会が「オリンピックに適応するように都市を変更する……」よう求められると言っていたが、現在は「オリンピックをいかに都市や地域の長期的なニーズに最も適応させることができるか尋ねる」（Mackay, 2019b）と言う。将来的にＩＯＣが有望な候補地不足に陥るシナリオに対する巧妙な言い換えである。

五月二二日の記者会見でワーキンググループの提言を紹介した際、バッハはいつものレトリックを使った。「オリンピックアジェンダ２０２０により、私たちは立候補プロセスに革命をもたらした。現在、私たちは改革の進み具合を確認しているところだ」（Future Olympic, 2019）。さらに、ＩＯＣには二〇三〇年と二〇三二年には「立候補に向けた活発な動き」があり、二〇三四年と二〇三六年に「いくつかのアプローチ」まであると述べたが、その頃までには聴衆のほとんどは忘れてしまうことだろう。六月二六日のＩＯＣ総会は、ワーキンググループの提言を承認した。

ＩＯＣの組織構造と意思決定力の変更は、「ＩＯＣ総会により強い影響力を与えるためにＩＯＣメンバーは対話の最初から関与することになる」（Future Olympic, 2019）という提言の三項目目で合理化された。変更の背景を考えると、贈収賄後の改革、特にＩＯＣメンバーとその側近による候補都市への訪問を削減し、新たな小規模の評価委員会に目を向けることは適切である。これらの変更は、透明性とコスト効率を向上させる試みとなるほか、将来の贈収賄と汚職の場を減らす方法だと言えるだろう。評価委員会のメンバーは、「平委員の」ＩＯＣメンバーとは異なり、既存および計画中の施設のメリットや招致側の他の側面を判断するための十分な技術的専門知識をもっていることが期待された。メディアと世論の反応は、この重要なガバナンスの問題や「一番最初から」ＩＯＣメンバーが関与することがもたらすより広範な影響ではなく、アジェンダ２０２０の改定された招致プロセスに集中していたことは予想通りであった。

将来のホスト都市の選択

「柔軟性」と同様に、「魔法」という言葉は、ワーキンググループの提言になくてはならない言葉となっている。五つの「主要原則」の一つ目に、「世界のトップアスリートに、一生に一度の体験を保証する大会の魔法を守ること」が重要であると強調されている。リストの五番目は「グッドガバナンス」である。アジェンダ２０２０が重点を置く「持続可能性、レガシー、コスト削減」に続く変更点には、まず「開催都市・地域・国の関心を探るための永続的で進行し続ける対話」の確立が、第二に、二つの将来開催地委員会（夏季、冬季）の設立が含まれる。これらの委員会は、「立候補への関心を管理」し、おそらく招致評価を引き継ぐために評価委員会にとって代わることになる。これらはＩＯＣ理事会

（ＥＢ）の諮問機関となり、非ＥＢメンバーで構成され、ＩＯＣ、国際パラリンピック委員会、ＮＯＣ、国際競技連盟（ＩＦ）、および大きな組織からの八―一〇人の代表者を含むことになる。

「状況とニーズに合わせて柔軟に調整される」ように、複数の都市、地域、国で大会を開催することが可能となり、新しい七年のスケジュールなどの変更は、予想通りだった。つまり、まずまずの数の招致がない場合、期限が延長され、二〇二二年冬季オリンピックで当初の六つの招致都市のうち二〇一五年には二つしか残っていなかったような状況にＩＯＣが二度と陥らないようにすることができる。北京は市街地から最寄りの会場の山まで五五マイルまたは一一〇マイル離れ、アルマトイのあるカザフスタンは悪名高い独裁政権である。北京はマシな選択肢として選定された。二〇一七年には、アルマトイにスポーツ・メガイベントを開催する番が巡ってきて、小規模ではあったが、冬季ユニバーシアードが開催された。二〇一九年には、これらの大会はシベリアのクラスノヤルスクで開催され、二〇一一年から二〇二三年の間に、ユニバーシアードの七回の大会のうち四回が中国とロシアで開催されることになる。この傾向は欧米の民主主義国家がオリンピックの自国開催への関心を低下させていることを示唆している。

コーツは、六月二〇日のインタビューで、すべての候補都市に招致書類を提出する前に住民投票を開催することを要求すると述べたが、後の段階になって開催経費が跳ね上がることによる不意打ちを避けたいＩＯＣとしては賢明な動きだろう（Morgan, 2019c）。バッハは、そのようなシナリオはしばしばＩＯＣと立候補を取り下げた都市を「敗者」にすると不満を述べた（Morgan, 2019b）。ＩＯＣの五輪統括部長であるクリストフ・デュビは、オスロ市民とノルウェーの人々に、オスロの二〇一四年の国民投票とその後の二〇二二年の招致競争からの撤退について、この「機会の逸失」とＩＯＣによる八億ドルの投資がなくなる結果に苦しむことになると語っている。彼は招致チームと政府当局の関心の低さを非難し、政治家は結果的に「中途半端な理解と事実誤認」に基づいて決定を下したと主張した（IOC Statement on Oslo 2022, 2014）。オリンピック産業の当局者が、招致しようとする国の市民と政治家をこのように侮辱するなら、変化をもたらすための善意のあるリベラルな努力が失敗する運命にあることは明らかだ。

結論

「スポーツと政治を混合しない」（または混合してはならない）という主張に関わらず、オリンピック産業の当局者たちは、政治家と同じくらい巧みに主張を変化させる。オリンピック産業の当局者たちがオリンピックのあらゆることを良く見せるよう準備された読み原稿に頼らず話をする場合、難問をはぐらかし、不十分な知識の批評家や社会状況、そして彼らのコントロール外にある組織を非難する。近年のＩＯＣのメンバー、スポーツ管理者、政治家による贈収賄と汚職の発覚は一向に止まず、それらを管理することがより困難であることを証明しているが、オリンピック産業の広報機構は、イメージの問題に対処し、ブランドを保護するために十分な備えがある。「柔軟性」は、アジェンダ２０２０のお気に入りのキャッチワードであるが、オリンピック産業が直面している主要な問題、つまり、大会開催がもたらす避けがたい経済的リスクが主要な要因となって、関心が低下していることを覆い隠すためのルール変更に都合の良い根拠を与えるものなのだ。

第6章 アスリート、政治、抗議

始まり

アスリートや他の抗議者たちが、オリンピックを政治的メッセージのプラットフォームとして使用してきた長い歴史があり、この数十年のデジタル通信の進歩により、そういった言動はほんの数分で地球を駆け巡るようになった。この二〇年間でアスリートたちの活動が活発化しているが、遡ると一九六八年のメキシコシティオリンピックで、米国のアスリートであるトミー・スミスとジョン・カルロスが行い、オーストラリアのピーター・ノーマンが同調したブラックパワー・サリュート［＊1］は重要な転換点であり、今日のスポーツにおける反人種差別運動を鼓舞し続ける強力なシンボルである。これらのアスリートは抗議行動の対象をスポーツに限定せず、すべてのアフリカ系アメリカ人が経験する人種差別に世界の注目を集める手段としてスポーツ、特にオリンピックを利用したことは重要だった。同様に、オーストラリアのロックグループであるミッドナイトオイルは、二〇〇〇年シドニー大会閉会式で

＊1　アメリカ公民権運動で黒人が拳を高く掲げ、黒人差別に抗議する示威行為。

の「ベッズ・アー・バーニング」の演奏中、先住民族との和解に関する反人種差別主義のメッセージを送った。オリンピック憲章の「政治的」発言の禁止に反抗して、彼らは〝SORRY〟という文字を入れた黒いTシャツを着て、白人であるオーストラリア人の責任を示し、先住民の子どもとその家族の奪われた世代に謝罪するメッセージを送ったのだった。

IOCアスリート委員会（AC）

批判に対して国際オリンピック委員会（IOC）の対応は後手後手に回り、アスリートの意思決定への意味のある参画については特に顕著だった。例えば、先住民、低所得者、ホームレスの人々、セックスワーカーなど、ほとんど無力なオリンピック産業の犠牲者とは異なり、一部のアスリートはIOCに対してある程度の力を持つ立場にある。一方、IOCアスリート委員会（AC）および世界アンチ・ドーピング機構（WADA）ACのメンバーを務める引退したアスリートは、率直な意見をのべることができる批評家として最適ではないだろう。国際競技連盟（IF）の代表者は、ACに選出される場合もあれば、任命される場合もある。その過半数が選出によるものと規則に定められている。あるACメンバー（RA／引退したアスリートと名乗った）が説明したように、IFのリーダーらは「アスリートの権利を否定し、権力を分け与えたり手渡したりしない」という長い歴史があるため、これらのアスリートが「波風を立てる」ことはない。さらに、その地位によって任命された「知名度の高いメダリスト」は、ACに興味がないかもしれず、他のメンバーも「餌《えさ》をくれる人の手を噛みたくない」だろう(RA, 2019)。

二〇一七年と二〇一九年のIOCアスリートフォーラムに参加したRAは、二つのイベントの大きな違いを指摘した。二〇一七年のフォーラムの成果は、参加者が独自のACを構築するためのひな形として使用できるIOC ACの四年間の戦略を明確化できたことであった。ただし、RAが確認したように、ACがその連盟の「権力センター内に、権力、資源、および実体のある代表権をもたない」場合、ひな形は現状を変えることはできない。また、二〇一七年のフォーラムは、ネットワーキングや、アスリート組合や性別確認検査など公的なセッションで取り扱われていない問題についての貴重な議論の場になった（RA, 2019）。

IOCの公式筋が「史上最大」と呼んだ二年後のフォーラムには、国内オリンピック委員会（NOC）、IF、および非オリンピックスポーツのAC代表者が参加した。RAは、このイベントについて、IOCからアスリートへの一方的な情報伝達だとして、「トピックは厳選され、選別されており……朝の情報番組のような感じだった」と述べた。プロセスは巧妙に調整され、「具体的な提案」の概要が「主要項目合意」の形でまとめられ、「フォーラムの終わりに私たちの前で誇示された」（RA, 2019）。IOCのニュース記事によると、これらは「満場一致で支持された」ことになっている（The biggest, 2019）。

アスリートを沈黙させること

NOCは、メディアのインタビューでアスリートの口を塞ぎ、自分のパフォーマンスについて話すことだけを許可して、抗議を抑制することが度々ある。二〇一四年のソチオリンピックの二カ月前に、IOCは異例の措置をとり、ロシアの反同性愛法に抗議することは禁止であるとすべてのアスリートに伝達するようNOCに指示した（Wilson, 2013）。たいていのアスリートは、オリンピックを批判または

「政治化」することを引退するまで先延ばしにするが、それらは少数のアスリートであり、オリンピックブランドへの忠誠心を維持しているアスリートの方がはるかに多い。発言に関して言えば、多くのアスリートは、引退後の生計はオリンピックとのつながりとその信用性によって向上すると信じているので（大抵はその通りなのだが）、オリンピック産業を批判することを控えることになる。

二〇一九年に、引退したカナダのオリンピック選手二人とオーストラリアの一人が選挙に出馬したとき、メディアは、いつものように元選手達の政治的経験（もしあれば）よりもスポーツの成果を優先して報道した。カナダ人の一人は当選し、他は落選した。オーストラリアでは、二〇一九年の連邦選挙で、無所属候補であったザリ・ステッグガルが元首相である自由党下院議員のトニー・アボットの席を奪った。メディアでは一貫してステッグガルを「弁護士に転身したオリンピアン」または「元オリンピアンで弁護士の」と表現していた。国際陸上競技連盟（ＩＡＡＦ）会長のセバスチャン・コーは、現在のスポーツ行政でのキャリア以前は、一九九二年から一九九七年の間、英国議会の議員で、アスリートから政治家というキャリアをたどった人物の一例である。

人種的不正義に抗議するために、ＮＦＬプレーヤーのコリン・ケパニックが初めてアメリカ国歌斉唱時に膝をついて起立しなかった出来事から三年を経た二〇一九年八月、米国のオリンピックレベルのアスリートであるフェンシング選手のレース・インボーデンは、リマでのパンアメリカン競技大会の表彰台で「片膝をついて」抗議の意思を表した。彼のツイッターでの発言は、「人種差別、銃規制、移民の虐待、そして長いリストの一番上は、憎しみを広げる大統領……」と、抗議の対象を明確に特定している（American, 2019）。アフリカ系アメリカ人のハンマー投げ選手グウェン・ベリーは、同じ大会の表彰式で拳を上げた。両者には警告と一二カ月の保護観察が下され、オリンピック産業が選手の言論の自由を制限している明確な証拠となった。彼らの勇気ある行動にもかかわらず、結果として、個人の抗議は集団行動よりも大きなリスクを負うという明確なメッセージになった。

抗議しているアスリートがACで活動する仲間から支持される可能性は低く、それは九月三〇日の電話会議で六〇人のACメンバーが表彰台での抗議やその他のトピックについて意見を共有した時の様子から明らかだ。AC議長のカースティ・コベントリーは議論をまとめ、ACが「言論の自由を全面的に支持している」一方で、メンバーはオリンピックに関する場での政治的またはその他のデモを禁止するオリンピック憲章の根本原則も支持するという基本合意を報告した。コベントリーは、抗議が許可された場合、「競技または式典の尊厳が失われ、スポーツの成果に対する注目が失われる」と述べた（Athlete, 2019）。ケパニック、インボーデン、ベリーのようなアスリートの動機と比較すると、この理屈は、世間知らずで利己的と映る。

同じパンアメリカン大会で、オーストラリアのマック・ホートンは表彰式で、ドーピングの疑いがもたれた水泳選手である中国人チャンピオン、ソン・ヨウ（孫楊）のそばに立つことを拒否した行動が広く支持された。ホートンが受けたネガティヴな結果の一つは、コカ・コーラとのスポンサーシップの機会を失ったことである。国際水泳連盟（FINA）はオーストラリア水泳連盟（Swimming Australia）に強い言葉で警告したが、オーストラリア水泳連盟コーチ・指導者協会（the Australian Swimming Coaches and Teachers Association）はホートンの「スポーツでの不正行為に声を上げる」という意向への支持を表明した（Lord, 2019a）。他の報道は、「オーストラリアのコーチング界」がオリンピック憲章で保証された「表現の自由」に対するホートンの権利を支持したと主張した（Lord, 2019b）が、実際には、憲章はこれを保証していない。オリンピック憲章は、（オリンピック会場での）政治的見解の表明を明確に禁止し、「表現の自由」について言及しておらず、これは、少なくとも紙面上では、次に説明する新しいアスリートの権利と責任の宣言にのみ存在する権利である。

しかし、IOCは、自らの目的にかなう場合には、「表現の自由」の問題を回避する。二〇〇八年の北京オリンピックの前に、二〇五のNOCに対し、ロゲ会長は、「個人が意見を表明できることは基本的人権であり、言うまでもなく前提となっているのであるから特定の条項は必要ない……」と語った。そう言いつつ、彼は選手たちに準備に集中するように促し、発言することに圧力を感じた場合、「IOCとNOCはいつでも相談に応じる」(Freedom, 2008) といって選手達を安心させた。

アスリートの活動と人権

プロやオリンピックのアスリートの口封じに対する大きな挑戦として、近年のアスリート活動組織の出現があり、最大のものは、一〇〇を超える選手会の約八万五〇〇〇人のプロ選手が所属する世界選手協会(WPA)である。WPAは、アスリートは労働者であり、権利を保護するためには集団的行動が必要であるという認識のもと、二〇一四年にユニグローバルユニオンの自治部門〈uniglobalunion.org/sectors/world-players〉として設立された。単一の争点をもつ他のアスリートのアドボカシー・グループとは異なり、WPAとユニグローバルユニオンとの関係は、その出発点が労働者の連帯にある。

二〇一五年の時点では、WPAは「スポーツ界全体に人権と腐敗防止を組み込む」ために活動していた世界的な連合であるスポーツ&ライツ・アライアンス(SRA)に参加するいくつかのNGOの一つであった。他のメンバーグループとして、アムネスティ・インターナショナル、ヒューマン・ライツ・ウォッチ、国際労働組合総連合などがある。SRAは、IOC、国際サッカー連盟(FIFA)、コモンウェルズゲームズ連盟、欧州サッカー連盟（ＵＥＦＡ）に人権、労働基準、腐敗防止措置を尊重する方針を採用するよう影響を与えたと評価されている（Schwab, 2018）。二〇一七年に、ＩＯＣが開催都市契約２０２４（ＨＣＣ）に変更を加えた際、バッハは、ＩＯＣメンバーがＳＲＡと緊密に連携しており、ＳＲＡからの「情報や意見の提供」を歓迎していたが、その後、新しい契約について、「透明性、優れたガバナンス、説明責任」を支持する「オリンピズムの基本的価値」に即したアジェンダ２０２０の成果であるとした（IOC strengthens, 2017）。

修正されたＨＣＣには人権基準が含まれているが、違反があった場合には「主催国の法律や規制に準拠した方法で……［そして］国際的に認められたすべての人権基準と原則に準拠し……開催国で適用可能な形で救済されるとする紛らわしい表現で書かれた要件が含まれている（IOC approves, 2017）。したがって、規定を限定的に解釈すれば、国が規則を回避してしまう可能性が非常に高い。ある法律批評家が述べたように、この柔軟性は、主催国の国家主権の影響をまったく受けないＩＯＣの商業的利益の強力な保護とまったく対照的である（Grell, 2018）。同様に、ＩＯＣはスポーツ仲裁裁判所（ＣＡＳ）を通じることによって、アスリートが国内裁判所を利用しても、あらゆる国の主権を無視することができる（Lenskyj, 2018）。

グレルが指摘したように、二〇二八年のオリンピックの主催者である米国を含む多くの国は、国連障害者権利条約を批准していない。日本は二〇一四年に批准したにもかかわらず、二〇一九年にパラリンピアンが直面した状況は、包摂とアクセシビリティというオリンピックの「価値」と、オリンピック産業のアジェンダに命を吹き込む利益的な動機との間の対立であった。横浜のオリンピックトレーニングキャンプ近くのホテルオーナーは、客室をバリアフリーにするための改修費用を英国パラリンピックチームに支払うよう求めた。東京の組織委員会は、バリアフリーの部屋が不足していること（通常、ホテルごとに一つのみ）は自分たちの責任ではないと反論した。英国チームと組織委員会からの圧力を受けて、横浜市当局は改修の費用を賄うための基金を設立することになった（Ingle, 2019c）。

アスリートの権利を正式なものに

スポーツ人権センター、ユネスコ、および人権ビジネス研究所は、スポーツのメガイベントに関連する人権問題の好機とリスクについて議論するために、二〇一六年から毎年スポーティング・チャンス・フォーラムを主催している。二〇一七年一一月、バッハはこのフォーラムで演説し、数カ月前にＩＯＣアスリートフォーラムではじめて議論されたばかりのアスリートの権利と責任の宣言に言及しながら、ＩＯＣのアスリートの権利への取り組みを強調した。宣言に関するＳＲＡの代表者との会合に続いて、ＩＯＣオリンピックニュースの記事は「両当事者は人権とスポーツに関する対話と協力を推進することに合意した」と報じた（The IOC committed, 2017）。

約束された対話は実現されず、ＳＲＡは、二〇一八年一〇月二日付のバッハへの書簡で強い懸念を表明した。アスリート宣言は人権問題に関する専門家を交えた広範な協議に基づくべきであり、ＩＯＣは限定的な選手の調査だけでなく、「影響を受ける個人、その正当な代表者、および他の主要な利害関係者ともっと組織的に向き合うべきだ」と指摘したのだった。ＳＲＡが最も強調した点は、ＩＯＣが最初に取るべきステップは「総合的な人権ポリシーを策定する」ことであり、それは「アスリートの基本的権利、つまり本質的に人として保持している権利をしっかりと推進すること」であった（SRA, 2018）。

しかし、オリンピック産業は、スポーツ例外主義により、労働者であるアスリートに異なる扱いができる。つまり彼らは第一にアスリートであり、人であることは二の次なのだ。ＳＲＡの書簡は無視され、一週間後、ＩＯＣ総会はアスリート宣言を承認したのだった。

オリンピックニュースでは、反対意見を無視するいつものパターンで、二〇一九年のＡＣフォーラムの参加者がアスリート宣言（The biggest, 2019）を全面的に支持していると主張し、出席者の何人かが懸念を示したことについて言及しなかった。ＲＡが説明したように、この宣言は説明責任と救済に関して沈黙し、どの団体や個人がアスリートの権利を擁護し、適切な救済を確保するかについては言及されていない。第二に、選手は「ＩＦとＮＯＣのルールを守る必要があるが、これらのルールが選手の権利に反している場合はどうなるのか？」という疑問が残る（RA, 2019）。つまり、宣言はアスリートとスポーツ運営団体の間の権力構造を変えることはほとんどないのだ。

ドイツのアスリートたちの挑戦

ＷＰＡに続いて、二〇一七年に、ドイツ選手会が、続いて二〇一八年にグローバル・アスリートが動きに加わったとき、バッハはこれらのグローバルなアスリート主導の異議申し立てに対して「攻撃は最善の防御」というやり方で対応した。二〇一九年のＡＣフォーラムで、バッハは聴衆のアスリートに向かって、「外部」の擁護者は必要なく、部外者に「あなたに代わって発言」させるのではなく、自ら発言するべきであると述べた（Pavitt, 2019b）。ＲＡは、オリンピック連帯プログラムに関する一時間にわたるセッションを含め、資金調達に継続的に重点が置かれていることを指摘した。ＲＡの見方では、全体として、フォーラムは、バッハによる長いプレゼンテーションと同様に長いＱ＆Ａセッションでの回答で構成され、アスリートによって提起された現実の問題にはほとんど言及されなかった。これらには、アスリートユニオンに関する重要かつ挑戦的な質問として、「キャスター・セメンヤの問題、オリンピック連帯の資金調達、IOCからNOCおよびIF、さらにアスリートへの資金調達の流れの透明性、アスリートの退職手当……」が含まれていた。さらに、RAは「バッハはアスリートの声を大切にしていると言っているにもかかわらず、バッハとの時間を過ごすことができてどれほど幸運か、繰り返し聞かされた」と説明した（RA, 2019）。結局のところ、オリンピックニュースの記事は、バッハ自身が引退したオリンピックアスリートであり、一九八一年の最初のIOC AC（The biggest, 2019）のメンバーであったことを読者に思い出させただけだった。サマランチがこのイニシアチブの背後にいたという事実を考えると、一九八一年の議事においてオリンピック産業の意思決定にアスリートが本当の意味で関与するような扱いを受けた可能性は低かっただろう。

二〇一九年のドイツのアスリート組織の要求は、長年のオリンピック産業のポリシーや慣行とは両立しえないものだった。その要求には、「完全に独立した」アスリートの代表、「オリンピック収益をすべてのアスリートへ公平に分配すること」、透明な会計、およびアスリートのマーケティング権が含まれていた（Global Athlete, 2019）。ドイツ選手会に対するバッハを通じたIOCの公式な回答は、「あなたが言及したすべてのトピックはすでに国際スポーツ選手フォーラムのプログラムに含まれている」（Pavitt, 2019b）というものであった。これらの議論が具体的な結果をもたらしたかどうかはまだわかっていない。現状としては、ドイツ選手会の要求に直接対処した勧告はたった一つだけであり、アスリートのサポートと代表の観点からの連帯資金モデルを強化し、東京2020後のいずれかの時点で「資金の流れを……さらに透明性を高める」ことであった（The biggest, 2019）。

二〇一九年二月、ドイツの連邦カルテル庁は、ドイツ選手会、ドイツスポーツ用品産業連盟、および二人のアスリートが提起した訴訟の聞き取りを行った。カルテル庁が出した有利な決定により、アスリートのセルフマーケティングの機会が増え、オリンピック憲章の規則四〇・三の規定が大幅に緩和された。その内容は、アスリートに「オリンピック期間中に、個人、名前、写真、またはスポーツのパフォーマンスを広告目的で使用する」ことを禁止するものである。同様に重要なのは、マーケティングに関連する争議は民事裁判所で審理されるべきであるという決定であり、すべての争議がスポーツ仲裁裁判所に持ち込まれるべきだという憲章の要求に大きく背反している。ドイツオリンピック委員会は規則四〇を改訂し、関連するソーシャルメディア・ガイドラインを更新したが、その変更は二〇二六年のオリンピックが終わるまで効力をもつ。IOCは、大会中に選手がスポンサーを宣伝できるように規則四〇・三を修正するという対応を六月に行ったが、それらの規則変更は個々のNOCに責任があるとした。オーストラリアオリンピック委員会（AOC）が七月にドイツのやり方に従い、コーツはIOCのスポンサーとメディア権利保有者を保護すると同時に、アスリートに収益の可能性を高めることを許可する必要があると指摘した（Cronin, 2019）。

国際水泳リーグ

二〇一八—二〇一九年に、FINAは国際水泳リーグ（ISL）が主催するライバルの水泳大会との争議を引き起こした。FINAの規則は、ISLなどの「非関連」組織へのアスリートの参加を禁止しており、ライバルのイベントに参加した水泳選手の出場停止を求めるものである。二〇一八年一二月にトリノで予定されていた最初のISL大会に参加した選手は、二〇一九年世界選手権への出場が禁止されるとFINAが警告し、一一月にISLは大会の中止を決めた。その当時、五〇人以上の水泳選手が

ISLと契約を結んでいた。EU競争法に基づく法的抗議に直面して、FINAはほんの少し譲歩し、これらの水泳選手が世界選手権で失格とならないことを発表した。ある論評では、この事例はIF規定が「単に統治機関自体の商業的利益を保護するためではなく、スポーツ全体の利益のために相応でかつ必要である」べきことが指摘されている（Bret & Williams, 2019）。

一見すると、コンスタンティン・グリゴリシンによって創設されたISLは、アスリート中心の原則に基づいているようだ。二〇一九年五月のインタビューで、自称「反逆者」というウクライナの億万長者の実業家は、水泳選手の権利について繰り返し言及した。不思議なことに、筆者を含めオリンピック産業へのうるさい批評家たちによく似た表現で、彼は「前近代的」なスポーツ運営組織を批判したのだった。彼は、IOCとIFが「巨大な宣伝用マシンを使用して、古めかしい宗教のように、あなたの人生の目標はオリンピックの表彰台に立つことであると子どもたちを説得している」と批判したのだ（Long, 2019）。この制度では、アスリートの立場は奴隷よりも悪く、「フリーランサーであり、保険もなく……アスリートはオリンピック・ムーブメントのある種の宗教狂信者である必要がある」とグリゴリシンは説明した。

ASOIFがIFの役割を明確にするために委託した二〇一九年の報告書では、非常によく似た議論がなされ、IFはもはや「歴史的権利」に依存することはできないが、現実世界との繋がりと影響力を維持するために適切なガバナンスと起業家精神にもっと注意を払う必要があるとされた。ASOIF報告書のトーンは前向きであったが、アスリートが「個人としてもグループとしても、より独立して自律的な行動を始めた」という記述は、明らかに、WPAの六年にわたる活動の歴史と一九六〇年代にさかのぼる個々の選手の抗議を軽視するもので、アスリートの権利に疎いように見える（ASOIF, 2019, p. 32,

40, 強調追加）。数カ月後、元ＩＯＣのメンバーであるバリー・マイスターは、グリゴリシンの描写を裏付けるオリンピック産業の「前近代」的考え方の好例になった。マイスターは、「オリンピックの収益のより大きな分け前を求めるやかましいアスリートの声を私は非常に心配している」と語った（Morgan, 2019g）。

グリゴリシンの代替案は、サッカー、テニス、Ｆ１（自動車レース）、および米国のプロリーグが示す現代のビジネスパラダイムに従ったものであり、水泳選手に永続的な仕事、収入、そして最終的には契約を与えることになる。そのＩＳＬの計画には、ヨーロッパと米国全体でのチームの競争を伴う、都市ベースのフランチャイズシステムが含まれていた。各チームは一二人の男性と一二人の女性で構成され、すべて同等の賞金を受け取り、ＩＳＬのゼロトレランスポリシー（厳罰主義）では、ドーピング歴のある選手は除外される（Long, 2019）。ＩＳＬの最初のＵＳＡデュアル・ミーツが開催されたのは二〇一九年一〇月のことで、一二月のラスベガスリゾートでのグランドファイナルで最高潮に達した。

ロシアのドーピング問題

ＩＯＣと世界アンチ・ドーピング機関（ＷＡＤＡ）によるロシア反ドーピング機関（ＲＵＳＡＤＡ）に対する甘すぎる扱いは、二〇一七年から二〇一九年にかけて、アスリートやスポーツリーダー、メディアの解説者からの抗議の嵐を巻き起こした。ＷＡＤＡは、二〇一七年に、政府、ＲＵＳＡＤＡ、コーチ、およびモスクワのアンチ・ドーピング研究所を含む、ロシアの国家ぐるみのドーピングの調査を開始した。アンチ・ドーピング界で特に物議を醸したのは、「クリーン」なロシア人は、公式にはロシアのオリンピック選手として分類されていたが、いわゆる「独立参加選手」として二〇一八年平昌オリンピックに参加することを許可されていたことである。この成り行きには、舞台裏で動く大きな政治的な問題が隠されており、ロシアのアスリートが大会に出場しなければ、低調になる競技が出てくるという見通しによってIOCが動いた可能性が高いことを示している。

WADAは、平昌への対応に対する選手の批判的な反応を知っており、二〇一八年の年次シンポジウムが「選手と選手の代表者に捧げられる」最初の大会であると豪語した。アスリートの権利としてのアンチ・ドーピング憲章について、七〇名の参加者が話し合い、サンプル収集の問題に関する追加の権利、内部告発者の保護の強化、オンブズパーソン事務所の設置について提言した。さらに、参加者たちはWADAに対し、その実行委員会と理事会でのアスリートの代表を増やすよう求めた（WADA, 2019）。

この成り行きを監視していたアスリート・アドボカシー・グループの中に、「スポーツにおける不正行為の撲滅」とアンチ・ドーピングの内部告発者の支援をしている非営利グループであるフェアスポーツ——クリーンスポーツのチャンピオン〈fairsport.org〉があった。フェアスポーツは、二〇一九年二月に、ロブ・ケーラーが所長を務めるグローバル・アスリート〈globalathlete.org〉という「アスリートによるアスリートのための」新しいイニシアチブに資金を提供した。ケーラーは、WADA副会長で二〇一八年に辞任したが、ロシアを声高に批判し、アスリートの参画をより強く支持してきた。グローバル・アスリートの初期の活動は、アスリートの権利と意思決定、アンチ・ドーピングキャンペーンへの関与、およびオリンピック憲章規則四〇の変更に重点を置いていた。

ＲＵＳＡＤＡの復帰

二〇一八年九月、ＷＡＤＡは一二月三一日までにモスクワの検査所への立ち入りを認めることを含む「厳しい条件」でＲＵＳＡＤＡを復帰させた。ＲＵＳＡＤＡはその期限を守らず、ＷＡＤＡは期限を再延長したが、モスクワの検査所から二三〇〇個のサンプルが回収されたのは二〇一九年四月のことであった。二〇一九年五月に、ＷＡＤＡの会長、クレイグ・リーディは、ＷＡＤＡのロシアに対する甘さを批判した人々に対し、「現実的」ではなく「政治的」思考に基づいた立場をとっていると非難するコメントを出した。ＷＡＤＡの意思決定において政治性は断じてないとでも言いたげである。ロシアを「永久に非遵守の状態」にしておくことは、アスリートを保護したり、クリーンなスポーツを促進することにならないと彼は主張する一方で、「強固な」アンチ・ドーピング組織を構築するロシアの取り組みを支援することが最も論理的で「賢明かつ合法」な道筋であったという（Mackay, 2019c）。しかし、ロシアがＷＡＤＡに提供したデータが操作された可能性があると報告されたのは二〇一九年九月のことだった。ＷＡＤＡによるさらなる調査が進行中であったため、ロシアのアスリートは、その月のＩＡＡＦ世界選手権に出場することを禁止された。

メディアにとって、ロシアのドーピング論争は「ありがたいネタ」であった。欧米のスポーツ解説者と世界中の「クリーン」なアスリートから、ＷＡＤＡがロシアに対して二重基準を適用したと非難された。二〇一九年三月、ドイツのメディア放送会社ＡＲＤの研究者たちによって、ロシアの陸上競技チームの元ヘッドコーチであり、ドーピングの謀略に深く関わっていたバレンティン・マスラコフが、ロシアのアスリートに関わり続けていることが発覚した。現在のヘッドコーチは、マスラコフが個人的なコーチに過ぎなかったと主張したが、ＡＲＤが調査した時、二〇一九年の公式なロシアのコーチリストの中に、彼の名前と「シニアスプリントコーチ」という肩書きが見つかった（Butler & Seppelt, 2019）。漏洩したWADAとロシアのスポーツ大臣パベル・コロブコフ間の手紙は、メディアの炎上に油を注いだ。「独立したコンプライアンスレビュー委員会に関する誤った情報についてWADAが説明する」と題した声明のなかで、WADAは、「完全な透明性のために」、一連のやりとりについて、その一部にリンクを提供した上で、委員会を設置するというイニシアチブを「最も批判している人たち」は、イニシアチブに「最初から最も協力的」だったことは「興味深い」とさりげなく意見した（WADA, 2018b）。WADAのプレスリリースは、「実際には、リーダーシップには柔軟性が必要だ」と説明し、典型的なオリンピック産業の論理を展開した。それに続いて、「実用主義」と「微妙な解釈」の必要性を正当化し、それが批評家の理解を超えているとほのめかした（WADA, 2018b）。六月二二日にコロブコフ宛にソフトな口調で書かれた手紙は、WADAの助けにはならなかった。その手紙には「……私たちは前進する必要がある……妥協の精神で……言い回しの非常に控えめな変更をするように……私たちは勧められている……繰り返すが、私たちはそうするよう勧められているのだ……」とあり、つまり、良い仕事をしていればまた仲間に入れてやる、ということだ（WADA, 2018a）。

WADAいじめ調査

RUSADAの復帰に続いて、WADAのACの委員長であり、コンプライアンスレビュー委員会（CRC）のメンバーであるベッキー・スコットは、もう一人のCRCメンバーであるエド・モーゼス、彼は陸上選手を引退したアフリカ系アメリカ人であり、米国のアンチ・ドーピング機構の議長であるが、さらにWADAの決定とそのプロセスの不透明性を非難する世界中の批評家と連携した。スコットはCRCを辞任し、その後、RUSADAを復活させる投票について彼女が批判した際に、WADAの執行委員会の一部のメンバーが失礼な扱いをしたと申し立てをした（Covington, 2019）。

WADAはスコットの「いじめと嫌がらせの申し立て」について「独立した」調査を実施するように国際法律事務所のコヴィントンとバーリングに委託した。ウェブサイト〈cov.com〉によると、不正行為、セクシュアル・ハラスメント、差別の申し立てに関する「文化的レビューと調査」は、同社の幅広い専門分野の一つであった。これらの分野での豊富な経験により、「透明性とブランド保護の適切なバランスをとることができ」（強調追加）、依頼者に安心いただけるとしている。「文化的レビュー」への言及を考えると、コヴィントンの調査がスポーツ統治組織に埋め込まれた文化、女性とマイノリティを取り残してきた長い歴史をもつ文化に焦点を当てたと期待できるかもしれない。

スコット、モーゼス、その他三人は、コヴィントンの調査への参加を拒否し、とりわけ、法律事務所とWADAとのクライアント関係が長年続いているために利益相反があったと申し立てた。結果として、彼女ら・彼らは、調査官が嫌がらせや脅迫の特定の主張に対処する立場になかったと主張した。改変を求める緩い勧告の中に、コヴィントンのレポートは、「文化や性別の違いや認識がコミュニケーションにどのように影響するかについてメンバーの感性を高めるための、執行委員会メンバーに対する必須の研修」を挙げた（Covington, 2019, p. 57, 強調追加）。また、第一言語が英語ではない人々が関わるコミュニケーションは誤解される可能性があるとも言及したが、これはおそらく、イタリア人メンバーのリッチビティのスコットに対する行動が「攻撃的または無礼であるとみなされることは妥当」だが、「いじめや嫌がらせ」では確実にない――ご立派な区別であるらしい――というレポートの見解を暗に指したものだ（Covington, 2019, p. 4）。多数の主流メディアは、その不適切な点として「感性を改善する研修」についての勧告を挙げた(e.g. Pells, 2019)。

当事者の役割が重複している場合の潜在的な利益相反の問題については、二つの例がある。WADAのCRCの議長であるジョナサン・テイラーは、チャンドとセメンヤを含むCASでの多数の訴訟でIAAFを代理したバード&バード法律事務所のパートナーであった。CRCのもう一人のメンバーであるオリビエ・ニグリは、二〇一六年からWADAの事務局長であり、カラール・アンド・アソシエイト法律事務所と仕事をしたことがあった。このローザンヌの法律事務所は、IOCの元局長ならびに元CASの仲裁人であり、いくつかのCAS訴訟でIOCの弁護士を務めるフランソワ・カラールが率いていた。

「スポーツ文化」の問題

その二年前に、同様の調査において大きく異なる結果が出ていた。二〇一七年、シドニーに本拠を置く倫理センターは、いじめやその他の問題の申し立てを受けて、AOCの内部文化を独自に評価した。一九九〇年以降のAOC会長であり、二〇一三―二〇一七年のIOC副会長や二〇一〇年以降の国際スポーツ仲裁裁判所の会長を兼任するコーツは、その年の初めにリーダーシップの課題に直面し、さらに彼のメディアディレクターがキャンペーン中に女性管理者に対して「いかがわしい行為」を犯していたことが判明した。これらの出来事や「いじめの文化」が申し立てられたことから、AOCは評価を委託することになった。

オリンピック産業とはつながりのない非営利組織である倫理センターは、六四ページにわたるレビューを作成した。これは、スタッフメンバーと利害関係者の証言に基づき、上級スタッフの側の「欺《ぎ》瞞《まん》的」で「攻撃的な」行動を含む「機能不全の文化」に関する一七の詳細な推奨事項を含んだものだった（The Ethics Centre, 2019）。第7章で説明しているが、スポーツ組織への調査においてその内部文化を根本的な問題として対象としたのは、この時ばかりではない。ファイナンシャル・レヴュー紙は「オリンピック委員会は泥沼の職場――調査が結論」（Patrick, 2017）と見出しをつけているが、「レビュー結果ではＡＯＣの文化はオリンピックの理想と一致せず」（AOC, 2017）のように、大抵のメディアの報道は「オリンピックの理想」のレトリックにこだわっている。「日常生活の中心に倫理を置く」ことを求める本当に独立した組織が、コヴィントンよりも徹底的かつ批判的な報告を作成したことは重要である。

コーツは記者団に対し、機能不全の文化に対して自らに責任はなく、当然辞任しないと断言する政治家らしい声明を出した。彼によると、不正行為を犯したのは、「私の部下のＣＥＯの継承者」であり、自分とは異なる他の人達なのだった。しかし、報告書には、会長が「ＡＯＣに対する圧倒的な影響力または統制力をもつと認識されている」こと、および「戦略的レベルと運用レベルの両方での彼の関与は、理事会と経営の分離を必要とする優れたガバナンス原則と矛盾していることが明確に記載されており、したがって、理事会と経営の間の不明瞭な境界線は、コーツの理論的根拠を説得力のないものにした（The Ethics Centre, 2017, p. 31）。コーツはさらに、調査とガバナンスに関する勧告に満足していると続けた。「私たちのような組織の目的に合っているかどうかを評価する必要がある」と彼は説明し、報告書で四回出現したフレーズを繰り返したのみだった（Mulvenney, 2017, 強調追加）。

結論

個々のアスリートの抗議行動は、象徴的な価値として重要であり、またそれに続くお決まりの制裁をものともしない勇気と揺るぎない意志を身をもって示すものだ。オリンピックスポーツ経営の有毒な文化は、内部告発者をさらに抑圧している。ここ数年の間に見られたいくつか前向きな変革の中で、不正行為に対処するためにスポーツ統治機関に圧力をかけるためにアスリートが集団で行動を起こすことは、より効果的でリスクの少ない手段であることが証明された。ＩＳＬの事例は、強力な国際組織であるＦＩＮＡが、外部からの圧力、この場合はプロの水泳競技がもたらしたビジネスチャンスを見た起業家、および訴訟が組織の評判と財政にもたらした脅威に対応することを余儀なくされた顛末をさらに示している。アスリートやスポーツ管理者の集団内から、またコミュニティ活動家、メディア批評家、および学術研究者からの抵抗に直面する今、オリンピック産業は変化の風を無視することはできなくなっている。

第7章　「スポーツを通じた若者の教育」とは

若者の重視

クーベルタンは、フランス第三共和国という時代背景のもと、自称社会・教育改革者として、フランスの若者（限定的に言えば、少年と青年期の男性）の教育に対する懸念をたびたび表明した。彼は、英国の私立男子校が競争・達成モデルとチームスポーツに重点を置いていることを褒めたたえ、子どもたちの「エネルギー、忍耐力、判断力、および自発性という尊い性質を促進する道は、レクリエーション時間の改善とスポーツの普及」であるという信念をもっていた（Chatziefstathiou, 2012, p. 29）。あるいは、より皮肉な批評家に言わせると、彼は一八七〇年の普仏戦争で「フランスを倒したドイツに恨みを抱く盲目的な愛国主義者であり」、フランスの男たちが再び奮い立つような世代に期待していたという（Hoch, 1972, p. 85）。

若者を教育するというクーベルタンの献身ぶりは、最も長続きしているレガシーの一つと言えるだろう。より速く、より高く、より強くというスポーツのコンセプトは、若い男性アスリートたちを国際的なスポーツイベントで一堂に集め競わせるというクーベルタンのねらいにぴったりで、いくつかの例外はあるものの、若者を重視することは一〇〇年以上にわたって続いてきた。現在、オリンピックのメダリストの平均年齢は、夏の大会で二三歳、冬で二四歳である。その両極は、馬術競技の平均年齢三四歳、女子体操の二〇歳である（8 unusual facts, 2019）。

年齢の問題では、一九七二年のミュンヘンオリンピックで一七歳のオルガ・コルブットがメダルを獲得して以来、体操は思春期前の少女のスポーツになっているが、一九六〇年代に体操競技を支配していたソビエトとチェコの女性選手のほとんどは、二〇代、三〇代であり、その年齢層の女性らしい成熟した性徴があった。コルブトは、四年後のナディア・コマネチと同様に、細くて、筋肉質の、ほとんど中性的な身体を備えた新しい世代の女子体操選手を象徴している。そのような体は思春期遅延薬によって作り出されたという説もあるが、おそらく激しいトレーニングと体脂肪の低さにも原因があるだろう。コルブトの身長は四フィート一一インチ（約一五〇cm）で、体重は八五ポンド（約三八・六kg）だった。この傾向はその後も続き、一九九二年オリンピックまでに米国の女子体操チームの平均は四フィート九・五インチ（約一四六cm）および八三ポンド（約三七・六kg）になった（Hersh, 1992）。体操選手は厳しい食事制限に加えて痩身へのプレッシャーにさらされており、このことはオリンピックメダル獲得が若いアスリートの健康と幸福よりも優先され、それは時には致命的な結果をもたらすことを物語っている。

長い間、若者に重点をおいてきたことを考えると、オリンピック産業が、参加者としても観客としても、若者を取り込めなくなっていることに懸念をもちはじめたことは興味深い。この問題への対処の一つは、元国際オリンピック委員会（ＩＯＣ）会長のジャック・ロゲが発案し、主導した二〇一五年の一四歳から一八歳までのユースオリンピックである。その理論的根拠として、ロゲは一八八八年のクーベルタンの教育的および社会的統制の見解を繰り返した。

スポーツ自体は若者にとって素晴らしい教育ツールである。若者の体と心を鍛える。規律を教え、プレイフィールドの内外で障害に立ち向かい、克服するために必要な能力を彼らに与える。（Rogge, 2010）

偶然にも、同年、北朝鮮のキム・ジョンウン（金正恩）委員長は、将来国際サッカー連盟（FIFA）W杯を主催するという野心から、同様の想いを表明した。彼は、スポーツと体力向上によって、市民が「労働力と国防に貢献できるように健全な肉体と強健な意志力を備えた総合的に発達した人間」になることを保証すると宣言した（Wainright, 2015）――この国では、多くの人が低所得、食糧不足などに苦しめられているにもかかわらず。

スポーツと軍隊を結びつける国は北朝鮮に限らない。国立陸軍博物館のウェブサイト〈nam.ac.uk〉の二つの声明を比較すると、英国陸軍は、一九〇〇年代初頭から自らのスタンスをそれほど変えていないことが明らかだ。一つ目は一九〇〇年代初頭の英国陸軍の声明であり、二つ目は二〇一二年付で、王立アイルランド連隊によって出されたものだ。

1. 英国陸軍は、スポーツにより、体力を高め、攻撃性のスイッチを入れ、精神を集中させることにより、男たちを戦闘に備えさせると信じてきた。スポーツは男性間の絆を強め、共通の目的に尽くすための規律と心構えを教え込む。

2. 兵士は最高のコンディションである必要があり、ほとんどの隊員は何らかのスポーツをする……我々は戦場で攻撃的であるだけでなく、攻撃性をスポーツの場で勝つために使っている。スポーツ競技場での制御された攻撃性は、優れた体力トレーニングであり、我々全員に戦士の精神を目覚めさせる。（原文ママ）（National Army Museum, 2019）

米国では、陸軍と空軍ともに、ワールドクラス・アスリートプログラムを通じて、オリンピック候補選手のトレーニングを提供している。別の観点では、オーストラリア軍は近年、「精神的屈強さ」と「忍耐力」を促進することを目的として、オリンピックアスリート向けのゴールドメダル準備プログラムを開発した（Holmes, 2019）。全国代表チームのアスリートは必須の陸軍迷彩服を着て、オーストラリア陸軍特殊作戦部隊が運営する訓練キャンプに参加した。そこで行われる「ブートキャンプ」のような課題と問題解決演習はアスリート達をタフに鍛え上げるようデザインされている。欧米諸国におけるこれらのスポーツと軍事のつながりを考えると、「開発と平和のためのスポーツ」という高邁な目標は、「よその」国（途上国）の若者に適用されるだけなのかという疑問が湧くだろう。

ユースオリンピック、ユーススポーツ

二〇一五年のユースオリンピックには、新しい競技として、ストリートバスケットボール、水泳リレー、トライアスロンの男女混合チームが導入された。同じように、二〇二〇年東京オリンピックでは、若者にアピールするために、五つの新しいスポーツのうち三つが、サーフィン、スポーツクライミング、スケートボードという「アクションスポーツ」だ（Thorpe & Wheaton, 2019）。アーチェリー、柔

道、卓球、トライアスロン、およびいくつかの陸上競技トラック種目と水泳の種目に、男女混合チームが導入された。

冬季スポーツでは、一九九八年の長野冬季オリンピックで、サーフィンとスケートボード、スキーのスキルを組み合わせたスノーボードが初登場した。一九九一年に設立された国際スノーボード連盟は、オリンピックスポーツになるために、若者が志向するカウンターカルチャー的な起源と独立性を放棄することを余儀なくされ、しぶしぶ国際スキー連盟（ＦＩＳ）の支配下に入った（Popovic, 2006）。数年後に同様の展開があり、ユーススポーツであるパルクールの支持者は、それを二〇二四年パリオリンピックに導入することを望んだが、国際体操連盟がそのスポーツを乗っ取ろうと企て、パルクールＵＫを含むいくつかの国別組織によって強い抵抗を受けた（パルクール、またはフリーランニングは、ランニングやジャンプ、クライミングを使って、都市や田舎をくまなく移動するスポーツである）。

若者向けのマーケティングを強化し、イメージを改善するための取り組みとして、ＩＯＣは二〇二四年のプログラムにブレイクダンスを暫定的に追加した。バッハは二〇一九年の声明で、サーフィン、スポーツクライミング、スケートボードと合わせて、パリ大会のプログラムは「よりジェンダーバランスが取れ、より若く、より都会的」になると主張した（IOC Executive, 2019）。理屈としては、新しい夏季オリンピックの男子種目は、四大陸の少なくとも七五カ国で、そして女子の場合は三大陸の四〇カ国で「広く実践されている」必要がある。冬季の要件は、三大陸二五カ国である。これらの欧米の都市型スポーツは確立された基準を満たす可能性は低いようだが、新しいサバイバル戦略に対応するためにＩＯＣがルールを曲げることは珍しくない。一九六〇年代以降、スポーツや種目の数は大幅に増加したが、それはジェンダー不平等に対処するよう求める外圧によって、またスポンサーや観客を惹きつける必要性から生じた側面もある。

スポーツ産業のトレンドと若者

プライスウォーターハウスクーパース（ＰｗＣ）は、二〇一六年から毎年、収益の流れと個々のスポーツの視点から、スポーツ業界のリーダーたちが成長をどのように認識し、またスポーツ業界が直面している脅威をどう見ているのかについて調査している。二〇一七年の報告書によると、オリンピックとウィンタースポーツの地位が低下しており、若い視聴者のテレビ視聴率の低下――二〇一二年ロンドンから二〇一六年リオの間に二一％低下――とファン層の熟年化が示された（PwC, 2017）。二〇二〇年東京大会のプログラムに３×３バスケットボールとＢＭＸを含めるなど、若者にアピールするＩＯＣの取り組みにも言及した。

二〇一八年のＰｗＣ報告書は、ｅスポーツの発展と将来のオリンピックへの導入の可能性に焦点を当てた（PwC, 2018）。ＩＯＣは二〇一七年に最初の調査を行い、ｅスポーツを「スポーツ活動」として認定した。同年のこのトピックに関するＩＯＣフォーラムでは、暴力的なｅスポーツとオリンピックの価値観との不一致が議論の的となった。加えて、ＩＯＣによる承認のためには、中心となるスポーツ統治組織が必要だったが、ｅスポーツはその時点ではそのような組織がなかった。二〇一八年のＰｗＣ回答者の八三％以上が、ｅスポーツは（まだ）オリンピックに含めるべきではないと考えていた。アジアオリンピック委員会が主催する二〇二二年のアジア大会には、プログラムにｅスポーツが含まれる。一般的には、調査の回答者は、若い世代の消費者行動の変化と新しい形のエンターテインメントへの変化をスポーツ業界の成長に対する二つの主要な脅威とみなした。

二〇一八年のPwCレポートの数カ月後、バッハはeスポーツの「キラーゲーム」が差別と暴力を助長し、オリンピックの価値観に反することがわかったと述べた。また、すべての格闘技には暴力的な起源があることを認め、彼は現代の格闘スポーツはそういった元の形を「文明化した表現形式」であると指摘した。一部のeスポーツ支持者はこれに同意せず、一五のオリンピック種目で実弾を使用しているIOCが「デジタル銃」をあれこれ言うべきではないと反論した（Kaser, 2018）。このeスポーツ愛好家は、銃を使用するオリンピックスポーツが射撃の技能テストであり、殺人のシミュレーションではないことを認識できなかった。eスポーツで成功するためには、心身の最高のレベルが必要で、それによってプロのゲーマーを「本物のアスリート」だと指摘する支持者もいたが、これに関する研究は確定されていない（Are eports, 2019）。IOCは、二〇一八年の世界保健機関の疾病の国際分類にインターネットゲーム障害が含まれたという事実も考慮すべきだろう（WHO, 2018）。

ロールモデルのレトリック

若者は長い間、オリンピックのロールモデルというレトリックのターゲットとなってきた。無形で定量化できないオリンピックのレガシーの中に、市民の誇り、コミュニティの関与、集団の結束がある。これらは、国産の「ロールモデル」が子どもや若者たちに模範を示し、よりスポーツをするように促すという主張である。逸話的な証拠がこの主張を裏付けるかもしれないが、この希望的観測を立証する研究はほとんどない。

ロゲは二〇一〇年の声明でユースオリンピックを宣伝し、「幾人かの世界のトップアスリート」が若いアスリートの「ロールモデル」となると説明した。彼が取り上げた一人は、ロシアの陸上競技選手であるエレーナ・イシンバエワであった（Rogge, 2010）。三年後の二〇一三年にモスクワで開催された世界陸上選手権で、イシンバエワは、エスカレートするロシアの反同性愛法に抗議するために爪を虹色にした二人のスウェーデン人女性を非難し、世界から否定的な注目を集めることになった。イシンバエワはロシアにゲイやレズビアンはおらず、ロシア人は「普通」であるとぶち上げた（Lenskyi, 2014）。後になって、彼女は単にスウェーデンの女性はゲストなのだからロシアの法律を尊重すべきという意味だったのを誤解されたと主張した。彼女の発言は、訪問者がロシア市民を脅かす同性愛嫌悪の法律から除外されるため、ＬＧＢＴＱのアスリートと観客はソチでの安全は守られるとしたロシアの公式な態度とは矛盾している。多くのグローバルな反応の一つに、二〇一一年の米国の活動家によるアスリート・アライ〈athleteally.org〉というグループの結成がある。その目的は、教育、トレーニング、およびオンラインカリキュラムの資源を通じて、ＬＧＢＴＱの人々のスポーツへの包摂を推進することだった。アスリート・アライと他の支援団体が、オリンピック憲章の差別禁止条項の中に性的指向を含めるようＩＯＣに働きかけ、憲章は二〇一五年に改訂された。グループは、二〇一八年までに約二万五〇〇〇人のメンバーを集め、そのアンバサダーを務めるプロ選手、オリンピック、パラリンピックのアスリートは、間違いなく、イシンバエワよりも若者の優れたロールモデルとなった。

オリンピック選手のロールモデルとしての影響力については、いわゆる「スポーツ熱狂」の国とされるオーストラリアでさえ、オリンピック後の子どもや大人のスポーツ参加への影響は短期間で小さなものであった。二〇〇〇年のシドニーオリンピックの八年後に実施された政府の調査によると、組織化されていないスポーツと身体活動が最も広く実践されており、エアロビクスとフィットネスが最大の成長分野であった（Australian Government, 2008）。二〇一六年のアクティブヘルシーキッズ・オーストラリアの報告書の分析では、スポーツへの参加だけでは、十分な健康効果を達成するには不十分であると結論付けられた。調査では、オーストラリアの五—一七歳の子どもと若者の六四—八五%がスポーツに関わっているが、その年齢層の八〇%は、運動遊びや活動的な移動手段、組織化されたスポーツなどを含む身体活動の一日に推奨されるレベルを達成できていなかった(Vella et al., 2015)。オリンピックのロールモデルは、友達とゲームをしたり、毎日学校まで歩いたりする時間を増やそうと子どもたちを刺激する可能性は低い。

世界的には、五—一七歳の子どもと若者の身体活動が、オリンピックの開催によってプラスの影響を受けるという証拠はほとんどない。二〇一八年に行われた、グローバル・マトリックス3.0という世界アクティブヘルシーキッズ連盟が主導する三回目の調査では、活動的な遊び、活動的な移動手段、地域と環境、家族と仲間、政府の取り組み、座っていることの多い生活行動、身体活動、体力、学校、組織的なスポーツなど、一〇の中核指標を使用し、四九カ国でその傾向を評価した(Aubert et al., 2018)。(ほぼすべての国で一つ以上の指標の評価が不完全だったが、主要な傾向を特定することはできる)。教育、平均余命、および一人当たりの所得に基づく国連人間開発指数(HDI)を使用して国を分類している。

スコアの高い国は、すべて非常に高いHDIとして分類された国で、スロベニアがBで、日本とデンマークがB^-であった。二〇二〇年東京大会に向けての準備が何らかのプラスの影響を与えた可能性はあるが、いずれの国も、少なくとも近年ではオリンピックを開催していない。AまたはA^-の等級はどの指標でもまれで、スロベニアは四つ、デンマークは三つ獲得した。オーストラリアは平均C^-で、コミュニティと環境がA^-、学校がB^+、スポーツがB^-で他の指標がCとDでさまざまである。二〇一二年のロンドンオリンピックを主催してから六年後、イングランドも平均してC^-、一つがB^+でいくつかはCとDであった。二〇一六年のリオデジャネイロオリンピックの二年後にブラジルがD^+という低い格付けになっているのは、二〇一四年以降のブラジルのひどい経済不況と政治問題に起因している可能性がある。

二〇〇八年の北京オリンピックのホストである中国は、夏季オリンピックスポーツでの目覚ましい成功にもかかわらず、D^-で四九カ国の中で最も低い総合評価を受けた。オリンピック選手の早期選抜に重点を置き、対象の子どもと若者のための合宿に資金を優先配分する中国は、六つの指標のスコアが低く、他の四つは落第点だったが、意外なことではない。

達成型モデルのトリクルダウン効果は、すべてのレベルで政府の資金調達の優先順位にむしろ深刻な影響を及ぼす。高度な競技スポーツは常に公的資金の大部分が当てられるが、レクリエーション的な日常の身体活動には十分な資金が渡らない。オリンピック開催後に地元に利益をもたらすと喧伝されているレガシーは、必ずしも地元住民のレクリエーションのニーズを反映するわけではなく、効果的な監視と説明責任の仕組みがなければ実現の保証もない。実際、多くの過去の開催都市で老朽化した「白象」（無用の長物）の会場を見つけることは、重要で価値あるスポーツ施設を見つけることと同じくらい容易い。ベロドローム（競輪場）、スキージャンプ、およびスライディングセンター（リュージュ、ボブスレー、スケルトン種目用の）は、レクリエーションとして親しむ人が多くはなく、しかも最もスキルレベルの高いアスリート以外は立入禁止になるだろう。そして乗馬施設、ゴルフコース、テニスセンターは、ほとんどの低所得世帯が利用するには費用がかかりすぎる。

一方で、地域のレクリエーション施設は、多様な地域のニーズを満たすために必要な資金が不足していることが度々ある。例えばトロントでは、モスパーク・レクリエーションセンターは大規模な改修または建て替えが必要で、二〇一二年に建てられたリージェント・パークセンターのプログラムは大幅に募集人員を超過している。どちらも移民が多く、住宅価格やホームレスの慢性的な問題を抱える低所得層の地域である。地域社会への有用性という観点から見ると、二〇一五年のパンナムゲームのために近隣のミルトンの町に建設された五六〇〇万ドルの競輪場は、年間一〇〇万ドル以上の運営費が必要で、その一部は連邦政府と州政府が負担している（Mattamy, 2019）。

トロントがオリンピックの三回目の招致に着手したとして、その時までに競輪場は時代遅れの施設になっている。同様に、シドニーの低所得地域である西部郊外に、二〇〇〇年シドニーオリンピックのために建設されたアクアセンターは、そのコミュニティには非常に必要な施設なのだが、入場料の高さが地元住民の使用を困難にしているようだ。つまり、エリートアスリートのトレーニング施設の建設と維持には継続的な資金が必要であり、オリンピックでの成功は、政府の支出の優先順位と密接に関連している。

オリンピックメダルのコスト

一九八〇年から一九九六年の夏季オリンピックに関する一九九九年発表の研究では、オーストラリアのメダルの数と政府の資金の間には直線相関があり、金と銀のメダルはそれぞれ約四〇〇〇万ドルと算出された（Tucker, 2008）。ジョンソンとアリ（2004）は、より広範なサンプルを使用して、一九五二年から二〇〇〇年までのすべてのオリンピックの参加、メダル数、および国の経済状況の関係を分析した。単一政党および共産党政権国家のアスリートは、その数と経済状況を考慮すると、予想を大幅に上回った。高所得国は「有意で測定可能な参加の利点」があり、特に冬季スポーツでより多くのメダルを獲得し、開催国もメリットを得た。一九五六年から二〇〇八年にかけてのゴールドマンサックスの分析では、開催国のメダル数はその国の通常の獲得数と比較して五四%増加した。この研究では、飛び込み、水泳、フェンシング、カヌーを含む一部のスポーツに、収入とメダル数との強い関係があり、サッカー、ソフトボール、トライアスロンなどのスポーツでは弱い関係にあることもわかった（Goldman Sachs, 2012年）。国固有の文化的および人口統計学的要因によるいくつかの違いがある。一九六四年の東京オリンピックで導入された柔道における日本の強さはその例である。（男子）サッカーは、比較的費用のかからないスポーツであり、その世界的な人気と高い参加数により、国のＧＤＰとの関連性は低い。

『マクリーン』誌（カナダのニュース誌）の二〇〇〇年の記事は、カナダとオーストラリアの間の支出のギャップに注目した。オーストラリアは五三四〇万ドルのスポーツ予算により、一九九六年のアトランタで四一のメダル、二〇〇〇年のシドニーで三九のメダルを獲得したと報告されている（後者は、幾分開催国の利点がある）。人口が約五〇%多いカナダは、わずか三四〇万ドルを支出し、それに相応するように一九九六年のメダル数は二二、二〇〇〇年のメダル数は六であった。このカナダ人ジャーナリストは、「カナダの」アスリートの競争能力を大きく阻害しているのは資金だと結論付けた。さらに、米国、フランス、英国、オランダ、オーストラリアの支出は、カナダを「大差で」上回ったと指摘した（Deacon, 2000, p. 32）。

「オーストラリアモデル」とは

いわゆるオーストラリアのスポーツ資金モデルは、国家主義的言説のゴールドスタンダードになった。別の見方として、GNPが比較的低い国に焦点を当てた他の報告では、バハマとキューバは他の国よりも支出が少ないにもかかわらず金メダルを獲得できたことがわかっている（Wood, 2016）。一部の国では選手を米国に派遣してトレーニングを行い、それによって資金不足の問題をある程度克服しており、予測をさらに複雑にしている。スポーツリーダーやジャーナリストは、統計を使用してより多くの公的資金を求める声を裏付ける一方で、政府支出の優先度を批判する人は、特に国がオリンピックを主催し、建設とインフラの重い財政的負担を抱える場合、健康と教育予算が不足することを指摘している。

二〇〇〇年にシドニーでオリンピックが開催された九年後、「オーストラリアモデル」は相当な資金を要しただけでなく、指数関数的な増加が必要となったようで、二〇〇九年だけでも一億豪ドルもの追加支出があった（Magnay, 2009）。二〇一〇年、連邦政府は、スポーツの資金調達をビジネスの観点から分析した独立スポーツパネル報告書を発表した。このパネルは、オリンピックの継続的な成功の確保、スポーツの促進、予防的健康増進アプローチにおける身体活動、さまざまなレベルのスポーツを通じたキャリアパスの強化、スポーツの資金調達基盤の強化に焦点を当てた。報告書はその勧告の中でも、オーストラリア人の間で最も人気のあるスポーツ、生涯にわたって市民が参加し、健康とフィットネスを促進する活動に資金を提供することの重要性を強調した。これらの基準から判断して、幅広くアピールし参加の多いスポーツであるゴルフ、テニス、ローンボウルなどと同じくらいの政府資金を受け取っている水球を優先的に出資している不適切な例として指摘した。さらに、オリンピックスポーツとオリンピック種目となっていないスポーツに出資の不均衡があることに疑問が投げかけた（Department of Health and Ageing, 2010）。

言うまでもないが、オーストラリアオリンピック委員会（ＡＯＣ）のメンバーは、オリンピックメダリストに対する侮辱と受け止め、憤慨した。より正確に言えば、パネルが新しい資金要求を拒否したことに腹を立てた。ＡＯＣ委員長のジョン・コーツは、彼が「苛立っている」ことを認めつつ、「オリンピック選手は何十年もの間この国にインスピレーションを与えてきた……彼女ら彼らはオーストラリア人をスポーツの内外で激励してきたのだ」と述べ、「ロールモデル」のレトリックに訴えた。この逆行する認識にもかかわらず、ＡＯＣによって組織され提供されるオリンピックの「ロールモデル」プログラムは、他の多くの欧米諸国と同様に、オーストラリアでも止む事がない（Lenskyj, 2004, 2012a）。例えば、二〇一九年には、オーストラリアの教師たちは、「オリンピックの開放（Olympics Unleashed）」「オリンピックの日」「チャンピオンと話そう」「チャンピオンのように食べよう」「チャンピオンから学ぶ」「チャンピオンを応援しよう」など、幅広いＡＯＣの教材とプログラムにアクセスできた。「困難を乗り越え、情熱を注ぐ」よう子どもたちを元気付けるために、オリンピックとパラリンピックのアスリートたちを学校に招くこともできた（Olympics Unleashed, 2018）。理想主義的なレトリックにかかわらず、一人の「チャンピオン」をどれだけ見倣ったとしても、子どもたちのスポーツへのアクセスが均等になることはない。

社会経済的障壁

当然のことながら、欧米諸国でさえ、経済状況はアスリートとしての成功に直接的に関係している。教育水準局（ＯＦＳＴＥＤ）の二〇一四年の報告書では、英国人口の八六％から九三％が公立学校で教育を受けているが、二〇一二年ロンドンオリンピックで公立学校に通っていた英国代表選手は五九％に過ぎなかった（OFSTED, 2014）。私立学校の卒業生が圧倒的多数を占めるのはフィールドホッケー、ボート、馬術競技で最も顕著であり、ボクシング、バドミントン、テコンドー、柔道の参加者はすべて公立学校卒であるという社会階級の偏りは、特定のスポーツに付随する文化的資本と投資を反映している。

ＯＦＳＴＥＤの報告書は、私立学校の生徒が利用する施設とスタッフには非常に高い財政投資があるという現実を認め、公立学校のスポーツプログラムに緊急の改善を求めた。同報告書で引用されているように、保守派の政治家であるマイケル・ウィルショーは、公立学校の校長が「疑念をもって」競技スポーツを扱ったことを非難し、それによって「わが国を停滞させる社会的不平等を強固にした」と語った。おそらくこれは、スポーツが偉大な平等をもたらす装置であるという一般的だが、証明されていない理屈と言いたかったのだろう。この報告書は、ガーディアン紙のジャーナリスト、デイヴィッド・コンによるＯＦＳＴＥＤが財政的な現実を考察できなかったことを批判した反論を引用した。公立学校に必要なのは、単純にスポーツを優先することにより「献身」的になることだという主張は、「空想」だとコンは主張した（OFSTED, 2014）。

二〇一六年のリオデジャネイロオリンピックで選手の背景を調査したローレンス（Lawrence, 2017）は、英国チームの三六六人のメンバーのうち、入手可能な三二四人の学歴データに基づいて、約三〇％が私立学校に通っていたと報告した。カナダ、米国、英国、オーストラリアについては、私学で教育を受けたアスリートが二〇一六年のリオ大会では全体の三〇・三％を占めることが判明した。二〇一四年ソチ冬季オリンピックでの数値は三二・七％で、冬季の女子選手は男子より私学で教育を受けている割合が高いことがわかった。この研究は、よりお金のかかる冬季スポーツにおいて、特に財力がオリンピックでの成功を予測する要因であることを示した過去の調査結果を裏付けた。ローレンスが指摘したように、カナダ、米国、英国、オーストラリアは直接的または間接的に公的資金をエリートスポーツに使っている。スポーツカナダは年間約一億九七〇〇万ドルの予算があり、あらゆるレベルのすべてのカナダ人に機会を提供することを目的としているにもかかわらず、そのかなりの割合が少数の白人の私立学校教育を受けたオリンピックアスリートに使われている。国の優先事項が生涯スポーツと身体活動を通じて国民の健康と充実を促進することであるなら、政府の財源は、お金のかかるエリート的なオリンピックスポーツではなく、その優先事項に向けられるはずだ。

冬季オリンピックで白人の中産階級の選手が多いことは、これまで地理的要因によるものと説明されてきた。有色人種は意図的に冬季スポーツから除外されているのではなく、暑い国に住む可能性が高いため地理的に不利であると、都合よく説明されてきた（Lenskyj, 2012b）。寒冷地にある国が冬と夏の両方でより多くのメダリストを生み出しているという事実は、この論の支持者に対し、植民地主義と人種差別の結果として世界の富が不平等に分配されているというより具体的な問題を突きつけている。

単一政党の国々では、子どもと若者向けのスポーツ寄宿学校の制度により、数十年にわたって、GDPの高さに見合う以上の数のオリンピックメダリストを生み出す安定した流れを作り出してきた（Johnson & Ali, 2004）。二〇〇八年の北京オリンピック以前には、四歳という幼い子どもも含め、四〇万人を超える中国のアスリートが三〇〇〇のスポーツスクールに通っており、通常一日に六―八時間も練習していたと報告されている。これらの施設でのひどい訓練やトレーニング方法は、身体的、精神的、性的虐待が特徴であった。中国の水泳チームの元メンバーであり、スポーツ社会学者のファン・ホンは、一九四九年以来、「国家の名誉、イデオロギーの優位性、社会的服従、経済的進歩」がこのスポーツ制度の原動力であると説明している。何世代にもわたって子どものアスリートやその家族は、保護されることなく、無力であった（Hong, 2004, p. 352）。ただし、子どものアスリートの搾取と虐待は世界的な問題であり、カナダ、米国、英国、その他の国では、二〇一九年までスポーツスクールや合宿、練習場における性的虐待が何十年も報告されなかったり隠されてきたことを記憶にとどめるべきだろう。

スポーツにおけるセクシュアル・ハラスメントと虐待

オリンピック産業が若者にアピールすることに長年関心をもっていることを考えると、スポーツの場で子どもや若者、主に女性が経験するセクシュアル・ハラスメントや虐待の広がりを目の当たりにすることは、皮肉であり悲劇的でもある。高度な競技スポーツの世界とスポーツ科学界の両方が、これらの組織的な問題とそれがエリートスポーツの有害な文化に影響していることを解明するスピードは遅く、改善はさらに遅い。第1章で述べたように、スポーツにおけるジェンダー平等に向けた「女性を追加してかき混ぜる」というリベラルなアプローチは、競争と万難を排して勝つことを強調するオリンピックモデルに一世紀以上にわたって支配されてきた基本構造と価値体系を改革することはない。

アスリートの権利に関する最近のいくつかの調査と報告では、高度な競技スポーツの危険な文化と、それがメダル数よりもアスリートの健康と安全を優先することを恒常的に怠っていることが確認されている。子どものアスリート、特に体操競技、水泳、フィギュアスケートなどの個人スポーツの選手は、コーチ、トレーナー、医療関係者による虐待被害を受けやすい。オリンピックメダルの魅力は、親の優先順位にも影響を及ぼし、子どものアスリートは虐待を報告してサポートを受ける明確なルートをもたないまま、しばしば取り残される。他の制度的な問題への対処のしかたと同様に、高度な競技スポーツに関係する人々は、その秘密を「一族の中に」留めておくことを好む。このことは、以下で議論する米国オリンピック委員会（USOC）が隠蔽した米国体操連盟（USAG）チームの医師による性的虐待の調査事例が十二分に示している。

スポーツにおけるセクシュアル・ハラスメントに関する研究は、一九九〇年に学術誌に初めて発表され（Lackey, 1990）、ブレッケンリッジ（1997, 2001）やレンスキー（1991, 1992）など初期の出版物がそれに続いた。学校や職場など、社会の他の場に比べて、スポーツ界は、ハラスメントや虐待の問題に対する認識と対応の点で、ひどく足並みが乱れていた。注目すべき例外の一つは、スポーツジャーナリストのジョアン・ライアンで、一九九五年に身体的、言語的、性的な虐待について体操選手とフィギュアスケート選手の経験を徹底的に調査した暴露本を出版した。『プリティボックスの少女たち――エリート体操選手とフィギュアスケーターの育成と破壊』というタイトルが示すように、ライアンは体操とスケートのコーチ達の方針を明確に非難した。スポーツ合宿で両親から離れていた少女は、故障の間も痩身を保ちトレーニングを強要され、その結果、摂食障害、慢性的な痛み、さらには致命的な怪我さえ負った（Ryan, 1995）。子どもや若いアスリートの関係者が、なぜ二〇年以上にわたってライアンの明確な警告に注意を怠ったのか説明することは難しい。方針と手続きがいくらか導入されたものの、USAG事件において若い選手の訴えが広い範囲で隠蔽されたことは、制度の不良を明らかに示している。グローバルな #MeToo 運動というより広い社会背景では、数千人もの個人がセクシュアル・ハラスメントや虐待について声をあげていることを考えると、体操競技の事件は氷山の一角にすぎないと思われる。

「オリンピック・ファミリー」の秘密

『ニューイングランド医学ジャーナル』に掲載された一九九六年の研究（Tofler et al., 1996）は、ライアンの調査結果を裏付けることになる多くの研究の最初のもので、これは、二〇年以上も後のアメリカ体操協会への独立調査と酷似していた（McPhee & Dowden, 2018）。ライアンは二〇一八年のインタビューで、その事例は「私の本のテーマに悲劇的にもぴったり当てはまる。虐待が当たり前の文化なのだ」と述べた（Chotiner, 2018）。USOCに説明責任のある一五のスポーツ組織内で、一九八二年以降に申し立てがなされた性的非違行為には約二九〇人のコーチと役員が関与し、二〇〇六–二〇一六年の期間に三〇〇人を超える体操選手が被害を受けたと証言した（Harrison & Wolf, 2018）。ほとんどの米国のスポーツ当局者は、いつものスポーツ例外主義的立場をとり、それらは金がかかり立ち入ったものだという理由で基本的な児童保護措置に抵抗した。被害者支援に関わる人たちは、USOCと米国の国内スポーツ組織に法的責任が増大すると警告して、児童保護規定の導入をやめさせた国際法律事務所のブライアン・ケイブの役割を確認した。「オリンピック・ファミリー」内の典型的なやり方なのだが、この影響力のある法律事務所は、二七の米国オリンピック組織の弁護を努めていた。USOCのCEOであるスコット・ブラックマンはこの法律事務所の元共同経営者であり、もう一人の共同経営者は世界アンチ・ドーピング規定の策定を支援した人物である（Hobson & Rich, 2017）。

USOCは、米国水泳連盟を監督する立場にあるが、米国水泳連盟は、一九八二年にまで遡ると、約三〇〇人のコーチと役員が関係する性的非違行為の申し立ての対象となったもう一つの国内スポーツ組織である。二〇一〇年までに三六人のコーチが締め出されたが、組織は公表するように圧力をかけられるまで、その個人名を秘密にした。USOCは二〇一二年にこの状況に対応してセーフスポーツ・イニシアチブを設立したが、デンバーにセーフスポーツセンターと被害者相談窓口が設置されたのは二〇一七年のことである（Harrison & Wolf, 2018)。

二〇一六年の分析では、このような問題におけるUSOCの方針はバラバラで限定的だと報告されている（Morton, 2016)。国内スポーツ組織は、代表チームのアスリートにのみ基本的なアスリート保護指針を採用するように求められたが、他は保護されていない。例えば、YWCAの水泳コーチにレイプされたと報告した一三歳の少女は、信じてもらえず、児童福祉当局は彼を復職させ、米国水泳連盟は彼の地位を維持することを許可した。他のコーチ、両親、チームメイトは、「慕われているコーチを通報した」として少女を非難し、言葉による嫌がらせをした。米国アマチュアスポーツ法は、オリンピックスポーツでのセクシュアル・ハラスメントや虐待の被害者に法的手段を提供しなかっただけでなく、「州の不法行為に関する法を阻止して、USOCによる損害に対して一個人が法的な救済措置を求めることをできなくするもの」（Morton, 2016, p. 156, 173）である。オリンピックおよびその他のエリートアスリートの場合、アスリート契約での必須の仲裁条項として、争議はUSOCおよび関連する国内スポーツ組織に持ち込むことが求められている。

カナダでも同様の状況が続いた。二〇一九年のカナダ放送協会（CBC）の調査によると、二〇〇〇から二〇一九年の間に、二二二人のコーチが六〇〇人を超える若いアスリートへのセクシュアル・ハラスメントや虐待で有罪判決を受けた（Ward & Strashin, 2019)。なぜこの長年の問題をスポーツカナダや他の政府部門ではなく、テレビネットワークが調査するまで放っておいたのかは明らかではない。また、アスリートが被害者または加害者として関与する暴行や虐待についてのメディアの記事が、より目立つ場所に掲載される方が明らかに公共の利益であるにもかかわらず、いつもスポーツ面に掲載される理由もわからない。スポーツカナダの対応は遅く、被害者と虐待の目撃者のための調査部門と相談窓口を設置し、苦情手続きに関してスポーツ組織のコンプライアンスに依存して資金を調達するというものだった。スポーツカナダは、当初、一九九〇年代にセクハラや虐待に関する研究に資金を提供していたが、CBCの二〇一八年の報告では、二〇年以上経った後も公式な対応は効果がないことが示された。

性的虐待者とそれを許す者たち

USAGのチームドクターであるラリー・ナサーの二〇一七年の裁判では、数百人の少女の虐待だけでなく、体操競技界、USOC、およびミシガン州立大学(MSU)内での隠蔽の広がりも明らかになった。一五〇人以上もの女性がその審理で、受けた被害について陳述し、ナサーは一七五年の刑を宣告された。ナサーが所属していたMSUの学部長は、虐待者の監視を怠ったこと、および女子学生に対する彼自身の性的非違行為と児童ポルノ所持の容疑で起訴された。要するに、隠蔽の文化は虐待者を擁護し、あるメディアが述べたように、「法的責任を軽減し、USOCのイメージと資金調達の保護が優先され、アスリートはその犠牲となった」(Harrison & Wolf, 2018) のである。

二〇一八年一二月までに、三〇〇人以上の被害者が保護義務を怠ったとしてUSAGとMSUを訴え、二〇一九年三月に五一人の被害者がUSOCに対し、過失および報告と調査の積極的な隠蔽について訴えを起こした。他の多くのオリンピック関連のスキャンダルと同様に、メディア報道がその後の調査に弾みをつけた。この事件の場合、元体操選手がナサーの虐待について発言するきっかけとなったのは、性的虐待の申し立てに対するスポーツ統治機関の対応についてのインディアナポリススター紙による調査であった。

ナサー裁判の中でサバイバーが提示した明白な証拠に加えて、独立調査（Ropes & Gray, 2018）と米国上院の調査（Moran & Blumenthal, 2019）の両方で、USAG、USOC、MSU、さらにはいくつかのFBI調査官さえも加担した詳細が明らかになった。『サバイバーの勇気』と『ラリー・ナサーの虐待を可能にした一連の要因について』という二つの報告書のタイトルは意義深い。これらの組織の主要なプレーヤーを複雑なネットワークが繋ぎ、虐待の加害者と、その組織の観点からは同様に重要なスポーツの評判を守ろうとしたのだ。気がかりな調査結果の中には、USAGがFBIに確かな申し立ての報告を送った後も、MSUがナサーを四二〇日間雇用し続け、それによって虐待の継続を可能にしてしまったという事実がある。二〇一九年を通じて、米国司法省の犯罪捜査は、FBI、米国テコンドー、米国安全スポーツセンターなどにまで拡大された。ある情報源によると、これらは、「広範囲にわたる児童虐待の兆候に対処するオリンピック制度の大々的な失敗」を調査するものだった（O'Brien, 2019）。

二〇一五年七月にUSAGのトップであるスティーブ・ペニーとFBI捜査官のジェイ・アボットの意見交換は特に暴露的であった。その中でペニーはナサーを「封じ込める」方法と「彼の任務を穏やかに終わらせる方法」を話し合っていた。二〇一六年五月のメールで、ペニーはFBI捜査官に、ナサーに対する申し立てをした組織としてUSAGの名前を出さないように要請した。その理由は、匿名性が「はるかに平等な競争条件を維持する」ということだった（Gibbs, 2019）。その文脈を考えると、このメタファーの使用は衝撃的である。彼はメディアの注目を集めることなくナサーを「引退」させ、それによってUSAGが世間の語り口をコントロールできるようにしたいとほのめかした。ペニーはその後、代表チームのトレーニング地であったカーロイ・ランチからの文書の削除を命じたことにより、証拠を改ざんした罪で起訴された。

二〇一五年、USOCのCEOであるスコット・ブラックマンは、FBIに通知される数日前にペニーから申し立てについて知らされた。ロープとグレイの報告では、ブラックマンが申し立てについてフォローアップしたという証拠を見い出せなかった。そして上院の小委員会は、彼が虚偽の陳述を行い、議会に誤解を招いたとして司法省に負託した。USAGと米国水泳連盟（USAS）が虐待スキャンダルに対処していた二〇一八年二月に、ブラックマンは辞任し、二〇一九年七月に公開されたUSOCの文書では、彼は二四〇万ドルの退職金を受け取っていた。これらの財務文書は、USOCが二〇一八年の法定費用として一三一〇万ドル支払ったことも示しており、これは同じ年度の米国セーフスポーツセンター（Center for Safe Sport）の予算の四倍以上で、優先順位が誤っていることを明確に示している（Reid, 2019）。

二〇一九年一月、虐待事件の余波の中で、事態を懸念した五〇人ほどの元オリンピック選手と他の有名スポーツ選手らがチーム・インテグリティ〈teamintegrity.org〉と呼ばれる組織を結成した。その目的はUSOCのインテグリティの回復であった。この組織は、「アスリートファーストの文化」を創り出すために、USOC内のガバナンスおよびその他の問題に対処することを目的とした一二項目の詳細な勧告を作成した。勧告には、選手が直接代表を送り出すことと、委員席の五〇％は選手に割り当てること、および内部告発者保護が含まれていた。不正行為の報告手順と争議解決の問題について、チーム・インテグリティは選手に不利な「山積み」の問題を正確に特定し、「USOCは、ナサー隠蔽運動に参加した企業を含む、反アスリート法律事務所との関係を必ず断ち切ること」という明確な要求を示した（The Committee, 2019, §10）。七月までに、チーム・インテグリティのメンバーはオリンピック・エリートアスリートとコーチ一四〇名を超え、その他の「オリンピック・ムーブメントで虐待されたアスリート」のカテゴリーでは二七人にまで増加し、体操競技虐待事件に関連して多くの重要な介入を行った。

結論

オリンピック産業は、存続し続けるための取り組みの中で、参加者と観客の両面から若者にアピールすることに照準を合わせており、二〇二〇年の東京オリンピックで導入された新しいスポーツは若者向けのキャンペーンを反映するものだ。オリンピック推進者は、自国のオリンピックアスリートを子どもと若者を鼓舞する保証付きの資源としているため、ロールモデルのレトリックもその目的にかなう。実際、エリートスポーツへの政府の気前のよい資金提供は、子どもや大人の健康とフィットネスにはほとんど使われず、多くの税金がオリンピックスポーツやオリンピックメダルのためのトレーニングや施設に向けられ、地元のレクリエーションプログラムや施設は苦しい状況にある。

USAGやUSOCなどのスポーツ統治団体が最近示したように、国レベルでは、若者に対して向けられる関心が、実際には潜在的なメダリストに向けられているのは悲惨なことである。オリンピックで成功することの魅惑は、若いアスリートに対する過失と、何百人もの少女と若い女性に対する虐待の隠蔽への加担の大きな動機であり、そのためには人的な犠牲は省みられない。USAGの事件は、スポーツ組織の有害な風土、特に内部告発者に対する敵意、被害者を非難する対応、そして犯罪行為を「オリンピック・ファミリー」の外に知られないための一丸となった取り組みの典型例である。

第8章　アスリートの権利、アスリートの人生

剣闘士と人質

オリンピック産業の心臓部には、一番潤う層とはほど遠く、アスリートたちがしばしば人質にとられる搾取構造がある。アスリートたちは国家を意識させる演出に利用され、スポンサー企業の世間向けの顔となって、潤沢な利益を約束するオリンピック公式ブランドのランニングシューズ、ペットボトル水などを宣伝する。ナイキのような会社が「銀メダルを獲ったというような、金を獲れなかったのだ」というメッセージを販売促進に使うのをみると、宣伝ツールとしてのアスリートの寿命はあまり長くないのは確かなようだ。

二〇一〇年バンクーバー冬季オリンピックでジョージアのリュージュ選手ノダル・クマリタシビリが練習走行中に死亡した際、動揺を隠せない様子を世間にさらしたオリンピック組織委員長ジョン・ファーロングも、ただちにダメージコントロールにむけた実利的な対応で態勢を立て直した。アスリートとカナダ国民には肝心なことを忘れてもらっては困る、というように、ファーロングは「これがオリンピックなのであり、スポーツとはこういうものだ」（Furlong, 2011）と言ったものである。アスリート

はどうやら使い捨てらしい。後に出た検察医報告書は、クマリタシビリの死亡を事故死とする所見を出しながらも、二〇〇九年のオリンピックテストイベント後に国際競技連盟（ＩＦ）が行ったトラック評価にも言及しており、速度の「設計と計算のミス」だったのではないかと懸念される、と明確に記している。この評価後に氷の形状と防護壁の調整がある程度行われたものの、クマリタシビリの死亡事故を防ぐには至らなかったのだ（Ministry, 2010）。

スポーツ運営組織の怠慢が世界的に注目された例は二〇一九年にもある。東京で八月に行われたオリンピックのテストイベントで競技したアスリートが極度の高温と湿度に見舞われ、ある種目では午前七時の開始時点で気温が三〇度に達していた。数人の選手が熱中症症状の治療を受け、会場の観客にも日陰が不十分ではないかと懸念された。暑さは同年、国際陸上競技連盟（International Amateur Athletic Federation、後に International Association of Athletics Federations/IAAF）世界選手権でも同じように深刻な問題になった。カタールのドーハで開催されたのだが、平均気温が二九―三九度に上がる九月のこと、最悪の暑さと湿気を避けようと、マラソンは真夜中にスタートした。気温三三度、湿度七三％の中、ゴールできた女性ランナーは六八人中わずか二八人だった。男子のときはいくらか暑さが和らぎ、気温二九度湿度四八％で七三人中五五人が完走した。担架と車椅子が連なる列と、ゴールラインに急ごしらえした救護所の映像をメディアが伝え、一人のアスリートがこれを「災害だ」と表現した。なぜよりにもよってカタールを選んだのかと、「スポーツのグローバル化」だとコーが抗弁したＩＡＡＦの判断を非難する声も、次々に上がった（Bloom, 2019b）。近年のＩＦとＩＯＣに見られるパターンに漏れず、スポーツのメガイベントを独裁体制下で開催する実利的メリットが、カタールが選ばれた要因になっていたことは疑いの余地がない。

使い捨てといえば、第7章でとりあげた二〇一八年から二〇一九年にかけて行われた性的虐待調査で、米国の体操コーチらの野蛮なやり方が明らかになったが、その多くが、文句を言う女子は片っぱしから追い出すぞ、とあからさまに選手に脅しをかけていた。「蹴り落されたくなかったらボートを揺らすな」ということだ、とあるサバイバーが語っている（Ropes & Gray, 2018, p. 126）。体操であれ水泳であれ、個人競技のスポーツが閉じた社会を形成すると、コーチをはじめとするチームのスタッフには、虐待目的で子どもをてなずけ、告発しそうな者の口を封じる機会がふんだんに生じる。

ドーピングもまた、アスリートの健康に対する明らかな脅威なのだが、オリンピック産業のレトリックでは、公平な競技機会と競技種目の名声に対する脅威ばかりが強調される。もうかれこれ三〇年以上も、国際オリンピック委員会（ＩＯＣ）と世界アンチ・ドーピング機構（ＷＡＤＡ）はほとんど成果のない反ドーピングキャンペーンに途方もない時間と資金を投じているのだ（Dimeo & Moller, 2018）。二〇〇四年に導入された競技直後の抜き打ち検査は、アスリートに対する監視監督を格段に強化した出来事だった。この強化は数年後、エリートアスリートたちにどこで何をしているのか毎日詳細に情報提供させるウェアアバウツ（Whereabouts）・システムの導入でまた一段と進む。二〇一七年には世界オリンピアンズ協会（World Olympians Association）のトップ、マイク・ミラーが、マイクロチップインプラントを電子追跡システムとして使って、アスリートの居場所が反ドーピング調査官に常時わかるようにしてはどうか、とまで言い出した（Best, 2017）。仮釈放中の囚人並みの監視である。今日のオリンピックアスリートが古代ローマの剣闘士に例えられてもおかしくないと思わせる例は、これ以外にも無数にあるのだ。

二元論的思考と身体

一九世紀以降、より速く、より高く、より強く、というオリンピックモデルによって、性別、ジェンダー、セクシュアリティの問題に対する二元論的思考が抜きがたく定着してしまった。競技スポーツを完璧な男女のカテゴリーへ編成したことは、体型とスポーツパフォーマンスにジェンダーに関連した(しかしジェンダーが決定打になるわけではない)差異があることの視覚的で象徴的なエビデンスになっているのだが、それが単に社会の規範を反映するレベルを超えているのだ。一九五六年メルボルン夏季オリンピックを皮切りにスポーツ・メガイベントのテレビ中継という世界が出現し、世界中の視聴者が、男らしい種目で活躍する男子と女らしい種目で活躍する女子の映像をふんだんに与えられ、それによってスポーツの男らしさ女らしさという狭い定義がますます強く根付いた。

ジェンダーにかかわらず、アスリートの体型は人類共通のそれと同じく、おおむね中胚葉型(筋肉質で頑丈)、内胚葉型(大柄で固太り)、および外胚葉型(背が高く痩せ型)の三種に分類される。内胚葉型は現代スポーツではほとんど活躍できないが、数少ないこの体型に向いた運動のひとつに相撲がある。ただし相撲の競技者は大部分日本人男性であって、オリンピック種目に含めるにはグローバル性に欠ける。オリンピックアスリートの体型は、極度に小柄な思春期前の女子体操選手から、非常に大柄な男性射撃選手まで多岐にわたる。大部分のアスリートはこの両極端の間に収まり、ほとんどが体脂肪率の低い、各自の種目にとって至適な筋肉の発達と適切な範囲の体重である。トップレベルの女性アスリートが昔ながらの第二次性徴(胸と腰)を呈した体形を持っていることはあまりない。これは大部分、体脂肪率が低いことと、精力的なトレーニングも選考プロセスも低年齢時にはじまるためである。コーチも親も、才能に恵まれた子どものアスリートを本人の体型と、身長、体重、筋力の強さ、敏捷《びんしょう》性、コーディネーション能力のバランスを一番活かせる種目をやらせ、同時にモチベーションや意思の強さがより高まるように働きかけることが多い。

二〇〇九年以降、欧米白人の思い描く女らしい姿に沿わない女性の陸上選手がスポーツ運営組織によってスティグマを与えられ、貶《おとし》められる出来事が続いた。欧米メディアからさも恐ろし気に歪曲された姿が報道され、その姿に対して有名な男女スポーツ選手が嫌悪と怒りをあらわにしたのである。テストステロン数値が女性として「正常な」範囲を超えていると判断されたために、性別確認検査に不合格になって疑いの目を向けられた女性アスリートたちは、その後「性分化疾患」（ＤＳＤ）ありと診断された。後にスポーツ医学専門家らによってそれほど露骨でない「体の性のさまざまな発達（ＤＳＤ）」に置き換えられたレッテルである。この何十年も前にも、「両性具有者」という言葉が「インターセックス」に道を譲ったことがあるのだが、スティグマの度合いはどちらも変わらない。大方の内分泌学文献が相変わらず、性のさまざまな発達ではなく疾患という表現を使っているのも由々しいことだが、これはおそらく内分泌学がスポーツ科学と比べて一般の注目を浴びにくいことが原因だろう。

どういう言葉を使おうと、オリンピック産業の医師等が、こうしたテストステロン濃度を疾患に当たる状態であり、外科を含めて医学的介入が必要である、と定義していることに変わりはない。今、議論の焦点になっているのは、ＤＳＤの中でも主として高アンドロゲン症である。高アンドロゲン症の女性アスリートは、内因性（自然に生じる）テストステロン数値が女性として「正常な」範囲に収まらない。「男性ホルモン」と一般に言われるテストステロンの数値は、どのジェンダーにおいても個人差があるのだが、スポーツをする女性が高数値だと、いい成績を挙げられて不公平だと思われる。こうした問題については、現行ルールを批判する側が繰り返し指摘してきたように、最も速い男性ランナー、男性スイマーの生体構造と生理も、「遺伝的に才能に恵まれた」、「遺伝子フリーク」と称される程度に、はっきりと「正常」範囲を超えている。ところが、こうした男性の誰ひとりとして、高アンドロゲン症の女性のようにスティグマ化されることも、医学的にあるいは外科的に体を変えよと要求されることもない。それどころか、その突出した能力を祝福され、マイケル・フェルプスの翼のような長い両腕、イアン・ソープの脚の長さ、ウサイン・ボルトの脚筋を主要メディアは驚きと尊敬の念をもって次々と映し出す。

これらの目に見えて測定可能な「天性の武器」はわかりやすく、それがオリンピックで男性の好成績に貢献する場合には、称賛と喝采を浴びるのはどういうことなのだろうか。唯一目につく例外が黒人選手で、「人種」が故に白人のライバル選手よりも生来的に有利なものをもっていると責められるケースである。対照的に、高アンドロゲン症は大部分が身体の内部のことであり、必然的に女性の体の構造、生理、そしてセクシュアリティという「謎」が想念されるため、男性とは劇的に異なる一般社会とメディアの反応が生まれる。高アンドロゲン症の女性を異様なもののように言い立てることが、「公平な競争の場」レトリックと「私たちが考えているような女性スポーツの終わり」というお決まりの予言じみたせりふでいつも正当化されてしまうのだ。

IAAFのいう「女性らしさ」とは

過去一〇年間のテストステロン論争では、アフリカ系とアジア系女性が不当に標的にされてきたが、インターセックスが疑われた女性の最も早い報告例は欧米の白人女性たちであり、米国の陸上選手ヘレン・スティーヴンズ、ソビエトの陸上選手イリーナ・プレス、タマーラ・プレス、ポーランドの陸上選手ステラ・ウォルシュがいる（Heggie, 2010）。一九三六年オリンピックで世界記録を破ったあと、身長六フィート（約一八三㎝）のスティーヴンズは男ではないかと非難されたが、強制的に受けさせられた性器検査では単に背が高いだけで女性として問題ないと当局も納得した。一九六〇年、一九六四年夏季オリンピックで、プレス姉妹が見せた驚異的な活躍は世間とメディアに注目され、筋肉隆々とした体から男ではないか、ホルモン剤を服用しているのではないか、という憶測が広まった。冷戦時代の敵愾心《てきがいしん》もこうした疑念を激しく煽ったのである。これらの女性が全員陸上競技選手だったことは注目に値する。

すでに一九四六年の時点で、ＩＡＡＦは、女性であるという適格性を示す医療証明の提出を女性アスリートに義務付ける、と規定していた。同団体は、一九六六年、性別確認検査基準を確立したが、プレス姉妹はその実施前に引退している。ウォルシュがオリンピックで優勝したのは一九三二、三六年だが、本人の性自認が明らかになったのは一九八〇年の事故死の後だった。性別検査方針が確立するのは現役時代の何十年も後のことだったから、ウォルシュの経歴に性別検査の痕跡は一切ないが、一九八〇年に性自認が明らかになると、一部のアスリートからＩＯＣにメダルと記録の取消しを求める声が上がった。二〇一二年の医療委員会会合の席上、ＩＯＣ並びにＷＡＤＡのメンバーであるアルネ・リュンクビストが聴衆に対し、スポーツ運営組織は「性別検査」（目視による初期の女性アスリートの性器検査および後の染色体検査実施の方針のこと）の要求を放棄したとはいっても、アスリートのジェンダーに疑問が生じたときは「適切な対応を取る」権限はもっていることを忘れないように、と呼びかけている（Karkazis & Jordan-Young, 2018）。そして二〇一九年の時点で、ＩＯＣの方針によりトランスジェンダーのアスリートやＤＳＤのあるアスリートの参加資格に関して各ＩＦが独自の規制を設けることが認められている。

4人の女性アスリートの経験

高アンドロゲン症を詳細に考察していく文脈として、あまり知られていないが同じように懸念される四人の若い有色人種女性の経験は非常に参考になる。二〇一二年ロンドンオリンピックの後、年齢一八歳から二一歳、いずれもグローバルサウス農村地域出身の女性アスリート四人が、性腺切除をしない限り競技できないと告げられた。二〇一三年、パトリック・フェニチェルが率い、スポーツ医学のスペシャリストでＩＡＡＦのメディカルサイエンス部長でもあるステファン・バーモンを含む一〇人の研究者が、女性のテストステロン高値の裏に「診断されないＸＹ ＤＳＤ」（高アンドロゲン症）が潜んでいるのかどうかを検討した研究を『ザ・ジャーナル・オブ・サーキュレーション・アンド・エンドクリノロジー・メディシン』に発表した（Fénichel et al., 2013）。（細胞中の染色体パターンに基づく二元的分類では、ＸＹは男性の「正常」パターン、ＸＸは女性の「正常」パターンを示す）。この論文は四人の若い女性の体の構造や生理のプライベートな詳細を、病理解剖用語で露骨に解説する、全体的に対象が人間であることを忘れたような論調の報告書であった。

フェニチェル論文によれば、この医療チームは、女性たちの運動能力とは何の関係もない追加手術を「提案」したそうである。それが「女性化のための膣形成術」と陰核部分切除だったのだ。六年後、セメンヤがスポーツ仲裁裁判所（ＣＡＳ）に申立てをした際の審理で証言したバーモンは、「女子種目で競技するなら性器の手術をしろとＩＡＡＦがかつて一度でも女性に要求したなどとは、まったくのでたらめである」と証言している（CAS, 2019, §334）。提案しただけというなら、ＩＡＡＦ所属の医療チームとキャリアが左右されかねない若い女性との大きな力の不均衡を無視した発言である。

フェニチェル研究の共著者の大半が「スポーツ運営組織に代わってエリートアスリートの間でDSDの照会先として協働している」ニース、およびモンペリエ大学病院に勤務していた(Fenichel et al., 2013, 強調追加)。また、高アンドロゲン症関連症例を審理するIAAF陪審員を同時に務めている者もいた。これら二つの病院、そして数多くのDSD「専門家」が関与する「協働」であってみれば、倫理的問題が生ずるのは明らかで、IAAFの「専門家」審査員と「独立的」医学研究者および医師の役割と責任の境界があいまいなことが特に懸念される。後者はヒポクラテスの誓いのほか、未証明の医学的・外科的介入は患者の生命を救ったり、健康を回復したり、苦痛を和らげたりする望みがあると考えられる場合を除いて許されないと述べている一九六四年世界医師会採択のヘルシンキ宣言[＊1]にも拘束されているのだ。

フェニチェル論文は、「患者および方法」項において、フランスでは倫理委員会による「公表の承認」は要求されない、と述べている。この点を考えると、IAAFがフランスの二つの病院と協働して、アスリートたちにDSD関連の医療介入と「研究」を実施したという事実が、ただの偶然とは思えなくなる。例えばスウェーデンのカロリンスカ研究所とその病院には、この分野の研究の長い実績があり、IAAFの目的にかなう対応ができたかもしれないのだ。数多いこの研究の批判者の中には、英国のス

＊1 人間を対象とする医学研究の倫理的原則であり、一九六四年に世界医師会の総会で採択された。Declaration of Helsinki (World Medical Association) https://www.wma.net/what-we-do/medical-ethics/declaration-of-helsinki/, 日本医師会 https://www.med.or.jp/doctor/international/wma/helsinki.html

ポーツ科学者ピーター・ソンクセンらがおり、行われた手術を「暴力的性器切除（genital mutilation）」[＊2]と的確に表現して、それが深刻な倫理上の問題をはらんでいる、と強い言葉で見解を発表した（Sonksen et al. 2015）。

二〇一九年、ドイツ公共放送連盟（ＡＲＤ）が、ＩＡＡＦの規定について、四人の若い女性のうちウガンダの陸上選手アネット・ネゲサと「ララ」（仮名）の二人のインタビューを織り込んだ心穏やかならぬ内容のドキュメンタリーを放送した。性腺摘出術自体も、受けるとどういうことになるのかも十分説明されず、インフォームド・コンセントを出せるような状況ではなかったことが、二人が語った内容からうかがえた。二人とも手術以外の選択肢はないと言われていて、受けろ、と脅されていると感じたという。最初はパフォーマンスが低下するが、練習すればまた競技に出られるから心配しなくてもいい、と言われた。「簡単な手術」だから、と繰り返され、ネゲサはテストステロンを取り除く処置なのだろうと理解していたが、意識が戻ったとき腹部の傷を発見して衝撃を受けたという。さらに、アフターケアが不十分で、短期的なホルモン治療しか受けていなかったため、二人は骨粗鬆症やうつ病などホルモン不足に起因する深刻な健康被害に苦しんだ。ＡＲＤチームからこの手術のことを問題にされたコーは、そうした健康被害の問題は守秘義務の範囲内で「自分の医療チームから常に報告を受けている」と答えた（Mebus et al., 2019, 強調追加）。コーはまた、「より広い影響力」、つまり「できるだけ多くの選手が、自分たちが公平な場で競技をしていると感じられる」ようはからうことだ、というお決まりの正当化を繰り返した。つまりは、コーのいう自分の医療チームがＩＡＡＦファミリーの一員として、女性スポーツを保護するという（と自身が主張する）より大きな価値のためにＩＡＡＦの規定を実行する共犯者になったということだ。

キャスター・セメンヤとデュティ・チャンド

高アンドロゲン症の論争は二〇〇九年に本格的に始まった。まず南アフリカの中距離選手キャスター・セメンヤが、続いて二〇一四年インドの短距離選手デュティ・チャンドが標的にされた。いずれも有色人種女性で、匿名の苦情が契機となってＩＡＡＦが二人の性自認の精査を開始した当時は一八歳だった。精査プロセスの詳細は無数のメディア記事や学術出版で徹底的に文書化され、批評されている。二〇〇九年から二〇一九年までのフェミニスト研究者や批判的人種学者による貴重な分析をいくつか以下に挙げる。Schultz（2012）、Magubane（2014）、Henne（2014）、Pieper（2016）、Karkazis and Jordan-Young（2018）、Henne and Pape（2018）、Pielke and Pape（2019）、Tannenbaum and Bekker（2019）。

セメンヤとチャンドの経験の時系列と、ＩＡＡＦの規定、ＣＡＳでの裁定の変遷をたどってこの議論の足場とする。

二〇〇九年八月　キャスター・セメンヤ（ＣＳ）、ＩＡＡＦ世界選手権八〇〇m走で優勝。
ＩＡＡＦ、医学的検査を行い、ＣＳを一一カ月間出場停止とする。

＊2　おそらく途上国で問題になっているＦＧＭ（女子の割礼）を意識して genital mutilation を使っている。日本語では「性器切除」と訳されるが、通常「切除」に対応する resection 等と比べて mutilation には残虐な面があり、ＦＧＭも女性器の暴力的切除（縫合）、と訳されることが多い。

二〇一〇年七月　ＩＡＡＦ、テストステロンを下げる治療の完了を以ってＣＳ出場停止解除とした。

二〇一一年四月　ＩＡＡＦ、女子種目の出場資格に関する規定を発表。以下二つの重要基準が基本：

・内因性（自然に生成する）テストステロン数値が一リットル当たり10ナノモル（nmol/L）を超えないこと。

・理学的検査によりアンドロゲン応答性または不応性を「男性化の程度によって」評価すること（ＩＡＡＦ、二〇一一年）。

二〇一四年五月　デュティ・チャンド（ＤＣ）、アジアジュニア陸上競技選手権二〇〇ｍ走で優勝。

二〇一四年七月　ＤＣ、性別確認検査に回される。

二〇一四年八月　インド陸上競技連盟がＩＡＡＦ規定を根拠にＤＣを無期限出場禁止に。

二〇一四年九月　ＤＣ、インド陸上競技連盟とＩＡＡＦを相手取りＣＡＳに不服申し立て。

二〇一五年七月二四日　ＣＡＳ、暫定決定により高テストステロンが有利というエビデンスの提出をＩＡＡＦに要求。

二〇一五―二〇一八年　ＣＡＳ、ＩＡＡＦ規定の適用を二年間停止。

ＤＣ、ＣＳ両名、規定抵触を解除され、リオ二〇一六年オリンピックを含む国際競技に出場可能に。

二〇一八年六月一八、二五日　ＣＳと南アフリカ陸上連盟（ＡＳＡ）、ＣＡＳに不服申し立て。

二〇一八年一一月　ＩＡＡＦ規定、四〇〇ｍから一マイル（約一・六㎞）までの競技の出場資格としてテストステロン濃度5nmol/L未満を要求。
二二〇一九年五月一日　CAS、CSとASAの申立て却下。
〇一九年五月二九日　CS、スイス連邦最高裁判所に上訴。
二〇一九年六月三日　スイス連邦最高裁判所、規定適用の一時停止を認める。
二〇一九年七月二九日　スイス連邦最高裁判所、手続き上の不備を根拠に適用停止を破棄。

スポーツと「法廷」

オリンピック産業がセメンヤやチャンドのような女性の生活や生計手段をどれほど支配しているのかを理解するためには、CASの役割について検討する必要がある。一九七〇年代以降、アスリートが個人の権利と集団の権利の問題で政治的に活発になるにつれ、IFその他のスポーツ運営組織は、多くの法的問題への対応を迫られることになった。明らかにオリンピック産業の覇権を脅かす流れであり、IOCは一九八三年、独自の「裁判所」を設立することでこれを乗り切ろうとした。Tribunal Arbitration du Sportというフランス語のタイトルからもわかるように、これはメディアの主流の報道でよく使われるような「スポーツ裁判所」ではなく、仲裁裁判所である。CASの設立根拠の説明として、「スポーツのことはスポーツとして、法律のことは法廷に」という仲裁人の宣告がある（Beloff, 2012, p. 80）。

オリンピック憲章（二〇一八年）では、オリンピック競技関連の紛争は「もっぱらスポーツ仲裁裁判所に提出されるものとする」（強調追加）とされている。つまり、出場資格、ドーピング、その他の懲戒処分の根拠についてスポーツ運営組織の決定に異議を唱えるアスリートは、自国の人権裁決機関や法廷に訴えることができないということなのだ。現実の世界ではこの制度は強制仲裁と呼ばれ、明らかに被雇用者からもアスリートからも権利を奪っている。よく知られている例に、フォックスニュースのジャーナリスト、グレッチェン・カールソンが上司のロジャー・アイルズをセクシュアル・ハラスメントで告発したときの経験がある。ロジャー・アイルズの弁護士は、カールソンの契約書には仲裁による解決を図ることとする規定が含まれているのだから、訴訟ではなく仲裁によって解決しなければならない、と主張した。

エリートアスリートの場合、スポーツ運営組織と締結しなければならない契約書に仲裁を強制する規定が含まれていることを正当化するために、スポーツ例外主義が利用される。オリンピック界では、CASに蓄積される裁定例の体系をスポーツ法と呼ぶのだが、仲裁法廷としてのCASは、仲裁人の目的にかなう、非常に例外的な場合を除いて、判例主義で運営されているわけではない（Lenskyj, 2018）。多くのオリンピック産業組織と同様に、CASは自身を独立組織だと主張するが、実際にはIOCがその運営にかなりの権限をもち、資金援助を提供し、仲裁人の任命やCASの裁定体系に影響を与えている。IOCのメンバーの中には、CASの陪審員を務めたことがある者、仲裁人と弁護士の役割を切り替えながら続けている者がいる。元IOC事務局長のフランソワ・カラールはいくつかの中立てで仲裁人を務めた経験があり、CAS中立てのIF代理を専門とするスイスの大手法律事務所を率い、おおむね勝っている。

公正な審理とは？

CASの「山積みデッキ（stacked decks）」［＊3］問題によって、アスリート個人は明らかに不利になっている。少数のスイス法律事務所が、通常IAAFやFIFAなど主要なIFの代理人となって数多くのCAS案件に関与し、その広範なインサイダー情報が裕福なクライアントに有利に働く。近年、年間平均五〇〇から六〇〇件の申立てを受けるCASの審理は、毎年毎年同じIFと、同じ法律事務所が、次々とどの案件にも出廷するという光景が繰り返されている。一方、アスリートがCASの審理に出廷するのは、おそらく生涯に一度か二度で、優秀なスポーツ専門弁護士にアクセスして弁護を頼めるかどうかは、どれだけ金が出せるかどうかに大きく左右され、CASが提供する限られた法的支援では、この不均衡の是正はとうてい望めない。

三人の仲裁人または単独の仲裁人から成る陪審団は、すべての当事者とその専門家証人から聴き取りを行う。諸判断は一部〈tas-cas.org〉で公開され、二〇一九年の規則変更で懲戒案件の公聴会が可能になったが、判断の公表と公聴会開催に関しては、すべての当事者が合意しなければならない。二〇一七年のある検証では、CAS裁定の公表は三〇%未満と判明しており（Spera, 2017）、アクセス可能な関連判決と判例の集合体としての「スポーツ法」の妥当性がさらに疑問視される。CAS規約によると、CASの判断に対する不服申立てを審理するのはスイス連邦最高裁判所のみであり、それも、過去CASの判断が覆った例は手続き上の不備を理由とした場合のみで、ごくまれである（Lenskyj, 2018, Ch. 2）。

二〇一四年のチャンドの審理では、陪審団のトップが、科学者として強いバックグラウンドをもつ元裁判官のアナベル・ベネットだった。「性の決定要因は一つではない」とする、より広範な科学界の意見に同意する暫定判断を行い、IAAFの規定が差別的であるとの見解に基づいて、陪審団はIAAF

＊3　有利または不利なカード（条件）がどんどん積み重なっていくこと。この場合はCASに一方的に有利になるということ。

に二年の猶予を与え、高アンドロゲン症の女性が実際にどの程度パフォーマンス上有利になるのか、科学的なエビデンスの提出を命じたのである（CAS, 2015）。

五年後、セメンヤのCAS審理でもほぼ同じ論拠が展開されたが、中でもスポーツ医学と内分泌学の専門家の間で交わされた議論が際立った。CASは、IAAF規定が「一様に差別的」であり、「変えようのない生物学的特性をもつ個人の集まり」を標的にしていることをはっきりと認める裁定を出したのである。このDSD規定に対して、おそらくは女性スポーツという「保護された区分」を維持するという「合法的な目的を達成するために必要であり、合理的かつ均衡のとれた手段」であるのかどうかを検討し、そうであることを認めはしたが、「当該規定を今後実際に適用することに関して深刻な懸念」を表明した――ということで、力強い支持とは程遠かった（CAS, 2019）。アナベル・ベネット、ハンス・ネイター、ヒュー・フレイザーからなる陪審団のうち、特定されないが、一名が反対意見を表明していたことを見逃してはならない。二〇一四年に暫定裁定を出したチャンドの陪審団の構成（ベネット、ネイター、リチャード・マクラーレン）に注目すると、セメンヤの申立てでは、いずれも両方の案件にかかわっているベネットかネイターのいずれかが反対意見であった可能性が高いと思われる。

バーモンチームとT論争

一一月一日から実施されたIAAFの二〇一八年改訂DSDガイドラインには、パフォーマンス上の有利さに関するバーモンとガルニエの二〇一七年（BG17）の知見が盛り込まれている。『ザ・ブリティッシュ・ジャーナル・オブ・スポーツ・メディシン』（BJSM）に掲載されたバーモンとガルニエの研究報告書は、テストステロン（T）高値が、四〇〇mから一五〇〇mまでのトラック種目で、女性ランナーに有利だと述べている。チャンドの種目は一〇〇mと二〇〇m走、セメンヤは四〇〇m、八〇〇m、一五〇〇m走だった。多くの批判者が指摘したように、BG17でこれらをいずれも高テストステロン値が有利になる種目であると特定しているにもかかわらず、IAAFの新方針は、セメンヤの種目を対象にしながら、棒高跳びとハンマー投げは除外した疑わしく選択的なものである（Pielke, Tucker, & Boye, 2019a）。

BG17研究は、これら以外にもピエルケら（2019）の科学研究の公正性とIAAF規定に関する論文によってIAAFとの食い違いが数々特定されている。ピエルケら三人の科学者は、この論文執筆に先立って、バーモンとガルニエに論文のパフォーマンスデータの公開を依頼していた。データ共有は今や科学の世界の常識になっていると指摘しつつ、再分析、独立した再現性確認、さらなる研究を目的として依頼したのである。やっとのことで、BG17データのサブセットをひとつ受け取ったピエルケらは、IAAFが規制対象にする予定だったトラック種目に関するデータの一七―三三％に問題があることを確認し、アスリートの重複、タイムの重複、そしてファントムタイムの三通りの重大な誤りを特定した。三人はその結果、BJSMにバーモン、ガルニエ論文の撤回を求めた。同誌の編集者たちはピエルケらの要求を拒否しただけでなく、三カ月かけた話し合いの末に、ピエルケらによる元論文の誤りの分析の掲載をも拒否したが、この分析はその後、『ザ・インターナショナル・スポーツ・ロー・ジャーナル』（ISLJ）に受理され、二〇一九年二月七日にオンラインで公開された（Pielke et al., 2019a）。ピエルケらがパフォーマンスのデータを受け取った直後、BJSMはバーモン他三名（医学研究者二名、統計学者一名）による、いくつかのデータの誤りを認め、最新の分析で二三〇の瑕疵《かし》ある所見を削除した、と説明する書簡を掲載している（Bermon, Hirschberg, Kowalski, & Eklund, 2018）。

バーモンは、DSDのあるアスリートの比率が大きすぎる――彼の証言によると一般的女性人口の一四〇倍――のは「成人男性レベルの血中テストステロンに間接的ではあってもパフォーマンスを上げる効果がある、という明確なエビデンスとなっている」と主張している（CAS, 2019, §320）。テストステロン濃度が、男女の筋肉量と強度、および関連する運動能力の違いを説明する重要な要因であるという、真偽を厳しく問われている仮定に基づいていることをみれば、彼がいうところの比率の過大さは、間接的な証拠であるとともに状況証拠でもある、という主張も可能ではないか。

誤りと訂正のパターン

二〇一九年二月、セメンヤのCAS審理で口頭証言したバーモンは、DSDをもつ女性の投薬前後のパフォーマンスに関する自分の証人陳述で、八〇〇mレースでのパフォーマンスの向上はドーピングまたはDSDによるものである、これらの選手はすべて治療後競技に復帰した、そしてその後パフォーマンスの低下を経験した、と述べたのは誤りであったと認めている（CAS, 2019, §349）。

七月までに、ピエルケは、『クリニカル・エンドクリノロジー』誌に掲載された「男女間のテストステロン濃度の大きな乖離」（Clark et al., 2018）と題するある二〇一八年の文献レビューの中の誤りを特定していた。IAAF規定の裏付けとして引用されていたレビューである。ピエルケがあらためて解析したところ、彼らのいう「大きな乖離」について、バーモンとIAAFが行った主張の信頼性を著しく損なう誤りが発見された（Pielke, 2019b）。適正な実施の問題については、ピエルケらが自身の掲載文献について、いくつかの小さな誤りを訂正するフォローアップレターをインターナショナル・スポーツ・ロー・ジャーナル（ISLJ）に送り、しかしこれにより自分たちの解析や結論が変わることはない、と述べていることは注目に値する（Pielke et al., 2019b）。

『クリニカル・エンドクリノロジー』誌の編集者は、ピエルケの再解析結果を認めなかったが、二〇一九年八月になってクラークらによる長い詳細な正誤表を掲載した。実質自分たちの元解析を全面改訂したともいえる内容であった（Clark et al., 2019）。だが実害を食い止めるには遅すぎた。この元文献を依拠する情報源のひとつとして、当該ＩＡＡＦ案件が審理され、二〇一九年五月、ＣＡＳの決定が出されていたのである。事実二〇一九年六月にワシントンD.C.で開催された女性アスリートの規制に関するセッションでプレゼンテーションを行ったピエルケは、バーモンがクラークらの分析に「大きく依存していた」と報告している（Pielke, 2019a）。クラークらは作成した正誤表の中で、ＤＳＤのある女性を対象とした先行研究六報の結果をレビューした原典の表にある不整合を、"46, XY individuals with 5ARD2" の後に "men" という単語を挿入することによってごまかしている。（46、ＸＹはＸとＹ染色体が1本ずつある個人を指す。５ＡＲＤ２は５αリダクターゼ欠損症を指し、これは性別の不明瞭な性器につながる可能性がある）。言い換えれば、選択した六報の研究を自分たちの目的に沿わせるために、クラークらによる修正後の表は、五九人の女性被験者を男性の分類に入れなおすという間違いを犯しており、ピエルケの言葉を借りれば「故意であり、かつ甚だしい誤り」であった（Clark et al., 2019; Pielke, 2019c; Pielke & Pape, 2019）。

ことごとく、ＩＡＡＦによるＤＳＤ規定の科学的根拠に疑問を投げかける展開である。さらに、人権擁護者、法学者、倫理学者、反人種主義活動家等が、多くの法的・倫理的瑕疵を指摘している。これらの瑕疵として、自然生成するテストステロンを理由に個人の女性を対象に絞るのは公正ではなくかつ倫理にもとること、瑕疵があることが明白である研究に基づいて一定のトラック種目を特定したこと、黒人女性を始めとする有色人種の女性が不均衡な影響を被っていること、そして二元論的思考を捨てきれないスポーツ科学研究の失敗が挙げられている。倫理的な問題については、ＩＡＡＦがＩＡＡＦに関連する研究者に研究を委託すれば利益相反が生じる可能性があることは明らかである。私が二〇一八年に提言したように、スポーツ運営組織は「エビデンスに基づく方針の策定のためには内部の専門家ではなく」独立した研究者を使うべきなのだ（Lenskyj, 2018, p. 162）。

「どんな姿なら」女性なのか？

バーモンは二〇一九年、ＣＡＳの決定が出た数週間後に『科学と未来』誌の取材を受け、自身の見解を詳細に述べている。「テストステロン値が高く、女性として社会的に受け入れられていて、女性「らしく見えたい」」、女性の競技に出場したいと思うならジェンダーが女性だと認められるための治療法（経口避妊など）が標準的な治療法となる」（Mulot, 2019a）。つまりは、高アンドロゲン症のアスリートが健康上の問題を抱えていて医学的な「ケア」を求めているという説はまだ確定していないにもかかわらず、ＩＡＡＦの医師は高アンドロゲン症の女性アスリートにとって何がベストであり、「本当の女性」に見えるために何が役立つか知っている、女性たちだって「本当の女性」のように見えたいに決まっているのだから、と言いたいのだ。バーモンはさらにエストロゲン治療（経口避妊薬）を男性から女性へのトランスジェンダーにとっての標準治療であると抗弁したが、その一方血栓症リスク増加の副作用があることは認めた。また、テストステロンを低下させる薬の名前を他に二つ上げた上で、生殖腺摘出術も選択肢であるとも述べている。

性腺切除は「美しいスタンフォードのオフィスで思考を深めるばかりで米国中心の視野しかなく、私が出会ってきたようなアフリカ系DSDアスリートの現実を真剣に見ようとはしない生命倫理ブローカーによって、さも恐ろしいことのようにいわれてきた」とバーモンは個人攻撃を始めた（Mulot, 2019a）。バーモンと彼のヨーロッパの同僚の多くの方こそ、アフリカやインドのアスリートたちに「正常な」女性らしさというユーロ中心主義を押し付けている、と非難されてもしかたがないことをやっているではないか。バーモンのいう「生命倫理ブローカー」とは、おそらくスタンフォード大学の文化人類学者カトリーナ・カルカジスと社会医学者レベッカ・ジョーダン＝ヤングだろう。ふたりが二〇一八年に『フェミニスト・フォーメーションズ』誌に執筆した記事には、二〇一二年のスポーツにおける科学、教育、医学に関する国際会議（International Convention on Science, Education and Medicine in Sport/ICSEMS）でバーモンが行ったプレゼンテーションに対する痛烈な批判が含まれていた。カルカジスとジョーダン＝ヤングは、バーモンがすべての女性アスリートに競技前の婦人科検診を義務付けることを推奨していたと伝えている。バーモンは性器検査が「貧しい国ではあまり普及していない」事実を嘆き、異常ではないかと思われるものを発見することが早期の「診断と治療」につながりうるのだと述べていたという（Karkazis & Jordan-Young, 2018, p. 27）。

会議での発表「男性と女性——異なる表現型（Men and women: different phenotypes）」でバーモンは一八世紀のゴヤの絵画「裸体のマハ」を使って自論を展開した。平均的な体重で目につく筋肉のない丸みを帯びたゴヤによる白人女性の芸術的描写と、体重二四〇ポンド（約一〇九kg）の黒人プロボディビルダー、ケネス・ホイールアーの写真を対比させ、「正常な男性と女性」の例として紹介している（これは「極端な例」であると認めてはいる）。テストステロンとパフォーマンスの問題では、バーモンは、（テストステロン）高値の女性の中にはテストステロン受容体がなく（アンドロゲン不感症症候群

／ＡＩＳ）、したがって運動上の利点がない者もいることを解説している。実際そうした女性は「完璧な女性、少なくとも外観は完璧な女性の表現型をもっている……ほとんどの場合、非常に美しい女性でモデルかと思うこともある」、とも何の根拠もないのにバーモンは付け加えた、とカルカジスとジョーダン＝ヤングの報告書が伝えている（2018, p. 24）。

「ジェンダーは二元論的なものではない」

カルカジスとフランスの競技コーチ、ピエール＝ジャン・ヴェゼルは、二〇一九年、二人が専門家証言を行ったＣＡＳ審理の後、『科学と未来』誌上でインタビューを受けている。カルカジスとヴェゼルは、テストステロンが「男性の性ホルモンであり」運動能力を含めて「男性的なものすべてを駆動する」という発想の背後にある瑕疵ある考え方を特定し、女性として「正常な」テストステロン値を設定することの恣意性も指摘した。さらにカルカジスは、ＩＡＡＦは自分たちの時代遅れで非科学的な性別の定義に基づいて動いているが、「性の指標は少なくとも染色体、生殖腺、ホルモン、第二次性徴、外性器、内性器と六種類あり、この中に二元論的なものは何一つない」と指摘している（Mulot, 2019b）。その何年も前に、生命倫理学者ベネット・フォッディとジュリアン・サヴァレスキュは、スポーツの男女別から生ずる不公平を具体的に挙げ、「ジェンダーが二元論的な性質のものではないことを認識する」必要性を強調していた。「性別が二つしかない、インターセックス状態が非常にまれであるようなふりをすること」は、問題に対処する上で有用な方法ではない（Foddy & Savulescu, 2011, p. 1188）。当時のジェンダー関連のスポーツ方針に対する他の多くの批判者と同様に、二人の懸念は、二〇〇九年にＩＡＡＦがセメンヤを不適切に扱ったことに端を発していた。

スポーツのジェンダー二元論的思考の正当性に対する疑問は、少なくとも一九六八年にはカナダの解剖学教授キース・ムーアの論説が『ザ・ジャーナル・オブ・アメリカン・メディカル・アソシエーション』に掲載され、以来医学雑誌に発表されてきている。この時代、女性といえるかどうかは染色体検査によって判断され、染色体が余分にある女性は女性ではないとされた。ムーアはこのやり方を、染色体以外の性別基準が本人の社会的性別に合致している人間にとっては、非常に不公正だと述べている。ムーアは「性的表現型の九つの構成要素」を、外性器、内生殖器、生殖腺の構造、内分泌学的性別、遺伝学的性別、細胞核的性別［＊4］、染色体的性別、心理学的性別、社会的性別と具体的に挙げ、「どの指標または基準をとっても、個人の性別を適切に表すことはできない」と結論している。ところがムーアは、一九六〇年代の用語を用いて、「高度な男性化」は、これらの女性が「偽両性具有者」である可能性が高いことを示唆していると思われると主張し、それゆえに運動競技上有利になる可能性が高いと思われる、と結んでいる（Moore, 1968, p. 788）。五〇年経った今、振り返ると、当時のムーアは二元論カテゴリーの正当性を問うた点では時代を先取りしていたと思われる。一方のバーモンらは、未だに一九六〇年代の発想を超えられていない。

男性化を評価する

アンドロゲン受容体の機能やＡＩＳの評価が難しいため、高いＴ値を男性化であるとして、その外観指標のリストが医療専門家によって作成され、スポーツ医学的な調査の指針とされた。低い声、乳房萎

＊4　細胞核に含まれる染色体の構成を根拠に判断する性別。

縮、無月経、筋肉量、多毛症、子宮がない、クリトリスが「大きい」が含まれている。カルカジスとジョーダン＝ヤング（Jordan-Young, 2018, p. 26）は、そのような判断がいかに主観的であり、「歴史上の時期、場所、人種的イデオロギー、個人の状況によって変わってくる」か、を解説している。上述したバーモンによる女性の美しさと正常な女性表現型の評価には、白人異性愛者男性がやりそうな主観的評価が反映されている。

セメンヤの弁護士も、バーモンの男性化評価プロセスは「非常に主観的で（中略）民族性の影響を受けている」、「ほとんど必然的に不確実で一貫性のない恣意的な結果が生じる」（CAS, 2019, §61）と論じている。セメンヤ側の専門家証言に立ったヴェゼルが、二〇一八年に仏競技協会（French Athletics Association）主催の医学会議でバーモンが行ったプレゼンテーションのことを報告している。女性の表現型とアンドロゲン受容体の効率性を評価する方法という問題に関して、バーモンが、クリトリスの大きさについて自分が以前に言及したことを会議で繰り返した上、「発展途上国では近親相姦に関連して遺伝的突然変異がよく起こる」（§110）と付け加えたことをヴェゼルは指摘した。一方バーモンは、自分の評判を「中傷」しようとして「不公平で誤解を招く説明をした」とヴェゼルを非難し、「ＩＡＡＦがグローバルサウスの選手を不当に標的にしているのではないかという指摘をとりわけ強く否定した」（§336, 337）のである。有色人種女性が特定のトラック競技で圧倒的に強く、この規定の主たる被害者であることは明白な事実であるにもかかわらず。

男性化の評価は、批判側のいうスポーツ界のジェンダーポリシング（性別規範の威圧）の最も新しい展開である（e.g. Pieper, 2016）。ジェンダーポリシングについては二〇一九年、英国の元水泳選手シャロン・デイヴィスが「むやみなＰＣ（政治的に正しい）をやめないとこの問題を口にすることもできなくなってしまう」と述べている。デイヴィスはさらに、一九七〇年代の染色体による「性別確認検査」(頬の内側の細胞を採取するもの)を復活させるべきだと提案した。「恥ずかしい思いをさせるわけではないし」(Dibble, 2019)ということらしいが、確かに一九六〇年代の「ヌード・パレード」よりも恥ずかしくはないだろう。女性性器を詳細に調べるのは、昔のジェンダーポリシングの二一世紀版ともいえる、屈辱的で品位を落とさせようとする行為の長い伝統を踏襲する行為である。先に引用した問題の多いフェニチェルらの論文には、「アンチ・ドーピング機構のスタッフ」がある若い女性の「クリトリス肥大」を報告しており、その女性をフェニチェルが所属するニース大学病院の生殖内分泌科に照会してきた(Fénichel et al., 2013, p. E1056)ことがさりげなく言及されている。こんな究極のプライバシーに属する詳細がどうして職員にわかったのかと思う人もいるだろう。

WADAの規定によると、通常の薬物検査中アスリートは、尿サンプルを採る際「衣服を脱ぐか、調整する」ことを要求される。アンチ・ドーピング機構のスタッフに、乳首から膝までが丸見えになるようにするためで、かなりの数の女性アスリートが苦痛を感じる要求である(Mazanov, 2016)。さらになんともいえず嫌なのは、医療の専門家でもないドーピング(検査の)担当者が、異常かどうか判断する目的で、排尿する女性アスリートの性器をしげしげと見ていた可能性が高いことである。批判者側から疑問が出ているとおり、誰がクリトリスの「正常な」サイズを決められるというのだろう。DSDのあるアスリートに関するIAAFの二〇一九年規定は、「反ドーピング目的のためのサンプルの収集および分析から得られた情報/データ」をIAAFメディカル・マネージャーの調査に使用することができる(IAAF, 2019a, p. 3.3)と述べて、この行為を特異的に正当化している(IAAF, 2019a, p. 3.3)。有色人種女性の性器をこんな風に調べるという卑猥さは、ミソジノワール、つまり黒人女性に対するミソジニー（ミソジニーは女嫌い、ノワールには黒いという意味がある）の明確な例である（Akpan, 2019）。

みんなが（ＩＡＡＦ）ファミリー

セメンヤの審理では、ＩＡＡＦ側専門家証人の中にデイヴィッド・ハンデルスマンがいた。セメンヤ側の証人の一人である内分泌学者のリチャード・ホルトがその研究に異議を唱えていた内分泌学者である。ハンデルスマンは、「競技パフォーマンスの男女差のホルモン的根拠となる血中テストステロン（Circulating testosterone as the hormonal basis of sex differences in athletic performance）」（Handelsman, Hirschberg, & Bermon, 2018）という共著論文に対するホルトの強い批判に長々と回答している。開示内容の要約によると、三人の共著者は全員がＩＡＡＦおよびＩＯＣの高アンドロゲン症およびトランスジェンダー・アスリート・ワーキンググループのメンバーであった。

ホルトにＩＡＡＦとの関係を批判されていることに対して、ハンデルスマンは、この研究はＩＡＡＦによって「書かれたものでも、委託されたものでも、資金提供されたものでもない」と反論した。「明確化のために書き方の提案」をＩＡＡＦの弁護士らが行ったのは「査読が完了してからかなり後のことである」とハンデルスマンは述べている（CAS, 2019, §363）。後にこの問題について再度発言したときのハンデルスマンは、このときの主張に反して、「ＩＡＡＦの弁護士は草案作成中に支援を提供したが、それは草稿の書き方の提案とコメントに限られていた」と述べた（§367、強調追加）。つまり、査読の前である。最初に公表された版には、「ジョナサン・テイラーＱＣとエリザベス・ライリー（Bird & Bird）による有用な洞察と見解」と記した、後に削除される一文が含まれていた（§134）。この二人は、チャンドとセメンヤ、いずれの審理でもＩＡＡＦの代理人となった弁護士で、二〇一五年のＤＳＤ規定を起草したＩＡＡＦ委員会にも加わっていた。このＩＡＡＦ委員会の第三者法律家はマイケル・ベロフで、ＣＡＳの他の多くのメンバーと同様にＩＦ規則の作成と施行に携わっていた。このように、任務の重複と潜在的利益相反が、ＣＡＳの運営に頻繁に見られる特徴である（Lenskyj, 2018）。ハンデルスマンの証言記録には、「彼が専門家証拠を提供したことでＩＡＡＦから報酬を請求し、受け取るかどうかは（中略）この訴訟の結果次第ということだった」（§367）という記述もあった。一部の国が勝者に与えるオリンピックの「メダルボーナス」を思い起こさせる取り決めである。

ＩＡＡＦのもう一人の専門家証人である法学部教授（元国際級陸上選手）のドリアン・コールマンは、女性のスポーツを維持するためには、「性腺による性別」のみを根拠とする女性種目の保護が不可欠であると強く主張した。コールマンは、高アンドロゲン症という用語は、「女性であると自認する生物学上の男性」の症状を指すのであり、男性なのだからこうしたアスリートが一部の女子競技種目で優位に立ったのだと述べた（§395）。コールマンの発言を不正確で侮蔑的だと判断した批判者は多く、ヴェゼルもその一人であった。ヴェゼルはコールマンを「生物的な性別とジェンダーという概念の混同を煽り、何よりもこれらの女性に対する暴力を定着させようとしている」と非難した（Mulot, 2019b）。これに対してＩＡＡＦ側は、こうした女性を「生物学的な男性」に分類しなおすことに対してはそのつもりはないと激しく否定した。これはメディアの報道やコールマンの証言(Ingle, 2019a)と真逆である。

これについては元オリンピック走者ポーラ・ラドクリフも、ＩＡＡＦが高アンドロゲン症の女性を男性と考えていたととれる発言をしている。

ＩＡＡＦは体を変えろとは言っていないと思う。女子の部に出場したいのならテストステロンのレベルを下げなければならないということでしょう。そうしないならトップを狙わないレベルでどうぞ走って。つまりは男子の部でね。(Radcliffe, 2019)

女子トラックのトップアスリートですら、高アンドロゲン症だろうとなかろうと男子部の予戦も通らないのが現実なのだ。例えば、男子四〇〇m種目の予選通過タイムは四四秒九〇で、セメンヤの自己ベストは四九秒九六である(Semenya clocks, 2018)。

コールマンは、証言中最低でも二回、自分の法律専門分野に無関係の問題を根拠なく一般化した。まず「女性アスリートは心配なことがあっても、それを口に出せないようういじめられてきた」という発言である。次に、「性腺による性別」ではなく性自認による出場資格の判断は、「エリート女性アスリートの大部分が支持しないと考えるのが合理的だ」という発言(§396)。実際には、トラック種目はすでにコールマンが主張しているとおり「出場者がほぼ有色人種女性で埋まっている」のだから、トラックに出場する有色人種女性の大部分は、コールマンの二番目の十把一絡げの発言に同意しないだろうと想定するのが合理的である。女性アスリートがいじめに遭ってものが言えなくなっている、と言い立てたことでは、コールマンの立場はさらに危うくなった。例えば、二〇一九年のグーグル検索で「Paula Radcliffe and Caster Semenya」と入力してみると、ＩＡＡＦのジェンダー方針を最も辛辣《しんらつ》で声高に支持する一人であるラドクリフに、数えきれないほどの欧米メディアソースで歓迎の書き込みが寄せられていることがわかる。ラドクリフやデイヴィスや他の引退した女性アスリートの、世間に開かれた場での発言に対するネット上の反応のほとんどは、考えを同じくし、そうであることを隠そうとしない個人からの書き込みである。ところが、反ハラスメントを標榜しているはずのツイッターやフェイスブックのようなソーシャルメディアが、辛辣な意見を歯止めなく口にする野放図を助長しているのは間違いなく、これらの議論のあらゆる側で口はばからない発言者が、こうしたプラットフォーム上で日常的に攻撃されている。

結論

気候変動という別の論争の的になっている問題に関連して、科学的正当性を慎重に護るために、オーストラリアの元科学相イアン・チャブはそのプロセスを以下のように説明している。

科学は、世界がどのように機能しているかについて先行する発想や見解を反証するエビデンスを発展させることによって前進していく。したがって、どの分野であっても私たちが知っていることは、厳しい精査を受けながら覆されることなく残ってきたエビデンスの蓄積である。個々の論文や報告書の知見や結論は、公表されてさらに精査を受け、その上でエビデンスに基づいた政策、プログラム、規制に採用される。(Independent Expert Panel, 2019)

科学界で広く受け入れられているこのアプローチを考えると、「蓄積された証拠」には該当せず、「厳しい精査」に耐えるだけの堅牢《けんろう》性が証明されていない調査研究を狭い範囲で取り上げ、それを根拠に方針、プログラム、規則を策定するＩＡＡＦは、明らかに科学の域外である。だが、スポーツ例外主義に頼り、ＩＯＣがＩＦに与える権限を行使することで、ＩＡＡＦは証明されていない科学、二元論的な思考、白人、欧米人の固定観念を根拠に出場資格規定を作成し、実施している。有色人種の女性はこうした非文明的な方針や慣行の第一の犠牲者である。こんなことを、女性のスポーツが「保護種目」であり続けるために必要だとＩＡＡＦは主張しているのである。

第9章　ジェンダー方針——課題と対応

IAAF対世界の批判者

高アンドロゲン症の科学と倫理の議論の文脈において、世界各国の批判者に対する国際陸上競技連盟（IAAF）の傲慢《ごうまん》で自分の非を認めようとしない反応は要注意である。人権団体その他の組織が懸念の声を上げると、IAAFとコーは、スポーツ例外主義が他のすべての議論に勝るのだ、という事実を理解できない無知で頭の弱い輩、といいたげな態度をとった。

二〇一九年四月二五日の声明で、世界医師会（WMA）は、IAAFの当該規定を施行すれば医療倫理や人権の国際基準に違反することになる、と医師に警告している。

世界医師会は、患者の最善の利益と患者の尊厳を尊重した医療の提供以外の目的のために、医師がその力量と技能を使用することを要求するいかなる行為にも、断固として反対する。医療（法律上の例外がいくつかあり、ここでは適用されない）は、医学上の必要性がある場合にのみ正当化される。本人が、苦しんでいることを示し、適切な治療を望む意思表示をしないのに、インターセック

スの状態があるというだけで医学上の適応となることはない。(WMA, 2019)

これに対してＩＡＡＦは、ＷＭＡの警告に配慮してこの「治療」を拒否する医師がいるのなら、ＩＡＡＦは、医学研究の倫理原則であるヘルシンキ宣言（第8章訳注1）を無視することにやぶさかでない医師にアスリートを差し向ける、と言ったのだ。

同じく四月、数カ月前にＩＡＡＦの初代規律委員に任命されていた南アフリカの法学部教授スティーブン・コルネリウスが、ＩＡＡＦ会長のコーに辞表を送っている。「この不正に対して信念を以って強く反対するべく果敢であれ」と他の関係者に呼びかけ、コルネリウスは以下のように記している。

ある特定の人々、その全員が女性、を生まれながらのあり方のみを理由として排除せよと主張する組織の関係者であり続けることは、自分の良心としてできかねます。(SA lawyer, 2018)

コルネリウスに続いたＩＡＡＦ関係者が一人でもいた形跡はない。

国連人権委員会は五月二〇日、セメンヤの訴えを審議して配慮の厚い決議を出した。「多くの女性と少女が、スポーツにおいてさまざまに重なる複合的なスティグマと差別に立ち向かわざるを得ない」ことをはっきりと認め、以下の措置を講じるようＩＡＡＦに求めるものだった。

……女性・少女アスリートに強制、強要その他圧力をかけることによって、不必要で有害な医療処置を受けさせる方針の策定や行為の実施を控え、身体的インテグリティと自律性に対する女性・少

女アスリートの権利を否定する規則や方針、実践行為を撤廃すること。(UN, 2019)

同委員会は二〇一八年のＩＡＡＦ規定について懸念事項を具体的に説明した。

(これらの規定は)、体の性のさまざまな発達をもつ女性の権利を含め、国際社会で認識されている人権規範、基準に適合しない恐れがある。一般の基準に照らして正当化できるエビデンスがないままに策定されたのではないかと疑われ、合理的で客観的な規定とはいえず、規定の目的と提案された措置との間に均衡を欠くと思われる。(UN, 2019)

国連人権高等弁務官には、二〇二〇年六月までにスポーツにおける人種差別とジェンダー差別の複合に関する報告書を作成するよう、指示が出された。

当然ながら、ＩＡＡＦはこの介入に激怒した。「スポーツ例外主義」と「攻撃は最高の防御なり」の折衷アプローチをとったＩＡＡＦは、ＢＢＣスポーツの取材に答えて、国連決議の作成者がセメンヤ案件の考え方や事実を理解できなかったのだと主張し、決議文には「漠然として具体性に乏しく不正確な記述が多い」と述べた(Caster Semenya, 2019)。案件の当事者であるＩＡＡＦが証人の証言について「内部情報」をもっていたことは当然だろうが、それをいうなら人権侵害を特定して救済策を提案することにかけては国連人権理事会のメンバーの方がＩＡＡＦよりもよくわかっているというのも同様に当然である。

国連に対するＩＡＡＦの返答は、「共通の基盤」とやらを方向性に挙げることで、かすかに折合う姿勢を見せた。「女性が国内および国際的スポーツで自由に競技できるように、女性スポーツの公正な競争を維持することが重要だという信念をもっているのはどちらも同じなのだから」(Diamond, 2019, 強調追加)。実はこの主張は、国連決議の文言を歪曲したものであった。国連決議に「公正な競争」の美徳を謳う文言はどこにもなく、「公正さ」は一カ所、特異的にスポーツが推進する価値としての「公正さ」に言及されているだけで、そのあとに、スポーツにおける規制や慣行の中に「女性を競技出場から排除する結果になりうるものがある」(UN, 2019, p. 1, 2) という明示的な警告が続いている。

女性のスポーツ団体

二〇一九年五月三〇日、女性とスポーツに関する国際ワーキンググループ (International Working Group on Women and Sport)、ウィメン・スポーツ・インターナショナル (Women Sport International)、国際女子体育・スポーツ連盟 (International Association of Physical Education and Sport for Girls and Women) は、「自分の自然な状態を変える薬の服用」をアスリートに強制することは、これらの女性を「持って生まれた生物学的特性を理由として」処罰するもので、差別的であり、ジェンダーの不平等を強要しているとの書簡をIAAFに送った。書簡は、IAAFは女性とスポーツに関するブライトン宣言とヘルシンキ宣言の署名者であり、国連の数々の平等規定を課せられている立場ではないかとくぎを刺している。この数週間前、コモンウェルスゲームズ連盟のCEOデビッド・グレベンバーグが、この問題を議論して彼の言う「事実確認のためのアプローチ」を実行したい意向を示す書簡をIAAFに送っていた (Pavitt, 2019a, 2019b)。自団体の道義的使命を自覚せよとIAAFの責任感を喚起しようとするこうした善意のリベラル側からの対応は、あまり効を奏することはなかったのである。

ＩＡＡＦは、相変わらず相手を見下して言い逃れようとする態度で、この女性スポーツ三団体の「思い違い」と誤りを指摘した。オリンピック産業サークルの常としてスポーツ例外主義の議論をもち出し、ＩＡＡＦは「民間団体」であるから、欧州や世界の人権文書の適用範囲外であり、ヘルシンキ宣言を遵守する義務もないと主張したのである。ＩＡＡＦはまたもや精神の高みを気取り、自分たちが平等な処遇と差別撤廃に真摯に取り組んでいること強調した。ＩＡＡＦは、男女別競技の根拠となる問題の規定を「女子選手に勝つ機会を平等に保証する唯一の方法」であるとして、「女性を保護するための区分」は、自認ではなく生物学を根拠としなければならないという見解をあらためて示した（IAAF, 2019b)。実際のところ権力も強制も圧力も使われたことはなく、こうした医療処置を受けるかどうかは個人の判断である、という瑕疵《かし》ある議論をまた持ち出したのだが、いつものように、拒否すればこれらの女性は競技出場資格を失うことになるだろうという面は素通りされていた。

最後にＩＡＡＦは、この治療（テストステロン値を下げる薬）が「標準的な対応と認識されており、投薬は本人が選んだジェンダーをより反映する体に変わる効果がある」(IAAF, 2019b) という誤った主張をした (IAAF, 2019b)。体の性のさまざまな発達（ＤＳＤ）をもつ選手が自分の体に満足せず、エストロゲン錠剤やスピロノラクトンやそれ以外の、シプロテロンのようにもっと深刻な副作用があるテストステロン抑制剤をもらおうと医院で列を作っているとでもいいたげだが、そんな証拠はどこにもない。

「私たちはキャスターだ、キャスターは私たちだ」

ＩＡＡＦの高アンドロゲン症規定が適用差し止めとされていた二〇一五年から二〇一八年までの期

間、IAAF規定を支持する側、特に白人アスリートは、目立って声高だった。欧米諸国の主要メディアはIAAFの職員や医療専門家、そして「公平な競争の場」と「公正さ」を声高に口にする数え切れないほどの引退した女性アスリートに惜しみなく放送時間を割き、この規定の保留は、女性スポーツの終焉の始まりだ、と予告する姿を映像として流した。二〇一八年にIAAFの新規定が施行され、セメンヤがCASに訴えたことで、世間やメディアの関心が急速に高まった。

ガーディアン紙のようなメディアでは、もっとバランスがとれて細部に配慮した報道も現れ、アフリカのメディア報道の大半は、セメンヤや他のアフリカ系女性アスリート支持を明確に打ち出してIAAFの規定に反対するスポーツ指導者、政治家、研究者、アスリートの発言を伝えた。二〇一九年二月に「セメンヤ案件は全黒人女性の身体に対する攻撃である」と題した記事の中で、ソウェタン・ライブのジャーナリスト、ンブイセロ・ボタは、「奴隷制、植民地主義、アパルトヘイトが黒人の身体に対して過去常にとってきた態度がセメンヤの経験と闘いの中に顕在化」している様を論証した（Botha, 2019)。高アンドロゲン症のアフリカ系アスリートを異様なもののようにいうことの根底にあるミソジノワール（黒人女性に対するミソジニー）を取り上げる解説もいくつか出た（Akpan, 2019; Dash, 2019)。二〇〇九年に高アンドロゲン症論争が始まった当時、南アフリカ陸上連盟（ASA）会長であったレナード・チューンは、今聞いても十分的確な発言をしている。

アフリカの少女の体のつくりをとやかくいう白人は何様なのか?……よその国の人間が我々に向かって「あの子の鼻や体型が気に入らないから、ラボに直しに連れていきたい」などと言うのは言語道断である。これは純然たる人種差別だ。(Smith, 2009)

南アフリカのスポーツ相トコジレ・クササは、「南アフリカ国民の代表者が、我々はキャスターであり、キャスターは我々自身なのだ、と大々的に宣言して全世界に知らしめる」ことを呼びかけ、党派を超えてすべて国会議員の支持を得た（Mokone, 2019）。セメンヤのCAS申立てをサポートする南アフリカの運動のひとつに、クササが二月に起こしたソーシャルメディアキャンペーンがある。#Natural-lysuperior（強いのは生まれつきの才能）のハッシュタグを使い、多くが#HandsoffCaster（キャスターに手を触れるな）、#standwithCaster（キャスターを独りにしない）などのタグを掲げてこれに続いた。

勝者、敗者、フェアプレイ

高アンドロゲン症論争中のグローバルメディアの報道を見ると、セメンヤが見せる高潔さと他のランナーに対する寛容さに対し、「他のランナー」が頻繁に示すスポーツマンシップに欠けた態度がまざまざと浮かびあがる。二〇一六年リオオリンピックの八〇〇m走決勝でメダルを取れなかった白人走者たちが、レース後抱き合う映像がある。四位にメリッサ・ビショップ（カナダ）、五位にジョアンナ・ヨズヴィク（ポーランド）、六位にリンジー・シャープ（英国）。セメンヤは三人に向かって親しみを込めて手を差し出したが、どうやら三人は無視したようだった。レース後BBCの取材を受けたシャープは、あれは三人の女性の間の「団結」の抱擁だったと涙を浮かべて答えた。シャープはセメンヤと競う難しさに不満を述べたが、世間の批判を受けて後に態度を修正し、ツイッターの投稿ではセメンヤに対して「計り知れない尊敬を抱いている」と語った。シャープにインタビューをしたBBCのジャーナリストは、「二段構造のレース」だったのではないか、とほのめかしているが、これは、シャープが二〇一六年のもっと早い時期に口にしていたことで、あまり公平とはいえない（Morgan, 2016）。二〇一七年の世界選手権には、セメンヤが差し出した手をシャープが握り返している様相の違う画像があり、一方二〇一九年の世界選手権の写真では、九位でゴールして手と膝を地面についているシャープの肩にセメンヤが手を乗せている。

保守的なメディアの典型的な報道として、英テレグラフ紙のトム・モーガンは、シャープに同情的な語り口で、シャープを応援する多くの攻撃的なソーシャルメディアへの投稿からひとつ、英国チームの同僚ナイジェル・レヴァインの投稿を紹介して読者の注意を引いたりもした。そこでは、レヴァインがシャープの「八〇〇m走三位入賞」を祝福していた（シャープは六位だったのだが）。つまり、レヴァインは文字通り、メダルを獲得した三人のアフリカ女性を無かったことにしたのだ。三人が全員高アンドロゲン症だとの噂が原因と思われる。（皮肉なことに、テレグラフ紙の同記事のURLは、高アンドロゲン症の形容詞形 hyperandrogenous をアンドロゲン不足を意味する hypoandrogenous と誤記していた）。同じような調子で、ヨズヴィクは記者団に「ヨーロッパ人の一位、白人の二位でうれしい」と語った（Critchley, 2016）。ソウェタン・ライブのジャーナリスト、ボタが述べているように、IAAF、欧米メディア、白人アスリートがセメンヤに向けた屈辱的な扱いは、「黒人女性の身体を意味のない物に貶《おとし》める、よく考えられた戦略」を反映している（Botha, 2019）。

セメンヤがいわれているところの「異常性」について、かのテレグラフ紙記者は、数年前に世界のメディアにリークされたこまごまとした究極のプライバシーをまたもやここで述べていた。そうすることに使命感を感じているらしい。こうした露骨で倫理にもとる報道には、初出時すでに批判が出ており、IAAFの二〇一一年規定には、選手のプライバシーと秘密保持を目的とする詳細な戦略が盛り込まれた。これら戦略のどれひとつとして、さほど効果はなく、ジャーナリストたちは、リオデジャネイロオリンピックで、セメンヤと他の二人のメダリスト、フランシーヌ・ニヨンサバ（ブルンジ）とマーガレット・ワンブイ（ケニア）にテストステロン抑制薬を服用しているのか、しているならどんな影響があったか、白状させようとしつこく迫った。三人とも、記者会見は「憶測」ではなく競技の結果を語るところだとして、当然の権利としてそんなプライバシーを侵害する質問には答えられない、と拒否した (Bull, 2016)。

ラドクリフら

オリンピック出場経験のある女性アスリートによる見解表明は、続々と出た。自分に科学を論じる資格があるかどうかも配慮せず、高アンドロゲン症論の議論やトランスジェンダー論争の科学的側面について、堂々と自説を展開したのである。なかでも欧米メディアは、ＣＡＳのチャンド審理とセメンヤ審理の両方にも「専門家証人」として登場したポーラ・ラドクリフに、不釣り合いなほどの放送時間を割いた。チャンドの審理で、ラドクリフは、自分が科学者ではないことを認めたものの、「女性アスリートとして競技しながら育ってきた」経験を通じ、「天性の才能と真摯な努力」と比較した「テストステロンによる有利さ」について、専門家の見解に同意できることを実感している (CAS, 2015, §339) と主張した。天性の才能と真摯な努力によって勝負する姿勢が高アンドロゲン症の女性には欠けている、とラドクリフは言いたいらしかった。ラドクリフはさらに、「多くのアスリートが同じ見解だ」と確信しているとも述べている。スポーツ以外の仲裁で、事例証拠と個人の経験だけに依拠する証人が、科学的な問題について専門家見解を述べる資格があるとみなされるような審理など、まず考えられない。五年後のセメンヤの審理では、ＩＡＡＦの専門家証人ヤン・コワルスキー、ジョアンナ・ハーパー、ドリアンヌ・コールマンの三人が元エリートアスリートであると紹介された。おそらく、証人としての信頼性を高めようとしたのだろう。

ＩＡＡＦのルールを支持する側も、大部分は少数のＤＳＤの選手が苦しまなければならなくなることは認識しており、そのうえで大多数の女性選手にとって、そしてもちろん、女性のスポーツの将来のために良い結果になるだろうと主張した。ラドクリフは、「すべての身体にフェアにというのは不可能だと思う」(Radcliffe, 2019) としながらも、「生物学上の男性が女性と肩を並べて競争することはフェアといえるのか」(Dame Kelly, 2019) と問いかけている。コールマンは、「どちらにしても差別はあるが、それは性別の問題であって人種の問題ではない」とラドクリフに同意した (Coleman, 2019)。セメンヤを標的にしたと責められたラドクリフは、「女性のスポーツのためにはその方がいい。もっと大きな視野で見てもらいたい」と素朴な弁明をしている。ＣＡＳの決定が発表される前日、ラドクリフは、「彼女（セメンヤ）にとっては全くフェアじゃないことは承知の上だが、でも（このままでは）彼女以外の人たちにも不公平だし、その人たちのためには誰か闘っているだろうか」(Brown, 2019) と問いかけている。ＩＡＡＦ、ＩＡＡＦ内部の医療専門家、同じく高給で経験豊富な弁護士、メディア、著名な女性アスリートたちが闘っているではないか。それが答えだ。

ＤＳＤのある弱い立場の少女や若い女性を気づかうと見せかけて、ラドクリフは陰謀論をもち出した。「マネージャーや連盟など、ＤＳＤのある女子を精力的にスカウトしようとする輩が出てこないと考えるとしたら「認識が甘いだろう」というのである。ラドクリフは、さらに、スポーツ界の独創的な対比を思い付き、ウサイン・ボルトとキャスター・セメンヤを引き合いに出した。ボルトをほめそやすのは、「二人のアスリートだけのこと」だから問題はないが、「高アンドロゲン症は身体の症状であって、それがどのくらいの人数に拡がることになるのかわからないのだから」(Brown, 2019) というのだ。それをいうなら、フェルプス、ソープ、ボルトの子孫が長い腕、大きな足、他人より強い脚を代々受け継いでいくかもしれないし、そんな彼らを精子ドナーとして欲しがるような「輩」が出てこないとも限らないではないか。二〇〇二年から二〇〇五年にかけて、中国のバスケットボール選手、ヤオ・ミンがナショナル・バスケットボール・アソシエーション（ＮＢＡ）でプレイしていた当時、中国当局が七フィート六インチ（約二三二㎝）の長身の息子を作ろうと、とびぬけて背の高いバスケットボール選手二人に結婚せよと強く働きかけていたとの噂があったではないか。

ヘンヌとペープ

見解を表明した多くの元アスリート女性の中で、他とまったく異なる見方をしていた数少ない中の一人として際立っていたのが、オーストラリアのマデリーン・ペープである。二〇〇九年にセメンヤと同じ八〇〇ｍ走に出場したペープは、二〇一四年、チャンド側の証言に立った。社会学者としてジェンダーに対する非二元論的アプローチを調査したペープは、ＩＡＡＦの規定は「科学的にも倫理的にも擁護不可能」という結果を得た、と結論している。ＣＡＳの決定が発表される前にガーディアン紙に掲載された記事の中で、ペープは、セメンヤの訴えを退ける決定を出すようならＩＡＡＦが「歴史の敗者側」であることの証明になるだろう、と予告していた。ペープの見方が正しかったことは、その後の成り行きを見れば明らかである (Pape, 2019)。

二〇一八年、ペープはキャサリン・ヘンネと共同執筆した論文中で、グローバルサウスに由来するスポーツとジェンダーへの理論的アプローチ、いわゆる「サザン・セオリー」が、IAAFの規制体制の中で展開されている北半球の帝国主義とその大都市型世界観の正当性の真偽をどのように問うことができるかを追求して新境地を切り開いた。IAAFとCASが「エビデンスに基づいた」と称する方針や決定、「利用可能な最善の科学」に依拠したとの主張にもかかわらず、「グローバルサウスの女性に不均衡に疑いがかけられている」ことをヘンネとベープは実証したのである。無批判に科学に依存すると、偏った結果を産むことになる。それは、科学の社会的生産が大部分欧米白人男性の手に握られているためである。中立的な科学的知識の体系は、「その辺にあって」探しにいけば見つかるというものではないのに、IAAFやIOCの規定を擁護する人間たちは、そう口にすれば自分たちの人種差別的でミソジニー的な方針が正当化されると期待して、何かといえば、「もっと科学的な研究を」と呼びかける。

トランスの包摂

トランスジェンダーと高アンドロゲン症という二つの問題に共通しているのは、女子種目出場資格を左右するテストステロン値が恣意的に決められるという点である。スポーツでの性別変更に関する二〇〇三年のIOCストックホルム合意では、アスリートのジェンダーの法的承認、手術、術後二年間のホルモン治療が要件であった。二〇一五年、性自認に関する法律が絶えず変わっていくことを指摘しつつ、国際オリンピック委員会（IOC）の「性別適合と高アンドロゲン症に関するコンセンサス会議(Consensus Meeting on Sex Reassignment and Hyperandrogenism)」は、手術が、「公正な競争のために必要なわけでもなく、発展していく法律や人権の概念とも整合しないと思われる」と判断した。女性アスリートが出場資格を得るための要件を、競技前の一年間、または有利になることを最小限に抑えるために必要であればそれ以上の期間、そして当該競技シーズンの期間中、テストステロン値を10 nmol/L以下に抑えること、としたのである（IOC, 2015, IF）。この制限値をＩＡＡＦは外圧に対応して、二〇一九年一〇月に新しい規定を導入し、５ nmol/L に引き下げた（IAAF, 2019d）。

ラドクリフ、デイヴィス、引退した英国のランナー、ケリー・ホームズはタイミングよく介入し、三月一八日、ＣＡＳ陪審団審議の最中に記者会見を開いた。そこで三人は、自分たちがＩＯＣに送った「スポーツに参加するトランスジェンダーに性別移行後も残るメリット」についてより多くの研究を行うよう求める書簡を取り上げたのである。三人は、「誰もが安全で公正な競技の場を必要としている」と主張した（Dame Kelly, 2019）。ＩＡＡＦの専門家証人である、トランスアスリートのジョアンナ・ハーパー（Joanna Harper）は、さらなる研究を求める三人の呼びかけを支持し（Harper, 2019）、ラフバラ大学でも研究が進行中であることを明らかにした。ラフバラは、コーが理事長を務めていた大学である。自身もその会話に参加したコーは、「トランスジェンダー競技の研究」を今後二〇年間の最重要研究分野のひとつと位置付けると述べた。私利優先のＩＡＡＦらしい発言である。ＩＯＣの医科学研究基金（Medical and Scientific Research Fund）は二〇一九年、トランスジェンダーアスリートと具体的に銘打った研究分野を、資金支援の対象として募集している。

トランスの包摂に関する現行の方針に対して、アスリートからこれまでに反対の声が上がった例は枚挙にいとまがない。二〇一九年六月には、全米大学体育協会（ＮＣＡＡ）女子四〇〇ｍハードルで優勝したトランスアスリート、シーシー・テルファーをオーストラリア人の元ランナー、タムシン・マノウが、男性、と呼んだ。やはりオーストラリア人の、元陸上競技選手ジェーン・フレミングは、テルファーのようなアスリートは骨も強く筋肉も大きい上に「血液の酸素化が大きい」と主張している。ヤフースポーツは、テルファーのコーチにほとんどスペースを割かず、トランスジェンダリズムに「精神疾患」のレッテルを貼り、トランスを「邪悪」な、阻害されて当然の人間たちとする激烈なツイートをいくつか転載するなど偏見を丸出しにしていた（'Really concerns me', 2019）。

セバスチャン・コーの介入

「フェアプレイ」というならば、セメンヤのCAS審理当時のIAAFと会長のセブ・コーも失格だった。IAAFは五人の専門家の名前を事前に開示しており、セメンヤの弁護士はこれを「世論に影響を与えようとする試み」であるとして、守秘義務規定違反を非難した（Ingle, 2019b）。さらに三月二三日、コーはオーストラリアのデイリー・テレグラフ紙のインタビューに応じ、いつもの性別区分方針の正当化を強い口調で繰り返し、「こうしなかったら、我々のスポーツでこの先女性は誰もタイトルもメダルもとれず、記録の更新もできなくなってしまう」と述べた（Linden, 2019a）。コーのメディア取材でのコメントはタイミングが悪く、セメンヤ側から「古い傷を開いた」と強い非難を受ける結果になった。一八歳のとき世界のメディアが自分の事情を初めて公表した際の、屈辱的な経験をセメンヤに思い出させたからである（Bloom, 2019a）。

数日後、ASAがIAAFの声明とコーのコメントを強く非難するプレスリリースを出した。守秘義務の問題について、同連盟は、一旦はその公益性から公聴会を要求していたが、セメンヤのプライバシー保護に配慮して非公開審理が適切だということに同意した、と述べている（ASA, 2019）。道理にかなった判断であり、これによってチャンド、セメンヤいずれも判定文書では個人情報部分が編集されていたが、IAAFの専門家証人らが高アンドロゲン症の女性を疾患扱いする不適切な態度と、その中の一人が自分を「生物学的な男性」に入れたことがセメンヤの耳に入ってしまった。セメンヤは、この「生物学的な男性」というレッテルに、「言葉にできないほど傷つけられる」（§86）と語った。

もう一〇年近くも前にセメンヤの体の構造の細部とホルモン数値という世界的なスクープを掲載した、右翼的な見解で悪名高い、あのマードック所有のシドニーのタブロイド紙を今回コーが選んだのは、とてもただの偶然とは思えない。煽り型のテレグラフ紙の典型として、ジュリアン・リンデンによる二〇一九年の二つの記事「ジェンダー・ベンダー分断（Gender bender divide）」と「汝の wo man を支援せよ！（Must stand by your wo man）」は、高アンドロゲン症とトランスジェンダー議論を一緒くたにしていた。さりげなく「筋肉隆々のセメンヤ」という表現を使い、リンデンは、方針に対して「政治的に正しくない（politically incorrect）とレッテルを貼られてきた」とはいえ、「インターセックス、DSD、トランスジェンダーの選手による女子スポーツ支配」をくい止めるための取り組みは素晴らしい、（Linden, 2019a）とIAAFを賞賛した。その後追い記事ではセメンヤの弁護チームがコーの見解を批判して出した声明の大部分に触れてはいたが、リンデンはこの機会を存分に利用して、二〇〇九年のテレグラフ紙によるスクープを読者に再び思い出させ、他の大勢の記者がやったと同じように、自紙に最初にリークされてから一〇年後にもなってセメンヤの医学的な「症状」を事細かに書き立てたのである（Linden, 2019b）。

IAAFの規定　二〇一九―?年

二〇一九年五月には、IAAFはすでに 46XY DSD（高アンドロゲン症）女性だけにターゲットを絞ることを優先して、テストステロン重視の方針を放棄していた。主な出場資格基準は、内因性（自然に発生する）テストステロン数値が５ nmol/L を超えないこと、そして不完全アンドロゲン不応症（ＡＩＳ）症候群のアスリートには臨床検査を課して「アンドロゲン化効果（男性化）の程度を評価すること、の二点で、後者については、疑わしきは罰せずを旨とし、当該アスリートの利益に配慮して解決を図ること」（IAAF, 2019a, §12c）とされた。

「乳房、膣、クリトリス、直腸の触診と測定」、その他男性化を評価する臨床検査が必須であるとしか記していないが、これを実際に行えば、どれほど侵襲的で屈辱的な側面があるか想像に難くないガイドラインである（Pielke, 2019a）。事実、ＣＡＳ審理に提出されたある仲裁付託書は、もし将来ＣＡＳへ申立てをする者が、「アスリートの胸の大きさやクリトリスの大きさなどのデリケートな生物学的問題」に関する医療情報の提供を求められことになれば、「恐ろしい心理的危害」と「スポーツ界では前例のない規模」の人権侵害が起こることを明らかにしている（CAS, 2019, §65）。あの米国体操チームの医師が、何百人もの若いアスリートに対する性的虐待を正当化するために使った口実、すなわち、彼の「診察」が「治療」であったという嘘を考えると、医療関係者による高アンドロゲン選手の性的虐待の可能性は、深刻な懸念である。

二〇一九年七月には、戦いは終わったかのように見えた。セメンヤはスイス連邦最高裁判所に控訴し、六月一日から七月二九日までの期間競技することができる規定適用の一時差し止めを勝ち取った。そしてその七月二九日に、スイス最高裁は前回のＤＳＤ規定一時差し止めを覆す声明を発表したのである。同法廷はおおむねデュー・プロセス（「公の秩序」）違反の申し立てのみを裁定しており、この案件にはそのような違反の「十分な根拠」がない、とスイス連邦最高裁は強調した。同法廷は、さらに、ＤＳＤがパフォーマンスに与える影響について行われた「専門家証拠」を根拠としたＣＡＳの所見、具体的には「46 XY DSD」という特性がスポーツのパフォーマンスに直接的な影響を与えること、こうしたアスリートが「保護区分である女性」に含まれることは公正な競争という基本原則の軽視であるという所見を「無視することはできない」と述べた（Swiss Federal, 2019, p. 2）。より正確には、多くの批判者が指摘しているように、スイス法廷の判決で言及されたIAAFのルールは、高アンドロゲン症の女性すべてに適用されるのではなく、身体に男性化の兆候が表れている女性にのみ適用されるのだ。つまり、CAS、スイス法廷ともに、46 XY DSDをもっていると推定され、部分的AISのある女性を標的にしているらしい。しかもDSDにしろ、AISにしろ、主たる診断根拠は、医師の主観的で侵襲的な男性化評価なのである。こうした展開は、外見が欧米白人的「女性らしさ」の概念に合わない女性に対する差別が続いていく土壌になる。

結論

世界アンチ・ドーピング機構（WADA）、CAS、国際競技連盟（IF）、NOCを通じて行使されるアスリート個人とIOCの間の力の不均衡を考えれば、セメンヤの上訴がこうした結果になったことは意外ではない。これ以外にどんな判決になったとしても、例外主義を標榜して独自のルールで運営されるひとつの自治体のような、IOCとオリンピックスポーツの基盤を揺るがすことになっただろうから。セメンヤを支持する決定が出ていれば、自分たちのジェンダー規制を裏付ける証拠を作り出すためにIAAFが頼りにしている、内部の医学専門家の権威を損なうことになっただろう。元オリンピック代表の女性アスリートたちも、この論争を報道する欧米メディアへの露出で、反IAAF規定側を圧倒した。比較的進歩的なメディアでもそうだったのだ。一方、右翼寄りタブロイドは、相変わらず有色人種女性の身体に対する読者の卑猥な興味に応える報道にいそしんでいたのである。

第10章 オリンピック――「福祉プログラムではなくベンチャービジネス」

これまでの議論から見えてくるのは、一八九六年以来オリンピックを生き伸びさせてきたアスリートの身体とともに、個人、地域社会、環境に対してオリンピック産業がもたらしている暗澹《あんたん》たる状況である。オリンピックが長く存続してきた要因には、神話や儀式、スポーツ例外主義、スポーツと政治の偽りの分離など一連のものがある。これらの原理と考え方は、豊富な資金を備えたＩＯＣの広報機関を通じて、世界中で日常的に効果的に拡散され、欧米のほとんどのメディアがこの事業の積極的なパートナーとなっている。

二年ごとに開かれる世界的なスポーツスペクタクルは、人間が達成する頂点として、より速く、より高く、より強くというモデルの支配を強化し、人間の身体活動の他の形式を排除する。このスポーツイベントの「魔法」を強化するプロパガンダキャンペーンは、「オリンピック精神」とフェアプレイの理想主義的な考え方を呪文のように呼び起こしている。対照的に、批評家は大会を主催することの経済的および人的コストを示すために、合理的な議論と実証的証拠を提示している。しかし案の定、市民の心と精神は現実よりも「夢」に揺さぶられる。

推進者の間では、低所得者の立退きやジェントリフィケーション、増税、そしてオリンピックによって発生したり悪化する他の問題を補償する以上に、「世界クラスの都市、ステータス、スポーツ施設のレガシー」を根拠として、経済、社会、環境への悪影響を合理化することが一般的な手法となっている。オリンピックによる名声という約束は、政府が資金の大部分をハイレベルの競技スポーツに注ぎ込み、「国家の誇り」を優先させることを助長し、その結果、レクリエーション活動の資源は不十分なままになる。子どもと若者のスポーツ参加を促進するという国際オリンピック委員会（IOC）の主張について、実証的証拠が示されることはめったになく、スポーツ施設のレガシーには、白象という負の遺産が残されることになる。

歴史的な、そして今日の展開は、IOC、国際競技連盟（IF）、国内オリンピック委員会（NOC）、世界アンチ・ドーピング機構（WADA）、そしてスポーツ仲裁裁判所（CAS）が発揮する権力の明らかな証拠であり、それらが濫用されると、アスリートがその最初の犠牲者となる。スポーツ組織は、自らが左右する選手たちの生活上の福利を守るための取り組みを遅ればせながら試みており、アスリートとその支援者による個人や集団での活動は、いくつかの肯定的な結果を生み出している。アスリートのアドボカシーグループは労働者の権利と「クリーンスポーツ」に焦点を当てる傾向がある一方で、高アンドロゲン症のアスリートに対する支援は、人権活動家、国際女性スポーツ団体、その他のNGO、そして調査報道ジャーナリストによって行われている。主流のメディアは元オリンピック選手の無知な見解とIAAFの利己的な理論を繰り返し報道し、これらの非白人の女性たちの犠牲を増やしている。

最近の論争によると、ロッカールームであれ役員室であれ、スポーツの有毒な文化は内部告発者を萎縮させるような影響力をもっている。制度的な問題に対処するスポーツ管理者たちは、多くの場合、いわゆる「独立した」調査の形を取り、予想通り、強い指導的立場にある個人、たいていは男性の側に重大な不正行為がないことを明らかにしようとする。過去も現在も、ＩＯＣメンバーやＩＦ、ＮＯＣの代表をはじめとする、オリンピック産業の高い地位にある人々による公式声明の特徴は、回避し、防御し、拒否することである。老練な法律事務所が支えているため、スポーツ運営組織は常に優位な立場にある。アスリート委員を務める引退したアスリートは、組織内から変化をもたらす立場にあるかもしれないが、勝ち目はなく、これまでたいていの人たちが「波風を立てる」ことを避けてきた。

市民が受けている人権侵害から世界の注意をそらすために地元の政治家がスポーツウォッシングに頼るような場合は特に、オリンピックなどのスポーツ・メガイベントを人権活動のプラットフォームとして使用する動きが世界的に広まっている。スポーツウォッシングの目的でオリンピックを利用するのは、「他」国の政治家やビジネスリーダーだけではない。民主主義国も独裁国も同じように、社会政策と優先事項が注目されないように、オリンピックに注目が集まることを歓迎している。スポーツウォッシングのキャンペーンにグローバルメディアが加担することで、抗議をする人々は厳しい試練に直面する。

過去二〇年間で、招致都市での住民投票も、反対票の数も劇的に増加してきた。政治家やオリンピック推進者が、公式の招致プロセスよりも何年も前からオリンピック招致について議論し始める場合には、特に民主主義国家の市民は、自らの声がある程度の影響力をもつことを望んでいる。将来のホストとして選ばれた都市や地域では、発言力があり情報をもっている反オリンピック団体と監視団体が、招致が正式化する前に国民投票を要求するか、招致を停止させている。

活動家やアスリートによるオリンピック産業への抵抗は、政治的立場が幅広く、その視点は限定的なものからグローバルなものまである。全体主義体制におけるアスリート主導の抗議行動は、人権侵害に世界の注意を向けるためのプラットフォームとしてスポーツ・メガイベントを使用してきた。欧米でのアスリートの活動は、アスリートの権利、労働条件、アンチ・ドーピング、虐待からの保護により重点を置く傾向がある。地域に根差した活動家には、より幅広く、住居支援団体、環境保護活動家や反人種差別主義活動家が含まれる。いくつかの点で、これら二つの流れは重なるものの、結束力の不足は、共同する効果を弱めている。自分自身を売り込む権利のためにロビー活動をしているオリンピックや他のプロのアスリートと、何千人もの立場の弱い住民を追い出すようなオリンピック・プロジェクトを止めるために戦っている最前線の活動家との共通点はそれほど多くない。#オリンピックはどこにもいらない（#NOlympicsAnywhere）の背後にある感情がオリンピックアスリートに受け入れられる可能性は低く、スポンサーからより多くの資金を得ようとする彼らのキャンペーンが貧困防止活動家の心に響く可能性も同様に低い。要するに、これらの異なるグループ間での協力体制の構築と連帯には深刻な限界がある。

限定的な効果ではあるが、開催都市や国で人権侵害を起こす加害者の面目をつぶそうとして、改革を目指す多くのオリンピックの批評家がオリンピックの理想と価値を訴え続けている。他方、よりラディカルな声は、多様な戦術を用い、反グローバリゼーション活動家や先住民その他の人々と連帯しながら包括的で幅広い抵抗活動を行っている。オリンピック批判者は、前アトランタ市長であり組織委員会メンバーであったアンドリュー・ヤングの言葉を思い出してほしい。彼はアトランタの一九九六年オリンピック・プロジェクトを「福祉事業でなくビジネスベンチャー」（Kirton, 2019）と定義したのだ。彼の言葉は、活動家に貴重な手掛かりを与えた。つまり、アメリカ的表現を使うなら、「財布に打撃を与えろ」ということである。

スポンサーを標的にしたボイコットは、それが脅かしであれ実際であれ、オリンピック産業のリーダーに向けられた道徳的説得よりも優れた結果とより強力なメディア報道を生み出してきたことを歴史は示している。抗議者たちはこれらの方法を使い、二〇一三年から二〇一四年にかけて、ロシアの反同性愛法が定められた後に、コカ・コーラ、ゼネラル・エレクトリック、ダウケミカル、プロクター＆ギャンブル、ビザなどに対し、スポンサーから撤退するか、少なくとも立場をはっきりさせるよう要求した。トロントとニューヨークのＬＧＢＴＱ抗議者とその支援者は、コカ・コーラをダウンタウンの路上に投げ捨て、同社は最終的にＩＯＣと「コンタクトをとっている」と発表した（Lenskyj, 2014, pp. 82-83）。ジョン・ハンコックの会長が一九九八年から一九九九年の贈収賄スキャンダルの直後に行ったように、オリンピックスポンサー自身がこのような行動を起こし、ＩＯＣとの関係を断ち切ると脅かしをかけるようなまれな場合には、より効果的な結果が得られることは明白だろう。

財政がオリンピック産業の破滅の元になるかもしれない。招致する見込みのある都市での住民投票は、一般に、社会的に進歩的であろうと財政的に保守的であろうと、市民がコストを懸念していることを示している。ＩＯＣは、都市の財政問題に対する回答として、アジェンダ２０２０という戦略を売り込んだ。ＩＯＣは、名前だけの招致プロセスの改革と同様に、組織の明白な、または隠れた課題に合わせて、必要な場合にゴールポストを動かす権限を保持している。例えば、二〇一七年のダブル授与により、どちらの都市も二〇二八年の開催には関心を示していなかったにもかかわらず、パリとロサンゼルスはそれぞれ二〇二四年と二〇二八年のオリンピック開催都市となった。ロサンゼルスの場合、ＩＯＣ

の二〇一七年の決定は、一一年も先のスポーツ・メガイベントを財政的に支える政府組織すべてを拘束している。このやり方は、他の状況では機能しないように思えるが、スポーツという例外的な世界では合法的な商取引となるのだ。

およそ一二五年にわたる歴史は、スポーツの性質、達成型モデルの価値、およびこのキルクス・マクシムス（古代ローマの大競技場）を主催することの世界的な重要性というほとんど疑われることのない仮説と信念に基づいたオリンピック産業の覇権的パワーを示している。人類の歴史において、民主主義と地球の未来が不確かなこの時点で、スポーツは優先度が低いように思われる。しかし、オリンピック産業のリーダー達が自らの目的のためにスポーツを利用している限り、個人やコミュニティは、実際のスポーツイベントをはるかに超えて広がる社会的、政治的、経済的、環境的な影響を被ることになる。より楽観的な見方をすれば、オリンピック産業は、コミュニティ活動家、アスリート、研究者、調査報道ジャーナリスト、およびＮＧＯが生み出す批判の高まりをもはや無視することはできない。社会正義のための闘争は続く。

監訳者あとがき

東京2020は世界的な新型コロナウイルスの感染拡大のため、一年延期された。しかし、延期決定から一〇カ月経た二〇二一年一月、感染拡大は止まらず、日本では第三波に耐えきれないことから、東京都を含め一一都府県に緊急事態宣言が発出された。その後減少に転じたものの高止まりの傾向が続き、二月の時点で緊急事態宣言が一カ月延長されることになった。

東京2020のスポンサーでもある日本の大手メディアは、これまで開催ありきの報道に徹していたが、ニューヨーク・タイムズ（電子版）が一月一五日に中止の可能性を報じたことをきっかけに、国内メディアもキーパーソンのコメントを流し始めた。世界的に収束の兆しがない上に、開催国の日本でも感染拡大が起こっていること、ワクチン接種が期待したほどのスピードで進んでいないこと、オリンピック開催によって重大な感染拡大をもたらす可能性など、パンデミックの脅威が取り除けていないことが主な要因とされている。加えて、パンデミックによって世界の出場枠の四割近くが未定であり、ワクチン接種にも国の経済力による不公平があるなど、オリンピックが掲げる理念に沿わない状況も指摘されている。開催中止に向かわざるを得ない深刻な要因が並ぶ中、中止によるさまざまな責任を負いたくないというＩＯＣや組織委員会関係者による政治的な発言が続いている。

本翻訳書の出版を計画した昨年春（二〇二〇年）の段階では、代表的なオリンピックの批判研究を日本で紹介し、スポーツのメガイベントに潜む政治的思惑に目を向けてもらうきっかけになればと考えていた。図らずも、パンデミックがもたらした大会延期は、歓喜や希望で彩られた競技大会自体の水面下でうごめくオリンピック産業の実態を曝け出し、オリンピックが掲げる理念と実態との乖離に人々の目を向かわせている。

ヘレン・ジェファーソン・レンスキーの名を知ったのは、二〇年ほど前に翻訳に加わったアン・ホールの著作 *Feminism and Sporting Bodies: Essays on theory and practice*（邦訳『フェミニズム・スポーツ・身体』飯田貴子・吉川康夫監訳）であった。文中に幾度も引用される精鋭の研究者という印象が強かった。当時、日本スポーツとジェンダー学会（ＪＳＳＧＳ）が設立されたばかりで、欧米の研究をモデルにしながら、手探りでレンスキーの言う「女性を追加してかき混ぜる」アプローチに着手したばかりであった。日本のスポーツ科学にジェンダー視点は薄く、スポーツや体育の実践は今以上に男性中心社会で、欧米のジェンダー研究の進展や女性研究者の活躍に励まされる日々だった。その当時、レンスキーはトロント大学オンタリオ教育学研究所（OISE: Ontario Institute for Studies in Education）の教授であったが、二〇〇七年に大学での職を引退し（現在、名誉教授）、研究者としてアクティビストとして精力的な活動を継続している。奇遇にも本書の監訳者の一人がＯＩＳＥの博士課程に進学し、レンスキーと繋がりをもつことができた。実際に出会った彼女は、すでに引退をした小柄で物静かな印象の研究者だった。その彼女が強大な権力を持つＩＯＣなどのスポーツ組織に果敢に立ち向かい、批判的研究を展開する姿に感銘を受け、勇気づけられた。

欧米でのオリンピック批判研究は、本書でも詳述されているように、相当な歴史と幅広さがある。その中で、レンスキーのオリンピック研究の特徴は、歓喜や希望で彩られるオリンピック大会が氷山の一角とすれば、その水面下では政治や経済のとてつもない思惑と取引がうごめいていることを喝破し、IOCを中心としたその政治経済的動態に「オリンピック産業」と名付けたことである。また、若者の教育やジェンダー、アスリートの権利など、人権的な視点から鋭く切り込まれていることに、他のオリンピック批判研究とは一線を画す特徴がある。本書においても、レンスキーが取り組んできたこれらの観点が中心となって構成されている。

レンスキーによるスポーツの批判的研究は、一貫してジェンダー、セクシュアリティの視点から行われてきているが、近年の二〇年あまりはオリンピックに焦点化している。その主な著書として、*Inside the Olympic Industry : Power, Politics, and Activism*（2000）、*The Best Olympics Ever? : Social Impacts of Sydney 2000*（2002）、*Olympic Industry Resistance : Challenging Olympic Power and Propaganda*（2008）、*The Palgrave Handbook of Olympic Studies*（2012）、*Gender Politics and the Olympic Industry*（2013）、*Sexual Diversity and the Sochi 2014 Olympics : No More Rainbows*（2014）、*Gender, Athletes' Rights, and the Court of Arbitration for Sport*（2018）がある。いずれもスポーツの批判的研究に重要な示唆を与えるもので、日本語版として紹介したいと考えていた矢先に、オリンピック批判研究の集大成がエメラルド社から出版されたのは幸運であった。言うまでもなく、前述のようなオリンピック研究を網羅し、最新の情報とそれに対する論考を加えた一冊となっている。

中でも注目したいのは、スポーツが抱える深刻な問題点として世界的に注目されるようになった、選手の政治的表現、セクシュアル・ハラスメント、選手のジェンダー・セクシュアリティに対する処遇について、オリンピックを中心とするスポーツ界の問題点を明確に指摘している点である。

延期された東京2020五輪への準備が進められる最中に、アメリカで警察官による黒人青年の射殺事件が繰り返され、BLM（Black Lives Matter）運動が再燃した。その最中の二〇二〇年九月に開催されたテニスの四大大会の一つ「全米オープン」は、大坂なおみ選手の活躍とともに、マスクによるメッセージなど黒人差別の問題を訴える行動が注目を浴びた。スポーツ界では相変わらず、アスリートが政治的メッセージを発することに否定的な姿勢が多く見られるが、人権問題に対するスポーツ界の動きは変化している。「全米オープン」では、「Be Open」キャンペーンという人種差別、性差別、セクシュアル・マイノリティへの偏見や差別など、急務の社会的課題の解決に向けた取り組みが進められていた。その会場がテニス界の男女平等を推進し、同性愛であることを公表したビリー・ジーン・キングの功績を記念した「ビリー・ジーン・キング・ナショナル・テニスセンター」であることは象徴的である。北米でのBLMに賛同する動きはテニス界にとどまらず、野球やバスケットボールなどのプロスポーツ界に広がっており、差別問題は基本的人権に関わる問題であり、差別解消に向けた取り組みは組織の社会的責任として自覚され始めている。レンスキーは、アスリートの権利としてこの問題を取り上げ、IOCをはじめとするスポーツ組織の抑圧的な構造を指摘している。

セクシュアル・ハラスメントに対する抗議活動も同様に、この数年で#MeToo運動など国際的な盛り上がりと連携を見せている。本書では、オリンピック・ムーブメントが若者をターゲットとし、その教育を理念としているにもかかわらず、繰り返されるセクシュアル・ハラスメントや虐待の深刻な問題を取り上げている。アメリカ体操協会で起こったチームドクターによる性的虐待の事件は、二〇一七年の裁判によって、被害者が数百人にのぼるとともに、体操競技界や加害者の所属する大学内での隠蔽についても詳述している。

選手のジェンダー・セクシュアリティについては、陸上競技のキャスター・セメンヤ選手やアネット・ネゲサ選手が直面した問題を二章にわたって取り上げ、ジェンダー・セクシュアリティに起因する問題がオリンピックをはじめとする競技スポーツの根源的な構造にあることを問いかけている。性別二分を絶対の区分とするスポーツでは、スポーツ例外主義を武器に、「公正な競争」のために「疑わしい」女性を排除する力学が働き、高アンドロゲン症とされる女性アスリートの人体に介入することさえ正当化している。そこには、当該のアスリートに対する人権侵害だけではなく、西洋中心の強固なジェンダー規範が横たわっていることを明示するものである。

これらの問題に共通するのは、スポーツ組織内、スポーツ組織間にある隠蔽構造であり、組織や権威を守ることを優先し、被害者や告発者に対する抑圧的な動きが頻発していることである。レンスキーは、問題の背景には世界アンチ・ドーピング機構や国際スポーツ仲裁裁判所などの組織も関与し、スポーツ例外主義を盾に、スポーツ内部の問題として解決しようとする磁力が働いていることを鋭く指摘している。言うまでもなく、オリンピズムの根本原則には、いかなる種類の差別とも決別することが次のように謳われている．

6．このオリンピック憲章の定める権利および自由は人種、肌の色、性別、性的指向、言語、宗教、政治的またはその他の意見、国あるいは社会的な出身、財産、出自やその他の身分などの理由による、いかなる種類の差別も受けることなく、確実に享受されなければならない。(JOC, 2020：11)

本書は、オリンピックへの批判的研究の切り口が次々と胸が空くようなシャープさで示されている。関連する資料の在り処が惜しむことなく示されており、オリンピックへの理解を深め、批判的研究を進めるための道標とも言えるだろう。奇しくもコロナ禍によってオリンピックが延期され、開催さえも危うくなる中で、オリンピックというメガイベントの虚構性が露呈しつつある。一般の人々の目に映るオリンピックは、スペクタクルで感動的なスポーツの競技大会であるかもしれないが、巨額の財源が誰の手でどのように動いているのか、注視すべき時である。「アスリートファースト」の掛け声の真相をあらゆる立場の競技者から見直すきっかけにもなるだろう。オリンピックの唱える「レガシー」が、真に万人のためのものへと変革されるかどうか、目を凝らし、耳を澄まして見極めたい。

翻訳書の出版にあたり、企画から編集作業すべてにわたって懇切丁寧なアドバイスをくださった晃洋書房の吉永恵利加さんに心よりお礼を申し上げたい。

本書の校正作業が進む中、またしてもオリンピックの虚構性を暴露する出来事が起こった。東京オリンピック・パラリンピック組織委員会の森喜朗会長による「女性がたくさん入っている理事会は時間がかかる」「女性を増やす場合、発言の時間をある程度は規制しておかないと、なかなか終わらないので困る」「組織委員会にも女性はいるが、みんなわきまえておられる」などの女性差別発言である。会議に参加する女性の制限や「わきまえて」発言を抑制することを美徳と示唆したことによって、フェミニズムの根幹にある意思決定の場における男女共同参画を否定し、さらには民主的な議論の場を蔑ろにした意味で罪が重く、致命的であると言えるだろう。

これに対して、ＪＯＣは「最後まで全うしてほしい」と続投を要望し、ＩＯＣに至っては謝罪したのだからこれで終わりと幕引きを図っている。日本社会やスポーツ界が時代遅れの女性差別意識を温存させている実態に対し、多くの怒りの言葉が国内外から発信されている。オリンピック憲章やオリンピズムの価値などいくら立派な理念を掲げても、それを推進する体制にはこの理念に相反する意識や実践が充満していることを暴露したのも同然である。その意味で、オリンピックは、ブランド価値を保持するためのきらびやかな包装に包まれてはいるが、中身は粗悪な虚構なのである。#DontBeSilent

二〇二一年二月

訳者を代表して
監訳者　井谷惠子・井谷聡子

著者紹介

ヘレン・ジェファーソン・レンスキー（Helen Jefferson Lenskyj）

トロント大学（カナダ）名誉教授。1980年代からスポーツとジェンダー研究、スポーツとセクシュアリティ研究のパイオニアとして活躍。トロントが候補都市となった1996年オリンピック大会の分析を通じて、スポーツ・メガイベントの社会への負の影響について研究を始める。*Olympic Industry Resistance: Challenging Olympic Power and Propaganda*（2008）, *Sexual Diversity and the Sochi 2014 Olympics: No More Rainbows*（2014）など、オリンピックの水面下で起こる人権侵害や教育の問題について、フェミニストとして多角的で鋭い批判的研究を行っている。

訳者紹介（五十音順、＊は監訳者）

＊井谷惠子（いたに・けいこ）**第1、5、6、7、10章**

京都教育大学名誉教授。兵庫教育大学連合大学院連合学校教育学研究科・博士（学校教育学）。専門は体育科教育学・体育・スポーツにおけるジェンダー研究。平成28年度日本体育学会 学会賞、『スポーツ・ジェンダー学への招待』（共編著）明石書店（2004）、『よくわかるスポーツとジェンダー』（共著）ミネルヴァ書房（2018）。

＊井谷聡子（いたに・さとこ）**第1、5、6、7、10章**

関西大学文学部准教授。トロント大学オンタリオ教育研究所・博士（Ph.d）。専門はスポーツとジェンダー・セクシュアリティ研究。『〈体育会系女子〉のポリティクス――身体・ジェンダー・セクシュアリティ』（単著）関西大学出版（2021）、『現代のバベルの塔――反オリンピック・反万博』（共著）新教出版（2020）、*Routledge Handbook of Physical Cultural Studies*（共著）Routledge（2016）など。

熊安貴美江（くまやす・きみえ）**第3章**

大阪府立大学高等教育推進機構准教授。奈良女子大学文学部教育学科・学士。専門はスポーツ社会学・スポーツにおけるジェンダー研究。2019年日本スポーツとジェンダー学会 論文賞、『データでみるスポーツとジェンダー』（共著）

八千代出版（2016）、『よくわかるスポーツとジェンダー』（共編著）ミネルヴァ書房（2018）。

黒江晶子（くろえ・あきこ）第8、9章

医療機器メーカー翻訳者、独立行政法人海外情報部門勤務を経て現在フリーランス翻訳者。東京外国語大学卒。フェミニズムを通じて人間の尊厳を考え、スポーツを含めてあらゆる分野の日本の女性の姿を英語で世界に発信することを目指す。

関めぐみ（せき・めぐみ）第2章

甲南大学文学部社会学科講師。大阪府立大学大学院人間社会学研究科・博士（人間科学）。専門はジェンダーとセクシュアリティの社会学、スポーツにおけるジェンダー研究。『〈女子マネ〉のエスノグラフィー——大学運動部における男同士の絆と性差別』（単著）晃洋書房（2018）、『データでみるスポーツとジェンダー』（共著）八千代出版（2016）。

水野英莉（みずの・えり）第4章

流通科学大学人間社会学部准教授。京都大学大学院文学研究科行動文化学専攻社会学専修・博士（文学）。専門は社会学、ジェンダー・スタディーズ、セクシュアリティ・スタディーズ。『ただ波に乗る　Just surf——サーフィンのエスノグラフィー』（単著）晃洋書房（2020）、*Surfing, sex, genders and sexualities*（共著）Routledge（2018）。

山田ゆかり（やまだ・ゆかり）第8、9章

一般社団法人飛騨シューレ代表理事、津田塾大非常勤講師。インディアナ州立ボール大・ジョージア州立大・訪問研究員を経てスポーツライター。こどもとスポーツ、女性とスポーツに視点をおく。『子どもとスポーツのイイ関係』（単著）大月書店（2019）、『女性アスリートコーチングブック』（編著）大月書店（2001）、『スポーツヒーローと性犯罪』（訳書）大修館書店（2000）、『女性・スポーツ大事典』（監訳）西村書店（2019）など。

※ 章番号は担当章。なお「日本語版刊行にあたって」、「謝辞」の翻訳は監訳者が担当した。

人名索引

は

ま

ら

わ

事項索引

アルファベット

あ

か

さ

た

な

は

ま

や

ら

文献

Abandoned Olympic venues around the globe (August 4, 2014) *ABC News*. abcnews.go.com/Sports/photos-abandoned-olympic/venues-globe-40998283/image-athens-40999976

Abbasov, I. (11 June, 2015) Baku's gleaming stadiums a façade covering corrupt Azerbaijan regime. *The Guardian*. guardian.com/sport/blog/2015/jun/11/baku-2015-european-games-azerbaijan-corrupt-regime-free-speech

A false premise (September 2019) *Services Not Sweeps*. Servicesnotsweeps.com/4118map

Akpan, P. (2 May, 2019) Caster Semenya: Ruling exposes misogynoir. *Stylist*. stylist.co.uk/people-what-the-caster-semenya-case-says-about-misogynoir-and-transmisogyny-in-sport-and-beyond-264821

Alcorn, G. (17 December, 1999) Tickets fiasco 'just a small scandal'. *Sydney Morning Herald*, 4.

American fencer Imboden stages protest atop PanAm podium (10 August, 2019) *CBC Sports*. cbc.ca/sports/olympics/american-fencer-stages-protest-atop-pan-am-podium-1-5242894

Amnesty International (2016) *Annual Report, China: 2015/16*. amnesty.org/en/countries/asia-and-the-pacific/china/report-china/

AOC culture out of step with Olympic ideal (24 August, 2017) *The Australian*. theaustralian.com.au/sport/Olympics/aoc-culture-out-of-step-with-olympic-ideal-review-finds/news-story/d48485bf960fb4bc749231b0ca41a611

Are esports good for your health? (2 August, 2019) *Deutsche Welle*. dw.com/eng/are-esports-good-for-your-health/a-47408527

ASA (29 March, 2019) *Press release*. athletics.org.za/asa-not-amused-of-agreement-breaches-in-case-before-cas/

ASOIF (2019) Future of Global Sport. asoif.com/sites/default/files/download/future-of-global-sport.pdf

Athlete representatives discuss key topics (2019) *Athlete 365*. olympic.org/athlete365/voice/global-athlete-representatives-discuss-key-topics/

Aubert, S., Barnes, J., Abdeta, C. and Nader, P. (2018) Global Matrix 3.0

Physical Activity Report Card for children and youth: results and analysis from 49 countries. *Journal of Physical Activity and Health* 15:S2, S251-273.

Auf der Maur, N. (1976) *The Billion-Dollar Games*. Toronto: Lorimer.

Australian Government, Australian Sports Commission and Department of Health and Ageing (2008) *Participation in Exercise, Physical Activity and Sport, Annual Report*. Canberra: Australian Government.

Bairner, A. and Molnar, G., Eds. (2010) *The Politics of the Olympics*. London: Routledge.

Balding, C. (13 February, 2005) Olympian ambitions. *The Guardian*. theguardian.com/politics/2005/feb/13/lords.olympics2012

Bale. J. and Christensen, M., Eds. (2004) *Post Olympism? Questioning Sport in the Twenty-first Century*. London: Berg.

Beaty, A. (1999) Atlanta's Olympic legacy. *Progressive Planning* 161, 9-10.

Beder, S. (1994) Sydney's toxic Green Olympics. *Current Affairs Bulletin* 70:6, 12-18.

Beder, S. (1999) Media self-censorship in Australia's Olympic bid. *PR Watch* 6:2, 7-8.

Belarus to host 100 international sport events in 2019 (18 December, 2018) *Belarus News*. eng.belta.by/sport/view/belarus-to-host-100-international-sport-events-in-2019-117442-2018/

Beloff, M. (2012) Is there a *Lex Sportiva*? In R. Siekmann and J. Soek, Eds., *Lex Sportiva: What is Sports Law?* The Hague: ASSER Press, 69-89.

Berkes, H. (24 February, 2011) IOC scrutinizes Vancouver Olympics bidding deal. *NPR Radio*. npr.org/2011/02/24/134015260/ioc-scrutinizes-vancouver-olympics-bidding-deal

Bermon, S. and Garnier, P. (2017) Serum androgen levels and their relation to performance in track and field, *British Journal of Sports Medicine* 51:17, 1309-1314.

Bermon, S., Hirschberg, A., Kowalski, J. and Eklund, E. (December 2018) Serum androgen levels are positively correlated with athletic performance and competition results in elite female athletes. *BJSM* 52:23, 1531-1532.

Best, S. (11 October, 2017) Athletes should be fitted with microchips. *Daily Mail*. mailonline/co.uk/sciencetech.article-4969122/Athletes-fitted-microchips-stop-doping.html

Bettington, P. (28 March, 2019) I helped produce the London Olympics opening ceremony. *CityMetric*. citymetric. com/politics/i-helped-produce-london-olympics-opening-ceremony-spirit-2012-no-antidote-brexit-britain

Blair, T. (2010) *A Journey: My Political Life*. Toronto: Knopf. トニー・ブレア：石塚雅彦訳（2011）『ブレア回顧録〈上〉〈下〉』日本経済新聞出版.

Bloom, B. (26 March, 2019a) Exclusive: Caster Semenya rebukes Seb Coe for 'opening old wounds'. *The Telegraph*. telegraph.co.uk/athletics/2019/03/26/exclusive-caster-semenya-rebukes-seb-coe-opening-old-wounds

Bloom, B. (28 September, 2019b) Havoc at 'disaster' Doha World Championships. *The Telegraph*. telegraph. co.uk/sport/2019/09/28/havoc-disaster-doha-world-championships-numerous-marathon-athletes/

Botha, M. (27 February, 2019) Semenya case an attack on bodies of all black women. *Sowetan Live*. sowetanlive.co.za/opinion/columnists/2019-02-27-semenya-case-an-attack-on-bodies-of-all-black-women/

Boykoff, J. (2013) *Celebration Capitalism and the Olympic Games*. London: Routledge.

Boykoff, J. (2016) *Power Games*. London: Verso. ジュールズ・ボイコフ：中島由華訳（2018）『オリンピック秘史：120年の覇権と利権』早川書房.

Breckenridge, C. (1997) 'He owned me basically...': Women's experience of sexual abuse in sport. *International Review for the Sociology of Sport* 32:2, 115-130.

Breckenridge, C. (2001) *Spoilsports*. London: Routledge.

Bret, A. and Williams, P. (17 May, 2019) Sport and competition law-the year in review, 2018/19. *Law in Sport*. lawinsport.com/content/articles/item/sport-and-competition-law-the-year-in-review-2018-19

Brohm, J-L. (1979) *Sport: A Prism of Measured Time*, trans I. Fraser. London: Ink Links.

Brown, A. (30 April, 2019) DSD & transgender athletes: Paula Radcliffe's view. *Sports Integrity*. sportsintegrityinitiative.com/dsd-transgender-athletes-paula-radcliffes-view

Brownell, S. (2012) Commercialism, values and education in the Olympic movement today. In J. Parry and S. Brownell, *Olympic Values and Ethics in Contemporary Society*. Ghent, Belgium: Ghent University, 95-

Bull, A. (21 August, 2016) Caster Semenya wins Olympic gold but faces scrutiny. The Guardian. theguardian.com/sport/2016/aug/21/caster-semenya-wins-gold-but-faces-scrutiny

Butler, N. (23 October, 2017a) What should the IOC be saying to local people in order to win a referendum? *Inside the Games*. insidethegames.biz/articles/1057028/nick-butler-what-should-the-ioc-be-saying-to-local-people-in-order-twin-a-referendum

Butler, N. (2 November, 2017b) Bach accuses critics of Olympic Movement of ignorance and aggression. *Inside the Games*. insidethegames/biz/articles/1057397/bach-accuses-critics-of-olympic-movement-of-ignorance-and-aggression

Butler, N. and Seppelt, H. (4 March, 2019) Russian head coach from the doping era still involved in national team. *Sportschau*. sportschau.de/doping/Russian-head-coach-from-doping-era-still-involved-in-national-team-100.html

BWINT (2019) *The Dark Side of the Tokyo 2020 Summer Olympics*. bwint.org/web/content/cms.media/1542/datas/dark%side%20report%20lo-res.pdf

Byers, J. (30 July, 2002) Local hostility may sink Vancouver bid. *Toronto Star*, E7.

Carlson, M. (23 October, 2006) Marc Hodler. *The Guardian*. guardian.com/news/2006/oct/23/guardianobituaries.obituaries

CAS (2015) CAS 2014/A/3759 Dutee Chand v. IAAF and Athletics Federation of India Interim Award

CAS (2019) CAS 2018/O/5794 Mokgadi Caster Semenya v. IAAF and CAS 2018/O/5798 Athletics South Africa v. IAAF Arbitral Award

Caster Semenya insists she is 'no threat' to women's sport (27 March, 2019) *Irish Times*. irishtimes.com/sport/other-sports/caster-semenya-insists-she-is-no-threat-to-women-s-sport-1.3840053

Caster Semenya: United Nations criticizes 'humiliating' IAAF rule (25 March, 2019) *BBC Sport*. bbc.com/sport/athletics/47690512

Chatziefstathiou, D. (2012) Pierre de Coubertin: Man and myth. In Lenskyj and Wagg, *Palgrave Handbook of Olympic Studies*, 26–40.

Chotiner, I. (29 January, 2019) Beyond Larry Nassar. *Slate*. slate.com/

news-and-politics/2018/01/little-girls-in-pretty-boxes-author-on-gymnastics-toxic-culture.html

Clark, R. et al. (August 2018) Large divergence in testosterone concentrations between men and women. *Clinical Endocrinology* 90, 15-22.

Clark, R. et al. (23 August 2019) Erratum. *Clinical Endocrinology* 91, 471-3.

Clayton Utz and Deloitte Touche Tohmatsu (22 November, 1999) *Independent review of SOCOG's ticketing processes*. Sydney: Clayton Utz. catalogue.nla.gov.au/153268

Coakley, J. (2011) Youth sports: What counts as 'positive development'? *Journal of Sport and Social Issues* 35:5, 306-24.

Coalter, F. (2015) Sport-for-change: Some thoughts from a sceptic. *Social Inclusion* 3:3, 19-23.

Coates 'pissed off' by Crawford Report (17 November, 2009) *ABC News*. abc.net.au/news/2009-11-17/coates-pissed-off-by-crawford-report/1146166

Coca, N. (8 February, 2019) Beijing's Olympics paved the way for Xinjiang's camps. *Foreign Policy*. foreignpolicy.com/2019/02/08/beijings-olympics-paved-the-way-for-xinjiangs-camps

COHRE (2007) *Fair Play for Housing Rights: Mega-events, Olympic Games and Housing Rights*. issuu.com/cohre/docs/cohre_fairplayforhousingrights2007/130

Coleman, D. (3 May, 2019) A victory for female athletes everywhere. *Quillette* quillette.com/2019/05/03/a-victory-for-female-athletes-everywhere/

Collins, M. and Buller, J. (2003) Social exclusion from high performance sports. *Journal of Sport and Social Issues* 27:4, 420-42.

Covington (15 May, 2019) *Report to the World Anti-Doping Agency Concerning Allegations of Bullying and Harassment. WADA-ADA*. wada-ada.org/sites/default/files/resources/files/report.pdf

Critchley, M. (22 August, 2016) Rio 2016: Fifth-place Joanna Joznik 'feels like silver medallist'. *The Independent*. independent.co.uk/sport/Olympics/rio-2016-joanna-joznik-feels-like-silver-medallist-caster-semenya-800m-hyperandrogenism-a7203731.html

Cronin, G. (22 July, 2019) Australian Olympic Committee loosens Rule 40 restrictions. *SportBusiness*. sportbusiness.com/news/australian-olym-

pic-committee-loosens-rule-40-restrictions
Cummings, J. (2015) Confronting favela chic: the gentrification of informal settlements in Rio de Janeiro, Brazil. In L. Lees, H. Shin and E. Lopez Morales, Eds., *Global Displacement: Uneven Development and Displacement*. Bristol: Policy Press, 81-100.
Dale, D. (21 July, 2012) In Athens, a mixed legacy. *Toronto Star*, WD6-7.
Daly, M. and McKay, C. (24 November, 2015) Lord Coe role in Eugene 2021 Worlds decision questioned. *BBC Sport*. bbc.com/sport/athletics/34908237
Dame Kelly Holmes, Paula Radcliffe and Sharron Davies to write to IOC (18 March, 2019) *BBC Sport*. bbc.com/sport/47608623
Darnell, S. (2012) *Sport for Development and Peace: A Critical Sociology*. London: Bloomsbury.
Dash, D. (2 May, 2019) The Caster Semenya ruling is a disgrace on the sporting world. *Huck Magazine*. huckmag.com/perspectives/opinion-perspectives/the-caster-semenya-ruling-is-a-disgrace-on-the-sports-world
Davis, K. (2007) *The Making of Our Bodies Ourselves: How Feminism Travels Across Borders*. Durham, NC: Duke University Press.
Davis, S. (29 January, 2017a) The 2006 Turin Olympic athletes village. *Business Insider*. businessinsider.com/turin-olympic-village-african-refugees-photos-2018-1
Davis, S. (24 February, 2017b) What abandoned Olympic venues from around the world look like today. *Business Insider*. businessinsider.com/abandoned-olympic-venues-around-the-world-photos-rio-2016-8
Deacon, J. (2 October, 2000) Upsets down under. *Maclean's*, 32-35.
Denver, Colorado, Initiated Ordinance 302 Olympic Games Voter Approval Requirement (June 2019) *Ballotpedia*. Ballotpedia.org/Denver_Colorado_Initiated_Ordinance_302_Olympic_Games_Voter_Approval_Requirement_(June_2019)
Department of Health and Ageing (2010) *Australian Sport: The Pathway to Success*. sportpanel.org.au/internet/sportpanel/publishing.nsf/Content/Crawford-report
Diamond, J. (24 March, 2019) IAAF criticised United Nations for passing Semenya resolution. *Inside the games*. insidethegames.biz/arti-

cles/1077165/iaaf-criticises-united-nations-human-rights-council-for-passing-semenya-resolution-containing-generic-and-inaccurate-statements

Dibble, A. (1 May, 2019) Caster Semenya case: 'We've got to stop being so PC'. *Talk Radio*. talkradio.co.uk/features-caster-semenya-case-weve-got-to-stop-being-so-pc-19050130890

Dimeo, P. and Moller, V. (2018) *The Anti-Doping Crisis in Sport*. London: Routledge.

Douglas, B. (2 March, 2016) Brazil: loss of 'dirty list' sparks fears of worker exploitation. *The Guardian*. theguardian.com/global-development-2016/march/02/brazil-loss-of-dirty-list-sparks-fears-worker-exploitation-olympic-games-international-labour-organization

Doyle, K. (10 October, 2003) Tlatelolco Massacre: US documents on Mexico and the events of 1968. *National Security Archive*. nsarchive2.gwu.edu/NSAEBB/NSASBB99/

Eichberg, H. (1998) *Body Cultures*. London: Routledge.

Eichberg, H. (2004) The global, the popular and the inter-popular. In Bale and Christensen, *Post-Olympism?*, 65-80.

8 unusual facts (2019) *Olympic News*. olympic.org/athlete365/news/8-unusual-facts-about-olympic-athletes/

Espy, R. (1979) *The Politics of the Olympic Games*. Berkeley CA: University of California Press.

Fénichel, P. et al. (2013) 'Molecular diagnosis of 5a-reductase deficiency in 4 elite young female athletes through hormonal screening for hyperandrogenism', *Journal of Clinical Endocrinology & Metabolism* 98:6, E1055-59.

Fink, J. (16 July, 2019) PGA won't 'weigh in' on racist Trump tweets. *Newsweek*. newsweek.com/pga-trump-tweet-controversy-criticism-bedminster-tournament-cancel-1449531

Flyvberg, B. (June 2002) The lying game. *Eurobusiness*, 64-6.

Flyvberg, B., Stewart, A. and Budzier, A. (2016) The Oxford Olympics Study 2016: Cost and cost overruns at the Games. *Said Business School Research Paper* 2016-20.

Foddy, B. and Savulescu, J. (2011) Time to re-evaluate gender segregation in sport? *British Journal of Sports Medicine* 45, 1184-1188.

Freedom of expression is a basic human right (10 April, 2008) *Olympic News*. olympic.org/news/-freedom-of-expression-is-a-basic-human-right

Frenzel, F. and Koens, K. (2012) Slum tourism: Developments in a young field of interdisciplinary tourism research. *Tourism Geographies* 14:2, 195-212.

Frenzel, F., Koens, K. and Steinbrink, M. (2012) *Slum Tourism*. London: Routledge.

Furlong, J. (12 February, 2011) 'It was a massive shock'. *Toronto Star*, 52.

Furlong, J. and Mason, G. (2011) *Patriot Hearts: Inside the Olympics that changed a country*. Vancouver: Douglas and McIntyre.

Future Olympic Games elections to be more flexible (22 May, 2019) *Olympic News*. olympic.org/news/future-olympic-games-elections-to-be-more-flexible

Gaffney, C. (2016) Gentrifications in pre-Olympic Rio de Janeiro. *Urban Geography* 37:8, 1132-1153.

Galford, E. (2015) *XXIII Olympiad: Los Angeles 1984*. NY: Warwick Press.

Garlic and Watermelons (2006) C. Hickey, director. Pattern Films.

Genot, L. (14 April, 2017) World Cup, Olympic stadiums in Brazil corruption scandal. *Business Insider*. businessinsider. com/afp-world-cup-olympic-stadiums-in-brazil-corruption-scandal-2017-4.

Gessen, M. (2014) *Words Will Break Cement: The Passion of Pussy Riot*. New York, NY: Riverhead.

Get ready for action-packed 2019 (11 February, 2019) *The Peninsula*. thepenisulaqatar.com/11/02/2019/Get-ready-for-action-packed-2019-Here's-the-list-of-58-sporting-events-Qatar-hosts

Gibbs, L. (15 August, 2019) The FBI failed to pursue a course of action that would have immediately protected victims in harm's way. *ThinkProgress*. thinkprogress.org/new-senate-report-confirms-the-fbi-was-one-of-larry-nassars-top-enablers-6f1e67cf6ce9/

Gibson, O. (14 October, 2014) Sochi continues the rise of the non-democratic host nations. *The Guardian*. theguardian.com/sport/blog/2014/oct/14/sochi-continues-the-rise-of-the-non-democratic-host-nations-russia-f1-winter-olympics-world-cup

Gibson, O. (26 June, 2015) Silence over European Games in Azerbaijan is a

grim indicator of the future. *The Guardian*. guardian.com/sport/blog/2015/jun/26/silence-european-games-azerbaijan-grim-future

Gillespie, N. (27 June, 2019) Delusional LA mayor Eric Garcetti promises $1 billion profit on 2028 Olympics. *Reason*. reason.com/2019/06/27/delusional-la-mayor-eric-garcetti-promises-1-billion-profit-on-2028-olympics/

Girard, D. (4 March, 2003) Whistler 'too far': Olympic official. *Toronto Star*, A3.

Giulianotti, R. (2004) Human rights, globalization and sentimental education: The case of sport. *Sport in Society*, 7:3, 355-69.

Global Athlete (10 April, 2019) *Open Letter*. globalathlete. org/our-word/change-ioc-rule-40

Godwell, D. (1999) Olympic branding of Aborigines: the 2000 Olympics and Australia's indigenous peoples. In K. Schaffer & S. Smith, eds. *The Olympics at the Millennium: Power, Politics and the Games*. New Jersey, NJ: Rutgers University Press, 243-71.

Goldman Sachs (2012) *The Olympics and Economics 2012*. goldmansachs.com/insights/archive/archive-pdfs/olympics-and-economics-pdf

Grange, M. (September 2000) Summer Olympic red alert. *Report on Business Magazine*, 25-30.

Grell, T. (2018) The International Olympic Committee and human rights reforms. *International Sports Law Journal* 17, 3-4, 160-9.

Grix, J. and Lee, D. (2013) Soft power: Sport mega-events and emerging states. *Global Society* 27:4, 521-536.

Grix, J., Brannagan, P. and Houlihan, B. (2015) Interrogating states' soft power strategies: a case study of sports mega-events in Brazil and the UK. *Global Society* 29:3, 463-79.

Gruneau, R. and Neubaeur, R. (2012) A gold medal for the market. In Lenskyj and Wagg, *Palgrave Handbook of Olympic Studies*, 134-62.

Guttmann, A. (1992) *The Olympics*. Champaign IL: University of Illinois Press.

Hall, C. (1994) *Tourism and Politics*. New York: Wiley.

Hall, C. (July 2-4, 1998) *Imaging, tourism and sports event fever*. Paper presented to the Sport in the City Conference, Sheffield.

Handelsman, D., Hirschberg, A. and Bermon, S. (October 2019) Circulating

testosterone as the hormonal basis of sex differences in athletic performance. *Endocrine Reviews* 39:5, 803-29.

Hanscom, G. and Warren, L. (16 March, 1998) Colorado refused to play. *High Country News*. hcn.org/issues/126/4014

Harper, J. (1 April, 2019) Sport's transgender debate needs compromise not conflict. *The Guardian*. theguardian.com/sport/blog/2019/apr/01/sports-transgender-debate-needs-compromise-not-conflict

Harrison, K. and Wolf, A. (5 April, 2018) Larry Nassar wasn't the only abuser in Olympic sports. *Washington Post*. washingtonpost.com/opinions/larry-nassar-wasnt-the-only-abuser-in-olympic-sports/2018/04/05/1bfdf994-3809-11e8-8fd2-49fe3c675a89_story.html

Hayes, G. and Karamichas, J. (2012) *Olympic Games, Mega-events and Civil Societies*. Houndmills, Hampshire: Palgrave Macmillan.

Hayhurst, L., Kay, T., and Chawansky, M., Eds. (2016) *Beyond Sport for Development and Peace*. London: Routledge.

Heggie, V. (2010) Testing sex and gender in sports. *Endeavour* 34:4, 157-63.

Helfand, S. and Buainain, A. (15 June, 2016) How did Brazil go from rising BRIC to sinking ship? *The Conversation*. theconversation.com/how-did-brazil-go-from-rising-bric-to-sinking-ship-57029

Henne, K. (Spring 2014) The 'science' of fair play in sport: Gender and the politics of testing. *Signs* 39:3, 787-812.

Henne, K. and Pape, M. (2018) Dilemmas of gender and Global South governance: An invitation to Southern Theory. *Sociology of Sport Journal* 35, 216-225.

Hersh, P. (9 November, 1992) As competition grows, gymnasts shrink. *Chicago Tribune*. chicagotribune.com/news/ct-xpm-1992-11-09-9204110628-story-htm

Hersh, P. (7 March, 2017) On the defensive, IOC president plays alternative facts trump card. *Globetrotting by Philip Hersh*. globetrottingbyphiliphersh.com/home/2017/3/6/trump-ioc-2024-losangeles-paris-thomas-bach

Hersh, P. (2 July, 2019) International figure skating officials finally get the message. *Globetrotting by Philip Hersh*. globetrottingbyphiliphersh.com/home/2019/7/2/international-figure-skating-officials-finally-get-the-message-and-act-on-conflict-of-interest

Hill, C. (1992) *Olympic Politics*. Manchester: Manchester University Press.

Hoberman, J. (1986) *The Olympic Crisis*. New Rochelle, New York: Caratzas.

Hobson, W. and Rich, S. (17 November, 2017) Every six weeks for more than 36 years. *Washington Post*. washingtonpost.com/sports/every-six-weeks-for-more-than-36-years-when-will-sex-abuse-in-olympic-sports-end/2017/11/17/286ae804-c88d-11e7-8321-481fd63f174d_story.html

Hoch, P. (1972) *Rip Off the Big Game*. New York, NY: Doubleday.

Holmes, T. (2 March, 2019) Gold Medal Ready program. *ABC News*. abc.net.au/2019-03-03/ais-olympic-camp-with-army-special-forces/10865090

Hong, F. (2004) Innocence lost: Child athletes in China. *Sport in Society* 7:3, 338-54.

Horne, J. and Manzenreiter, W., Eds. (2006) *Sports Mega-Events*. Oxford: Blackwell.

Horne, J. and Whannel, G., Eds. (2016) *Understanding the Olympics*. 2nd edition. New York, NY: Routledge.

Houlihan, B. (1994) *Sport and International Politics*. New York: Harvester Wheatsheaf.

House of Commons Digital, Culture, Media and Sport Committee (5 March, 2018) *Combatting Doping in Sport*. publications.parliament.uk/pa/cm201719/cmselect/cmcumeds/366/366.pdf

How much do you know about the LA84 Foundation? (10 September, 2019) *NOlympicsLA*. nolympicsla.com/2019/09/10/how-much-do-you-know-about-the-la84-foundation/

Human Rights House (17 June, 2016) Don't let Formula 1 sportswash Azerbaijan's human rights abuses. humanrightshouse.org/articles/don't-let-formula-1-sportswash-azerbaijans-human-rights-abuses

Human Rights Watch (2013) Race to the bottom. *Human Rights Watch*. hrw.org/report/2013/02/06/race-bottom/exploitation-migrant-workers-ahead-russias-2015-winter-olympic-games

Hume, M. (1 October, 2002) Natives take protest to Europe: Indians hope to undermine Vancouver-Whistler Olympics bid. *National Post*, B1.

IAAF (2011) *Regulations Governing Eligibility of Females with Hyperandrogenism to Compete in Women's Competition*. *IAAF*. iaaf.org/about-iaaf/documents/medical

IAAF (16 August, 2015) IAAF statement in response to Sunday Times article. *IAAF*. iaaf.org/news/press-release/doping-prevalence-study-daegu-2011

IAAF (1 May, 2019a) Eligibility Requirements for the Female Classification. *IAAF*. iaaf.org/about-iaaf/documents/rules-regulations#collapseregulations

IAAF (4 June, 2019b) IAAF response to IWG, WSI and IAPESGW. *IAAF*. iaaf.org/news/press-release/iaaf-letter-iwg-wsi-iapesgw

IAAF (9 June, 2019c) IAAF unveils new name and logo. *IAAF*. iaaf.org/news/press-release/iaaf-unveils-new-name-and-logo

IAAF (14 October, 2019d) Decisions made at IAAF Council meeting in Doha. *IAAF*. iaaf.org/news/press-release.iaaf-council-219-decisions

IAAF Ethics Board (11 April, 2019) *Notice of Closure of Investigation*. iaafethicsboard.org/decisions

IAAF head Coe accused of misleading UK parliamentary inquiry (4 March, 2018) *AP News*. apnews.com/7d96395360e84a319f94061ccf002db3

Independent Expert Panel (13 August, 2019) *Reef 2050 Plan*. environment.gov.au/system/files/pages/abff0d5e-b94d-4495-b79b-90dc52274f69/files/expert-panel-communique-13-aug-2019.pdf

Independent research conducted on behalf of the IOC (26 March, 2019) *Olympic News*. olympic.org/news/independent-research-conducted-on-behalf-of-the-ioc-demonstrates-global-strength-of-the-olympic-values

Ingle, S. (13 February, 2019a) Caster Semenya: IAAF denies it wants to classify athlete as biological male. *The Guardian*. guardian.co.uk/sport/2019/feb/13/caster-semenya-iaaf-report

Ingle, S. (18 February, 2019b) Caster Semenya's lawyers accuse the IAAF of underhand tactics. *The Guardian*. guardian.co.uk/sport/2019/feb/18/caster-semenya-hearing

Ingle, S. (24 April, 2019c) Paralympics GB stunned. *The Guardian*. guardian.co.uk/sport/2019/apr/24/paralympics-gb-stunned-after-yokohama-hotels-demand-payment-for-accessibility

IOC approves new candidature process for Olympic Winter Games (11 July, 2017) *Olympic News* olympic.org/news/ioc-approves-new-candidature-process-for-olympic-winter-games-2026

IOC chief Thomas Bach says Sapporo won't rejoin 2026 field (27 November, 2018) *Japan Times*. japantimes.co.jp/sports/2018/11/27/olympics/win-

ter-olympics-chief-thomas-bach-says-sapporo-wont-rejoin-2026-field-if-bids-fail/
IOC clears John Furlong (12 March, 2011) *ESPN*. espn.com.au/Olympics/news/story?id=6209719
IOC Commissions (20 May, 2019) *IOC Documents*. stillmed.olympic.org/media/document%20Library/OlympicOrg/IOC/Who-We-Are-Commissions/All-Commissions/Commissions-of-the-IOC-2019.pdf
IOC (2015) IOC Consensus Meeting on Sex Reassignment and Hyperandrogenism. *IOC Documents*. stillmed. olympic.org/Documents/Commissions_PDFfiles/Medical_commission/2015-11_ioc_consensus_meeting_on_sex_reassignment_and_hyperandrogenism-en.pdf
IOC executive board accepts Paris 2024 proposal for new sports (27 March, 2019) *Olympic News*. olympic.org/news/ioc-executive-board-accepts-paris-2024-proposal-for-new-sports
IOC forms working group to retool troubled Olympic bid process (27 March, 2019) *Games Bids*. gamesbids. com/eng/summer-olympic-bids/future-summer-bids/ioc-forms-working-group-to-retool-troubled-olympic-bid-process/
IOC increases revenue distribution to national Olympic committees (27 March, 2019) *Olympic News*. olympic.org/news/ioc-increases-revenue-distribution-to-national-olympic-committees-and-international-federations-after-peongchang-2018
IOC: Russia won't discriminate against gays in Sochi (26 September, 2013) *USA Today*. usatoday.com/story/sports/Olympics/2013/09/26/ioc-satisfied-anti-gay-legislation-russia/2877011/
IOC Session elects two new executive board members and ten new IOC members (26 June, 2019) *Olympic News*. olympic.org/news/ioc-session-elects-two-new-executive-board-members-and-ten-new-ioc-members
IOC Statement on Oslo 2022 (1 October, 2014) *Olympic News*. olympic.org/news/ioc-statement-on-oslo-2022
IOC strengthens its stance in favour of human rights (28 February, 2017) *Olympic News*. olympic.org/news/ioc-strengthens-its-stance-in-favour-of-human-rights-and-against-corruption-in-new-host-city-contract
ISU Code of Ethics. (1 July, 2019) *ISU*. isu.org/figure-skating/rules/fsk-communications/21534-isu-communication-2265/file

ITUC (2015) Counting the Cost of Modern Slavery in Qatar. *ITUC Frontlines Report*. ituc-csi.org/IMG/pdf/qatar_en_web.pdf

IWG (30 May, 2019) Caster Semenya: IWG, WSI & IAPESGW write to IAAF. *IWG Women & Sport*. iwgwomenandsport.org/caster-semenya-iwg-wsi-iapesgw-write-to-iaaf/

Japan must halt returns to Fukushima (2018) *Office of the High Commissioner*. ohchr.org/EN/NewsEvents/Pages/DisplayNews/aspx?NewsID=23772&langID=E

Jennings, A. (1996) *The New Lords of the Rings*. London: Pocket Books. アンドリュー ジェニングス：野川春夫訳（1998）『オリンピックの汚れた貴族』サイエンティスト社.

Jennings, A. (2011) Investigating corruption in corporate sport: The IOC and FIFA. *International Review for the Sociology of Sport* 46:4, 387-98.

Jimenez-Martinez, C. and Skey, M. (25 July, 2018) How repressive states and governments use 'sportswashing'. *The Conversation*. theconversation.com/how-repressive-states-and-governments-use-sportswashing-to-remove-stains-on-their-reputation-1003965

Johnson, A. (1998) Home team/major league losers. *Urban Affairs Review* 33:4, 579-581.

Johnson, D. and Ali, A. (2004) A tale of two seasons: Participation and medal count at the Summer and Winter Olympic Games. *Social Science Quarterly* 85:4, 974-993.

Karkazis, K. and Jordan-Young, R. (2018) The powers of testosterone: obscuring race and regional bias in the regulation of women athletes. *Feminist Formations* 30:2, 1-39.

Kaser, R. (4 September, 2018) Olympics Committee president rejects esports as 'promoting violence'. *The Next Web*. thenextweb.com.gaming/2018/09/04/olympics-esports-violence/

Kassens-Noor, E. (25 June, 2019) 'Failure to adjust': Boston's bid for the 2024 Olympics and the difficulties of learning Olympic wisdom. *Environment and Planning A: Economy and Space* 51:8, 1684-1702.

Kelly Sotherton will reject dirty and tainted bronze medal (26 April, 2017) *The Independent*. independent.co.uk/sport/Olympics/kelly-sotherton-rejects-bronze-medal-russian-drugs-cheat-tatyana-chernova-a7702371.html

Kidané, F. (August/September, 2001) Open letter to a friend. *Olympic Review* XXVII, 45-6.

Kirton, S. (3 March, 2019) Atlanta unions campaign to unionize Atlanta Olympics, 1991-1993. *Nonviolent Database* nvdatabase.swarthmore.edu/content/atlanta-unions-campaign-unionize-atlanta-olympics-1991-1993

Kissinger, H. (27 June, 2019) Henry Kissinger: For a more peaceful vision of the future, look to the Olympics. *Los Angeles Times*. latimes.com/opinion/op-ed/la-oe-henry-kissinger-olympics-world-20190627-story.html

Kissinger staying to sit as a member of the International Olympic Committee (19 January, 2004) *TRIAL International* trialinternational.org/latest-post/Kissinger-staying-to-sit-as-a-member-of-the-international-olympic-committee/

Kleyn, B. and Hinchlifffe, J. (21 February, 2019) Brisbane's Olympic Games bid will require billions of dollars, feasibility study shows. *ABC News*. abc.net.au/news/2019-02-22/brisbanes-olympic-bid-2032-how-capital-will-look/10837264

Kollewe, J. (12 August, 2011) Olympic village snapped up by Qatari ruling family for £557m. *The Guardian*. theguardian.co.uk/sport/2011/aug/12/olympic-village-qatari-ruling-family

Kruger, A. and Murray, W., Eds. (2003) *The Nazi Olympics*. Urbana IL: University of Illinois Press.

Lackey, D. (1990) Sexual harassment in sports. *Physical Educator*, 47:2, 22-6.

LA 2028 adjusts estimated cost of Olympics to $6.9b. *NBC Los Angeles News*. nbclosangeles.com/news/local/LA-2028-Adjusts-Estimated-Costs-of-Olympics-to-69-Billion-509276711.html

Lawrence, D. (2017) Sociodemographic profile of an Olympic team. *Public Health* 148, 149-58.

Leigh, N. and Bonin, T. (1977) The pioneering role of Madame Alice Milliat and the FSFI. *Journal of Sport History* 4:1, 72-83.

Lenskyj, H. (1991) Combatting homophobia in sport and physical education. *Sociology of Sport Journal* 8:1, 61-69.

Lenskyj, H. (1992) Unsafe at home base: Women's experiences of sexual harassment in university sport and physical education. *Women in Sport*

and Physical Activity Journal 1:1, 19-34.

Lenskyj, H. (2000) *Inside the Olympic Industry: Power, Politics and Activism*. Albany, NY: SUNY Press.

Lenskyj, H. (2002) *The Best Olympics Ever? Social Impacts of Sydney 2000*. Albany, NY: SUNY Press.

Lenskyj, H. (2003) *Out on the Field: Gender, Sport and Sexualities*. Toronto: Women's Press.

Lenskyj, H. (2004) Olympic Education Inc.: Colonizing children's minds? In K. Wamsley et al., Eds. *Proceedings of the Seventh International Symposium for Olympic Research*. London: UWO, 151-8.

Lenskyj, H. (2008) *Olympic Industry Resistance: Challenging Olympic Power and Propaganda*. NY: SUNY Press

Lenskyj, H. (2012a) Olympism: Still colonizing children's minds. *Educational Review* 64:3, 265-74.

Lenskyj, H. (2012b) The Winter Olympics: geography is destiny? In Lenskyj and Wagg, *Palgrave Handbook of Olympic Studies*, 88-102.

Lenskyj, H. (2013) *Gender Politics and the Olympic Industry*. Houndmills, Hampshire: Palgrave.

Lenskyj, H. (2014) *Sexual Diversity and the 2014 Sochi Olympics: No More Rainbows*. Houndmills, Hampshire: Palgrave.

Lenskyj, H. (2016) Women's Olympics: Protest, strategy or both? In J. Dart and S. Wagg, Eds., *Sport, Protest and Globalisation*. Houndmills, Hampshire Palgrave, 35-50.

Lenskyj, H. (2018) *Gender, Athletes' Rights, and the Court of Arbitration for Sport*. Bingley UK: Emerald Publishing.

Lenskyj, H. and Wagg, S., Eds. (2012) *Palgrave Handbook of Olympic Studies*. Houndmills, Hampshire: Palgrave.

Linden, J. (23 March, 2019a) Gender bender divide. *Daily Telegraph*, 110.

Linden, J. (29 March, 2019b) Must stand by your wo man (sic) *Daily Telegraph*, 90.

Livingstone, R. (9 November, 2018) Bidweek: A short history of Olympic bid referendums. *Gamesbids*. gamesbids. com/eng/winter-olympic-bids/2026-olympic-bid-news/bidweek-a-short-history-of-olympic-bid-referendums/

Livingstone, R. (13 March, 2019) IOC evaluation chair shrugs off long dis-

tances between Stockholm-Are 2026 Olympic bid venues. *Gamesbids*. gamesbids.com/eng/winter-olympic-bids-ioc-evaluation-chair-shrugs-off-long-distances-between-stockholm-are-2026-olympic-bid-venues

Long, M. (17 May, 2019) Grigorishin is a rebel with a cause. *SportsPro*. sportspromedia.com/from-the-magazine/ISL-adam-peaty-swimming-olympics-Konstantin-Grigorishin-fina-ledecky-le-cos

Lord, C. (23 July, 2019a) Australian coaches back Mack Horton. *Swimming World Magazine*. swimmingworldmagazine.com/news/australian-coaches-back-mack-horton-call-fina-to-back-isl-zero-tolerance-on-doping

Lord, C. (19 August, 2019b) USADA boss backs Horton and Scott. *Swimming World Magazine*. swimmingworldmagazine.com/news/usada-boss-backs-horton-and-scott-failure-to-resolve-sun-case-before-worlds-shames-system/

Lucas, J. (2019) Understanding the Olympic bid plebiscite. *University of Calgary School of Public Policy*. policyschool.ca/wp-content/uploads/2019/01/Urban-Policy-Trends-Olympic-Bid-Lucas.pdf

Ludwig, J. (1976) *Five Ring Circus*. Toronto: Doubleday.

Mackay, D. (6 April, 2019a) Stockholm-Are 2026 promised plenty more time. *Inside the Games*. insidethegames.biz/articles/1077670/stock-are-2026-promised-plenty-more-time-to-get-government-guarantees

Mackay, D. (4 May, 2019b) Bach tells AOC he does not want too many losers. *Inside the Games*. insidethegames.biz/articles/1078788/bach-tells-aoc-he-does-not-want-too-many-losers-as-they-prepare-brisbane-bid-for-20320olympics#disqus_thread

Mackay, D. (6 May, 2019c) Critics of WADA decision. *Inside the Games*. insidethegames.biz/articles/1078871/critics-of-wada-decision-to-reinstate-russia-accused-by-president-sir-craig-reedie-of-caring-more-about-politics-that-clean-sport

Magnay, J. (31 July, 2009) Medal push: sports chiefs want extra $100m a year. *Sydney Morning Herald*. smh.com.au/sport/medal-push-sport-chiefs-want-extra-100m-a-year-20090202-gdtc07.html

Magubane, Z. (Spring 2014) Spectacles and scholarship: Caster Semenya, intersex studies, and the problem of race in feminist theory. *Signs* 39:3, 761-785.

Mandell, R. (1971) *The Nazi Olympics*. New York, NY: Macmillan. リチャー

ド・マンデル：田島直人訳（1976）『ナチ・オリンピック』ベースボール・マガジン社.
Mattamy National Cycling Centre (2019) mattamynationalcyclingcentre.ca/en/the-centre/frequently-asked-questions.asp
Mazanov, J. (2016) *Managing Drugs in Sport*. London: Routledge.
McDonald, M. (15 July, 2010) 'Ruin porn': the aftermath of the Beijing Olympics. *New York Times*. rendezvous.blogs.nytimes.com/2012/07/15/ruin-porn-the-aftermath-of-the-beijing-olympics/?_r=0
McPhee, J. and Dowden, J. (10 December, 2018) The Constellation of Factors Underlying Larry Nassar's Abuse of Athletes. *Ropes & Gray*. nassarinvestigation.com/en
Mebus, V. et al. (27 September, 2019) Ex-athletes suffer massive consequences of hormone surgery. *Sportschau*. sportschau.de/hindergrund/schwere-vorwuerfe-gegen-iaaf-arzt-100.html
Miah, A. and Jones, J. (2012) The Olympic movement's new media revolution. In Lenskyj and Wagg, *Palgrave Handbook of Olympic Studies*, 274-88.
Miller, P. (1996) The Nazi Olympics, Berlin, 1936. *Olympika* 5, 127-40.
Miller, T. (2018) *Greenwashing Sport*. London: Routledge.
Ministry of Public Safety and Solicitor General (2010) *Coroner's Report*. gov.bc.ca/assets/gov/birth-adoption-death-marriage-and-divorce/deaths/coroners-service/reports/investigative/kumaritashvili-nodar.pdf
Mokone, T. (28 February 2019) MPs dress up for Caster Semenya. *Sunday Times*. timeslive.co.za/politics/2019-02-28-mps-dress-up-for-caster-semenya-in-support-of-her-battle-with-iaaf/
Moore, K. (9 September, 1968) The sexual identity of athletes. *JAMA* 205:11, 787-88.
Moore, M. and AAP (16 October, 1999) Revealed: rich-list Olympics. *Sydney Morning Herald*, 1.
Moran, J. and Blumenthal, R. (30 July, 2019) *The Courage of Survivors*. moran.senate.gov/public/index/cfm/u-s-olympics-sexual-abuse-investigation
Morgan, L. (23 August, 2018) Bach claimed perceived lack of trust in IOC. *Inside the Games*. insidethegames.biz/articles/1069126/bach-claimed-perceived-lack-of-trust-in-ioc-generated-by-media-and-not-factor-in-

cities-rejecting-idea-of-hosting-olympics
Morgan, L. (1 April, 2019a) Déjà vu for the IOC. *Inside the Games*. insidethegames.biz/articles/1077465/liam-morgan-deja-vu-for-the-ioc-as-another-working-group-is-created-to reform-bid-process
Morgan, L. (14 June, 2019b) Bach suggests IOC could recommend a single city. *Inside the Games*. insidethegames.biz/articles/1080633/bach-suggests-ioc-could-recommend-a-single-city-to-host-olympic-games-but-dismisses-claims-it-will-end-bidding-contests
Morgan, L. (20 June, 2019c) IOC to ask cities to hold referendum. *Inside the Games*. insidethegames.biz/articles/ioc-to-ask-cities-to-hold-referendum-before-submitting-olympic-bid-under-changes-to-candidature-process
Morgan, L. (25 June, 2019d) IOC Session. *Inside the Games*. insidethegames.biz/articles/1081180/ioc-session-reaction-to-decision-to-award-milan-cortina-2026-winter-olympics-and-vote-on-sports-for-paris-2024#update-52176
Morgan, L. (25 June, 2019e) Sir Craig Reedie raises question. *Inside the Games*. insidethegames.biz/articles/1081180/updates/52240
Morgan, L. (26 June, 2019f) IOC membership swells to 105. *Inside the Games*. insidethegames.biz/articles/ioc-membership-swells-to-105-as-10-new-members-elected-at-session
Morgan, L. (5 August, 2019g) Maister continuing to ask the tough questions. *Inside the Games*. insidethegames.biz/articles/1083091/maister-on-life-at-the-ioc
Morgan, T. (21 August, 2016) Caster Semenya wins 800m. *Telegraph*. telegraph.co.uk/news/2016/08/21/lyndsey-sharp-criticises-obvious-hypoandrogenous-women-having-bein/(sic)
Morton, H. (2016) License to abuse: Confronting coach-inflicted sexual assault in American Olympic sports. *William & Mary Journal of Women and the Law* 23:1: 141-174.
Mulot, R. (25 June, 2019a) Athletism: 'If you want to compete in the feminine category, then you must not oppose a treatment'. *Sciences et avenir*. sciencesetavenir.fr/sante/athletism-if-you-want-to-compete-in-the-feminine-category-then-you-must-not-oppose-a-treatment_134846.amp
Mulot, R. (29 June, 2019b) 'There is no scientific evidence for eligibility regu-

lations based on athlete testosterone levels'. *Sciences et avenir*. sciencesetavenir.fr/sante/sexualite/testosterone-and-sport-the-irrelevant-rules-for-athletism_134904
Mulvenney, N. (29 August, 2017) Coates stands firm despite criticism of AOC culture. *Reuters*. reuters.com/article/us-olympics-australia-idUSKCN1B405R
Mulvenney, N. (6 May, 2019) Olympics: Bach boxing comments undervalue International Federations. *KFGO News*. kfgo.com/news/articles/2019/may/06/Olympics-bach-boxing-comments-undervalue-international-federations-aiba-chief/
National Army Museum (2019) Sport and preparing troops for war. nam.ac.uk/explore/sport-and-preparing-troops-war
National Law Centre on Homelessness and Poverty (1998) Civil Rights Violations. tomco.net/˜nlchp/civil.htm
New England Journal of Medicine (2019) Embargo Policy. nejm.org/author-center/embargo-policy
Nye, J. (2004) *Soft Power*. New York, NY: Public Affairs.
O'Bonsawin, C. (2006) The conundrum of Ilanaaq-First Nations representation and the 2010 Vancouver Winter Olympics. In N. Crowther, R. Barney and M. Heine, Eds., *Cultural Imperialism in Action: Critiques in the Global Olympic Trust*. London, ON: University of Western Ontario, 387-94.
O'Brien, R. (13 September, 2019) DOJ investigating sex abuse within Olympic organizations. *Wall Street Journal*. wsj.com/articles/doj-investigating-sex-abuse-within-olympic-organizations-11568384974
Office of the Mayor, City of Vancouver (November 2006) *Project Civil City*. samsullivan.ca/pdf/project-civil-city.pdf
OFSTED (15 July, 2014) Competitive sports in schools-OFSTED report. lgui.org.uk/2014/07/Competitive-sports-in-schools-OFSTED-Report.pdf
O'Halloran, K. (2019) Kate O'Halloran made a mistake on Twitter. *ABC Life*. abc.net.au/life-kate-ohalloran-trolling-after-twitter-mistake-during-afl-game-11482262
Okunuki, H. (9 April, 2014) Foreign workers fear exploitation. *Japan Times*. japantimes.co.jp/community/2014/04/09/issues/foreign-workers-fear-exploitation-as-olympic-projects-gather-steam#XLvlzOtKjBJ

Olympic Agenda 2020 20 + 20 Recommendations. (2014) *IOC Documents* stilmed.olympic.org/Documents/Olympic_Agenda_2020/Olympic_Agenda_2020-20-20_ Recommendations-ENG.pdf「オリンピックアジェンダ 2020 20+20 提 言 」https://www.joc.or.jp/olympism/agenda2020/pdf/agenda2020_j_20160201.pdf

Olympic Charter (2018) *IOC Documents* stillmed.olympic.org/media/Documents%20Library/OlympicOrg/General/EN-Olympic-Charter.pdf「オリンピック憲章〔2018年10月9日から有効〕」公益財団法人 日本オリンピック委員会 https://www.joc.or.jp/olympism/charter/pdf/olympiccharter2018.pdf

Olympic Games Candidature Process (2019) *IOC*. olympic/org/all-about-the-candidature-process

Olympic Games: Istanbul 2012? (25 July, 2003) *Wikileaks*. wikileaks.org/plusd/cables/03ISTANBUL1041_a.html

Olympic Games: The New Norm (6 February, 2018) *IOC Documents*. stillmed.olympic.org/media/Document%20 Library/OlympicOrg/News/2018/02/2018-02-06-Olympic-Games-the-New-Norm-Report.pdf

Olympic Studies Centres in the world (22 March, 2019) *IOC Documents*. stillmed.olympic.org/media/Documents%20Library/OlympicOrg/Olympic-Studies-Centres/Academic-Activities-and-Network/Olympic-Studies-monitoring/OSCs-around-the-world/20190322.pdf

Olympics Unleashed celebrates 100th school (4 December, 2018) *Australian Olympic Committee*. education.admin.olympics.com.au/news/olympics-unleashed-celebrates-100th-school

Opening Remarks to the 134th IOC Session (25 June, 2019) *IOC Documents*. stillmed.olympic.org/Documents%20library/OlympicOrgNews/2019/06/IOC-Session-Lausanne-2019-opening-remarks.pdf

Orozco, S. (Summer 1998) The massacre of 1968 and Mexico's movement toward democracy. *Colorlines* 24-6.

Osumi, M. (10 March, 2019) 'Recovery Olympics' moniker for 2020 Games rubs 3/11 evacuees the wrong way. *Japan Times*. japantimes.co.jp/news/2019/03/10/national/recovery-moniker-2020-games-rubs-3-11-evacuees-wrong-way/#.XIT6cyL7Tcs

Owen, D. (15 August, 2018) What the latest IOC Commission line-ups really tell us. *Inside the Games* insidethegames.biz/articles/1068833/david-

owen-what-the-latest-ioc-commission-line-ups-really-tell-us
Panja, T. (5 July, 2019) Former Rio governor describes extensive bribery in bid for 2016 Olympics. *New York Times*. nytimes.com/2019/07/05/sports/2016-olympics-rio-bribery.html
Pape, M. (1 May, 2019) I was sore about losing to Caster Semenya. *The Guardian* theguardian.com/commentisfree/2019/may/01/losing-caster-semenya-decision-wrong-women-testosterone-iaaf
Patrick, A. (24 August, 2017) Olympic committee a workplace quagmire, review finds. *Financial Review*. afr.com/companies/sport/Olympic-committee-a-workplace-quagmire-review-finds-20170824-gy39ex
Pavitt, M. (30 October, 2018) Bach admits difficulties in securing Winter Olympic Hosts. *Inside the Games*. insidethegames.biz/articles/1071654/bach-admits-difficulties-in-securing-winter-olympic-hosts-and-suggests-climate-change-has-reduced-candidates
Pavitt, M. (24 March, 2019a) Lindberg challenges IOC members. *Inside the Games*. insidethegames.biz/articles/1081155/lindberg-challenges-ioc-members-to-vote-stockholm-are-2026-to-prove-new-norm-is-not-just-talk
Pavitt, M. (13 April, 2019b) IOC president Bach urges athletes to make voices heard. *Inside the Games*. insidethegames.biz/articles/1077912/ioc-president-bach-urges-athletes-to-make-voices-heard#.XLNKbUQutJA
Paz, O. (1972) *The Other Mexico*. New York, NY: Grove.
Pells, E. (16 May, 2019) Bullying probe calls for sensitivity training for WADA. *AP News*. apnews.com/751c482c24f6409a97f3c1c9405103fe
Pielke, R. (17 May, 2019a) Caster Semenya ruling: sports federation is flouting ethics rules. *Nature: International Journal of Science*. nature.com/articles/d41586-019-01606-8
Pielke, R. (20 July, 2019b) Here we go again: another major error found in a peer-reviewed paper. *Roger Pielke Jr*. rogerpielkejr.com/2019/07/20/here-we-go-again-another-major-error-found-in-a-peer-reviewed-paper-used-to-support-the-iaaf-regulations-of-female-athletes
Pielke, R. (23 August, 2019c) The 'massive correction' of Clark et al. on testosterone range has now been published. Roger Pielke Jr. threadreaderapp.com/threat/1165691362349477888.htm
Pielke, R., Tucker, R. and Boye, E. (7 February, 2019a) Scientific integrity and

the IAAF testosterone regulations. *International Sports Law Journal* 19:1, 18-26.

Pielke, R., Tucker, R. and Boye, E. (18 April, 2019b) Correction to: Scientific integrity and the IAAF testosterone regulations. *International Sports Law Journal* 19:1, 27-28.

Pielke, R. et al. (2019) An evaluation of good governance in US Olympic sport National Governing Bodies. *European Sport Management Quarterly* DOI 10.1080/16184742.2019.1632913

Pielke, R. and Pape, M. (2019) Science, sport, sex, and the case of Caster Semenya. *Issues in Science and Technology* XXXVI:1 issues.org/science-sport-sex/

Pieper, L. (2016) *Sex Testing: Gender Policing in Women's Sport*. Urbana IL: University of Illinois Press.

Playfair 2008 (2008) No medal for the Olympics on labour rights. *Playfair 2008*. issuu.com/ituc/docs/playfair_2008.en

Popovic, M. (2006) From Terje to the Flying Red Tomato: Snowboarding's incorporation into the Olympic Games. In N. Crowther, R. Barney and M. Heine, Eds., *Cultural Imperialism in Action: Critiques in the Global Olympic Trust*, International Centre for Olympic Research. London Ontario: University of Western Ontario, 157-68.

Porter, M. (12 May, 1999) Playing games at our cost. *Daily Telegraph*, 26.

Poynter, G. (2012) The Olympics: East London's renewal and legacy. In Lenskyj and Wagg, *Palgrave Handbook of Olympic Studies*, 505-519.

Press briefing on Olympics held October 19 on margins of 17th Party Congress (October 19, 2007) *Wikileaks*. wikileaks.org/plusd/cables/07BEIJING6760_a.html

Preuss, H. (2004) *The Economics of Staging the Olympics*. Cheltenham: Edward Elgar.

PwC (2017) *PwC's Sports Survey 2017*. ecaeurope.com/media/4148/pwcs-sports-survey-2017.pdf

PwC (2018) *PwC's Sports Survey 2018*. pwc.ch/en/insights/sport/sports-survey-2018.html

RA (retired athlete) (7 September, 2019) Personal communication.

Radcliffe backs IAAF as Semenya ruling nears (12 April, 2019) *France 24*. france24.com/en/20190412-radcliffe-backs-iaaf-as-semenya-ruling-

nears
Ramsamy, S. (1984) Apartheid, boycotts and the Games. In Tomlinson and Whannel, *Five Ring Circus*, 44-52.

'Really concerns me': Aussie Olympians rail against transgender champ (4 June, 2019) *Yahoo Sport*.au. sports.yahoo.com/cece-telfer-tamsyn-manou-transgender-runner-051609696.html

Reid, S. (3 July, 2019) Scott Blackmun, accused of lying to Congress, received $2.4 million buy-out from USOC. *Orange County Register* ocregister.com/2019/07/03/scott-blackmun-accused-of-lying-to-congress-received-2-47-million-buy-out-from-usoc/

Report alleges secret lobbying around PyeongChang bid (9 April, 2018) *Around the Rings*. aroundtherings.com/site/A_6310/Title_Report-Alleges-Secret-Lobbying-Around-PyeongChang-bid/292/Articles

Report of the IOC Evaluation Commission for the Games of the XXX Olympiad in 2012 (2005) *IOC Documents*. stillmed.olympic.org/AssetsDocs/importednews/documents. en.report_952.pdf

Reporters Without Borders (22 August, 2008) Olympic disaster for free expression in China. *RSF*. rsf.org/en/news/olympic-disaster-free-expression-china

Rieger, S. (12 June, 2019) Governments spent $17.7m on Calgary's scrapped bid. *CBC News*. cbc.ca/news/canada/calgary/calgary-olympic-bid-costs-1.5173268

Riordan, J. (1984) The Workers' Olympics. In Tomlinson and Whannel, *Five Ring Circus*, 98-112.

Rogge, J. (13 August, 2010) IOC president Jacques Rogge on the Youth Olympic Games. *Olympic News*. olympic.org/news/ioc-president-jacques-rogge-on-the-youth-olympic-games

Romney, M. and Robinson, T. (2004) *Turnaround: Crisis, Leadership, and the Olympic Games*. Washington DC: Regnery.

Ropes, J. and Gray, J. (10 December, 2018) *Report of the Independent Investigation*. ropesgray.com>media>Files>USOC>ropes-gray-full-report.pdf

Rutheiser, D. (1996) *Imagineering Atlanta*. New York, NY: Verso.

Ryan, J. (1995) *Little Girls in Pretty Boxes*. New York, NY: Doubleday.

SA lawyer Steven Cornelius sends damning resignation letter to IAAF (1 May,

2019) *702 Zambia*. 702.co.za/articles/301825/sa-lawyer-steven-cornelius-sends-damning-resignation-letter-to-iaaf

Samaranch, J.A. (1998) Introduction. In Kim Un-Yong, *The Greatest Olympics*. Seoul: Si-sa-yong-o-sa, Inc., 13-15.

Schulenkorf, N. and Adair, D., Eds. (2014) *Global Sport-for-Development: Critical Perspectives*. Houndsmills, Hampshire: Palgrave Macmillan.

Schultz, J. (2013) Disciplining Sex: 'Gender Verification' Policies and Women's Sport. In Lenskyj and Wagg, *Palgrave Handbook of Olympic Studies*, 443-460.

Schwab, B. (2018) 'Celebrate Humanity': Reconciling sport and human rights through athlete activism. *Journal of Legal Aspects of Sport* 28:2, 170-207.

Segrave, J. and Chu, D. (1988) *The Olympic Games in Transition*. Champaign IL: Human Kinetics.

Semenya clocks 49.96 (3 August, 2018) *IAAF News*. iaaf.org/news/report/semenya-4996-african-champs-day-3

Senn, R. (1999) *Power, Politics, and the Olympic Games*. Champaign IL: Human Kinetics.

Seppelt, H., Butler, N. and Mebus, J. (30 June, 2019) A chronicle that beggars belief. *Sportschau*. sportschau.de/doping/Charges-brought-against-Diack-100.html

Shaiken, R. (1988) *Sport and Politics: the Olympics and the Los Angeles Games*. New York, NY: Praeger.

Shaikin, B. (24 June, 2019) Mayor Eric Garcetti projects $1-billion profit for 2028 L.A. Olympics. *Los Angeles Times* latimes.com/sports/la-sp-olympic-games-los-angeles-20190624-story.html

Shaw, C. (2008) *Five Ring Circus*. Vancouver: New Society Press.

Shear, M. (25 July, 2012) Pro-Obama ad delivers an Olympic-themed attack on Romney. *The Caucus*. thecaucus.blogs. nytimes.com/2012/07/25/pro-obama-ad-delivers-an-olympic-themed-attack-on-romney/

Short, J. (2018) *Hosting the Olympics: The Real Costs for Cities*. London: Routledge.

Shuman, A. (2013) Elite sport in the People's Republic of China 1958-1966. *Journal of Sport History* 40:2, 258-283.

Simson, V. and Jennings, A. (1992) *The Lords of the Rings*. London: Simon

& Schuster. ヴィヴ・シムソン，アンドリュー・ジェニングズ：広瀬隆監訳（1992）『黒い輪：権力、金、クスリーオリンピックの内幕』光文社.
Smith, D. (August 23, 2009) Caster Semenya row. *The Guardian*. guardian.com/sport/2009/aug/23/caster-semenya-athletics-gender
Social Media Commentary of Sportsmen and Sportswomen (24 April, 2019) *Plan International Australia*. plan.org.au/learn/who-we-are/blog/2019/04/24/240419-snapshot-analysis
Sonksen, P. et al. (2015) Medical and ethical concerns regarding women with hyperandrogenism and elite sport. *Journal of Clinical Endocrinology & Metabolism* 100:3, 825-7.
Spera, S. (31 January, 2017) Time for transparency at the Court of Arbitration for Sport. *Asser International Sports Law Blog*. asser.nl/SportsLaw/Blog/post/transparency-at-the-court-of-arbitration-for-sport-by-saveri-ospera
Spoilsport (1995) *Spoilsport's Guidebook to Atlanta* (pamphlet)
Sports for Rights (17 June, 2016) Don't let Formula 1 sportswash Azerbaijan's human rights abuses. *Human Rights House*. humanrightshouse.org/articles/dont-let-formula-1-sportswash-azerbaijans-human-rights-abuses/
SRA (2 October, 2018) Athletes' rights are human rights. *Sports and Rights Alliance*. athletescan.com/sites/default/files/images/sra_letter_to_ioc_bach_october_2018_final.pdf
Steinbrink, M., Frenzel, F. and Koens, K. (2012) Development and globalization of a new trend in tourism. In Frenzel et al., *Slum Tourism*, 1-18.
Suchet, A., Jorand, D. and Tuppen, J. (2010) History and geography of a forgotten Olympic project: The Spring Games. *Sport in History* 30:4, 570-587.
Swiss Federal Supreme Court (30 July, 2019) Press release. *Bundesgericht*. bger.ch/files/live/sites/bger/files/pdf/en/4A_248_2019_yyyy_mm_dd_T_e_09_54_21.pdf
Sykes, H. (2017) *The Sexual and Gender Politics of Sport Mega-events*: Roving Colonialism. London: Routledge.
Tannenbaum, C. and Bekker, S. (20 March, 2019) Sex, gender and sport. *British Medical Journal* 364, l1120.
Tarrant, J. (23 May, 2019) Olympics-Tokyo 2020 organisers welcome IOC boxing decision. *Nasdaq*. nasdaq. com/articles/olympics-tokyo-2020-or-

ganisers-welcome-ioc-boxing-decision-2019-05-23
The Athletes' Declaration (9 October, 2018) *IOC*. olympic.org/athlete365/athletesdeclaration/
The biggest ever International Athletes' Forum (2019) *Olympic News*. olympic.org/news/biggest-ever-international-athletes-forum-ends-with-concrete-proposals-to-further-increase-the-support-to-athletes-at-all-levels
The Committee to Restore Integrity to the USOC (22 January, 2019) Our recommendations for an 'Athletes First' Olympic Committee. *Around the Rings*. aroundtherings.com/site/A_75538/Title_THE-COMMITTEE-TO-RESTORE-INTEGRITY-TO-THE-USOC-OUR-RECOMMENDATIONS-FOR-AN-ATHLETES-FIRST-OLYMPIC-.COMMITTEE/292/articles
The Ethics Centre (2017) *Independent Review of the AOC's Workplace Culture*. Sydney: The Ethics Centre. aoc-cdn.s3.amazonaws.com/corporate/live/files/dmfile/Independent-Review-of-the-AOCs-workplace-culture.pdf
The indictment against Lamine Diack (30 June, 2019) *Sportschau*. sportschau/de/doping/video-the-indicment-against-lamine-diack-100.html (sic)
The IOC committed to collective and proactive action on human rights protection (30 November, 2017) *Olympic News*. olympic.org/news/the-ioc-committed-to-collective-and-proactive-action-on-human-rights-protection
The transnational anti-Olympics movement takes off (27 July, 2019) *Rio On Watch*. rioonwatch.org/?p=55121
Thorpe, H. and Wheaton, B. (2019) The Olympic Games, Agenda 2020 and action sports. *International Journal of Sport Policy and Politics*, 11:3 465-483.
Tofler, I, Stryer, B., Micheli, L., and Herman, L. (25 July, 1996) Physical and emotional problems of elite gymnasts. *New England Journal of Medicine* 335:28 1-3.
Tomlinson, A. and Whannel, G., Eds. (1984) *Five Ring Circus*. London: Pluto. アラン・トムリンソン，ギャリー・ファネル編著：阿里浩平訳（1984）『ファイブリングサーカス：オリンピックの脱構築』柘植書房.
Tree felling for VP supercars gets black flag (31 July, 2008) *Sydney Morning*

Herald. smh.com.au/environment-tree-felling-for-vp-supercars-gets-black-flag-20090731-e37q. html
Trotier, F. (2017) The legacy of the Games of the New Emerging Forces and Indonesia's relationship with the International Olympic Committee. *International Journal of the History of Sport* 33:12, 1321-40.
Tucker, R. (12 August, 2008) Beijing 2008: the cost of gold *The Science of Sport*. scienceofsport.blogspot.com/2008/08/beijing-olympic-medal-price.html
Turkmenistan builds an Olympic village complex (16 October, 2008) *Wikileaks*. wikileaks.org/plusd/cables/08ASHGABAT1370_a.html
Twitter 'bans women against trans ideology', say feminists (30 May, 2018) *BBC News*. bbc.com/news/uk-44288431
UAB (2005) *Networking in Olympic Studies*. olympicstudies.uab.es
Ukraine official quits after Olympic 2012 ticket offer. *BBC News*.bbc.com/news-uk-england-london-18232275
Ulrich, R. et al. (2018) Doping in two elite athletics competitions assessed by randomized-response surveys. *Sports Medicine* 48:1, 211-19.
Umunna, C. (26 April, 2019) What are progressives for? *Progressive Centre UK*. progressivecentre.uk/what_are_progressives_for_speech
UN Human Rights Council (20 March, 2019) Draft resolution: Elimination of discrimination against women and girls in sport. *United Nations General Assembly*. ilga.org.downloads/Elimination_of_discrimination_against_women_and_girls_in_sport.pdf
UN Women (2016) Scoring for gender equality through sport. *UN Women News*. unwomen.org/en/news/in-focus/women-and-sport
UWO (2019) *International Centre for Olympic Studies, International Symposia*. uwo.ca/olympic/activities/symposia.html
Vella, S. et al. (2015) The contribution of organized sport to physical activity in Australia. *Journal of Science and Medicine in Sport* 19:5, 407-12.
WADA (22 June, 2018a) Letter from WADA to Russian sport minister. *WADA-AMA*. wada-ama.org/sites/default/files/item_6_3_attach_5_letter_from_wada_to_russiansportminister_22june2018_final.pdf
WADA (15 September, 2018b) WADA clarifies misinformation regarding independent Compliance Review Committee. *WADA-AMA*. wada-ama.org/en/media/news/2018-09/wada-clarifies-misinformation-regard-

ing-independent-compliance-review-committee
WADA (2019) Athlete Session of WADA Annual Symposium. *WADA-AMA*. wada-ama.org/sites/default/files/athlete_session_outcomes_symposium2019_en.pdf
Wade, S. (8 May, 2019a) Tokyo Olympics cut spending; sports federations unhappy. *AP News*. apnews.com/036d03289e464bcbb808052fa199fcf3
Wade, S. (23 May, 2019b) Olympic officials reassure sports federations about cuts. *AP News*. apnews.com/38c5db7cc26341b51953cbe22fdff5
Wagg, S. (2015) *The London Olympics of 2012*. Houndmills, Hampshire: Palgrave Macmillan.
Wainright, O. (7 October, 2015) Forget nuclear tests, look at our football. *The Guardian*. theguardian.com/world/2015/oct/7/north-korea-dreams-football-world-cup-glory
Ward, L. and Strashin, J. (10 February, 2019) Sex offences against minors. *CBC Sports*. cbc.ca/sports/amateur-sports-coaches-sexual-offences-minors-1.5006609
Weinreich, J. (10 June, 2009) Senior sport officials give their view on the need for a World Anti-Corruption Agency, Part 3. *Play The Game*. playthegame.org/news/news-articles/2009/senior-sport-officials-give-their-view-on-the-need-for-a-world-anti-corruption-agency,-part-3/
Whitley, M. (2018) Assessing the evidence in Sport for Development and Peace. UN. un.org/development/desa/dspd/wp-content/uploads/sites/22/2018/06/4.pdf
Whitson, D. and Horne, J. (2006) Underestimated costs and overestimated benefits. In Horne and Manzenreiter, *Sport Mega-events*, 73-89.
WHO (2018) Gaming disorder. who.int/features/qa/gaming-disorder/en/
Williams, R. (19 July, 2019) Golden Sunday. *The Guardian Weekly*, 33.
Wilson, S. (9 December 2013) Sochi 2014: IOC sending letter warning athletes to refrain from protests. *Toronto Star*. thestar.com/sports/amateur/2013/12/09/sochi_2014_ioc_sending_letter_warning_athletes_to_refrain_from_protests.html
Wines, M. (6 February, 2010) After summer Olympics, empty shells in Beijing. *New York Times*. nytimes.com/2010/02/07/weekinreview/07wines.html
WMA (25 April, 2019) WMA urges physicians not to implement IAAF rules on classifying women athletes. *WMA News*. wma.net/news-post/wma-

urges-physicians-not-to-implement-iaaf-rules-on-classifying-women-athletes/
Wood, R. (2016) Most successful countries of all-time-per GDP (2016 update) *Top End Sports*. topendsports.com/events/summer/medal-tally/all-time-comparison-gdp.htm
Worden, M. (2008a) China's race for reform. In Worden, *China's Great Leap*, 25-38.
Worden, M., Ed. (2008b) *China's Great Leap: The Beijing Olympics and Olympian Human Rights Challenges*. New York, NY: Seven Stories Press.
World Players Association (2017) *Universal Declaration of Player Rights*. uniglobalunion.org/sites/default/files/imce/world_players_udpr_1_page_0.pdf
World Vision Australia (2019) *YC Survey-Racism and Discrimination*. worldvision.com.au/media-centre/resources/racist-attacks-most-likely-to-occur-at-sporting-events-young-australians-say
Xu, X. (2006) Modernizing China in the Olympic spotlight. In Horne and Manzenreiter, *Sports Mega-Events*, 90-107.
Zimbalist, A. (2015) *Circus Maximus*. Washington DC: Brookings Institute Press. アンドリュー・ジンバリスト：田端優訳（2016）『オリンピック経済幻想論：2020年東京五輪で日本が失うもの』ブックマン社.
Zimbalist, A. and Dempsey, C. (2017) *No Boston Olympics*. Lebanon, NH: ForeEdge.
Zirin, D. (2007) *Welcome to the Terrordome*. Chicago, IL: Haymarket Books.
Zirin, D. (13 April, 2017) An Olympic-sized bribery scandal crashes down on Rio's former mayor Eduardo Paes. *The Nation*. thenation.com/article/an-olympic-sized-bribery-scandal-crashes-down-on-rios-former-mayor-eduardo-paes

オリンピックという名の虚構
政治・教育・ジェンダーの視点から

2021年3月15日　初版第1刷発行
2021年7月15日　初版第2刷発行

著　者　ヘレン・ジェファーソン・レンスキー
監訳者　井谷惠子
　　　　井谷聡子
発行者　萩原淳平
印刷者　藤原愛子

発行所　株式会社 晃洋書房
　　　　京都市右京区西院北矢掛町7番地
　　　　電話　075(312)0788㈹
　　　　振替口座　01040-6-32280

印刷・製本　藤原印刷㈱
装幀　安藤紫野

ISBN978-4-7710-3446-4